자녀교육을 위한
부모수업

무엇이 진정 자녀를 위한 길인가를 알고
반드시 실천하자

구병두 지음

자녀교육을 위한 부모수업

© **구병두**, 2019

1판 1쇄 인쇄__2019년 05월 20일
1판 1쇄 발행__2019년 05월 30일

지은이__구병두
펴낸이__홍정표
펴낸곳__글로벌콘텐츠
　　　　등록__제25100-2008-24호
　　　　이메일__edit@gcbook.co.kr

공급처__(주)글로벌콘텐츠출판그룹
　　　　주소__서울특별시 강동구 풍성로 87-6(성내동)
　　　　전화__02) 488-3280　팩스__02) 488-3281
　　　　홈페이지__http://www.gcbook.co.kr

값 15,000원
ISBN 979-11-5852-245-2　13370

자녀
교육을
위한
부모수업

구병두 지음

글로벌콘텐츠

"4차 산업혁명시대에도 변치 않는, 변할 수 없는 부모의 역할에 대한 시대의 나침반"

김경훈(민주신문 편집국장)

"부모의 역할은 인간으로서 짊어져야할 짐(책임) 중 가장 크고 무겁다."는 저자의 주장에 100% 공감한다. 학원 민주화운동에 온 힘을 기울어온 구병두 교수님을 평소 존경해왔다. 녹록치 않은 여건 속에서도 성령으로 충만한 참 가정을 꾸리고, 일상에 바탕을 둔 『자녀교육을 위한 부모수업』이란 역작을 펴냄에 거듭 무한한 감사와 존경을 드린다. 4차 산업혁명시대에도 변치 않는, 변할 수 없는 부모의 역할에 대한 시대의 나침반을 제시해주었다.

"지금 행복한 길을 택하라"

도기천(CNB뉴스 편집국장)

밤 10시까지 자율학습을 한 뒤 다시 학원과 독서실을 오가다가 새벽 2시가 돼서야 귀가한 내신 4등급의 큰 아이가 들려준 말이 지금도 머릿속을 빙빙 돈다.

"아빠 성적을 더 올리려고 이러는 게 아니에요. 제 자리를 지키기 위해서라도 이 정도는 해야 해요."

아이들 학원방학에 맞춰 아빠엄마 직장 휴가 시기가 결정되는 시대, '인 서울'이 아니면 루저 취급받는 시대, 개천에서 용 난다는 게 전설이 된 시대… 이 끔찍한 트랙 위로 우리 아이들이 쉼 없이 내몰리고 있다. 35년간 교육학에 매달려온 저자는 "이제 부모들이 멈춰야 한다."고 외친다.

책을 읽는 내내 반성했다. 아이가 행복해질 수 있는 길이 있음에도 용기가 없어 선택하지 못했기에 말이다. 곤히 잠든 아이 뺨에 입을 맞추며 말했다.

"정말 미안하다, 내가 잘못했다, 어른들이 죄인이다."

나 같은 부모가 되지 않으려면, 조금이라도 덜 후회하려면, 세상의 모든 부모들은 서둘러 이 책을 읽기를 바란다.

"이번 기회에 자식교육과 부모교육에 대해
함께 생각해봅시다"

강철근(사단법인 외교부 국제문화교류협회장)

미국 개척사 시절인 18세기 초, 두 사람의 영국 젊은이가 배를 타고 신대륙인 미국에 내렸습니다. 이 두 사람은 똑같이 신천지에서 새로운 미래를 개척하기 위해서 미국에 왔습니다. 한 사람은 "내가 이곳에서 큰돈을 벌어 부자가 되어서 내 자손에게는 가난이라는 것을 모르고 살도록 돈을 벌어야 하겠다." 생각하고 뉴욕에 술집을 차려서 열심히 일했습니다. 자녀들에게는 돈의 힘을 가르치고 돈 버는 방식에 대해 강조하며 교육했지요.

결국 그의 소원대로 엄청난 돈을 벌어서 당대에 큰 부자가 되었고, 자손들에게 큰 재산을 물려주게 되었습니다.

그런 반면에 또 한 사람은 "내가 여기까지 온 것은 신앙의 자유를 찾아서 왔으니 신앙의 자유가 있는 이곳에서 올바른 신앙생활을 통하여 제대로 된 신앙생활을 해야겠다." 생각하고 신학교에 들어가서 목사가 되었고, 당초의 목표대로 자신에게 주어진 삶을 가장 올곧게 살았습니다. 자녀들에게는 삶을 살아가는 진지한 방식을 가르쳤습니다. 신에 대한 진지한 사랑도 가르치고 주어진 삶을 겸손하게 살아가는 방식도 가르쳤습니다. 그리고 세월이 흘렀습니다.

그 두 사람은 바로 유명한 '마르크 슐츠'와 '에드워즈 조나단'이 라는 사람입니다. 150년이 지난 후 뉴욕시 교육위원회에서는 미국 개척사에 빛나는 두 사람의 일생과 그들 5대손들이 태어난 후의 과 정을 컴퓨터로 추적해 과연 어떻게 되었는지를 조사해 보았습니다.

결과는 참으로 놀라웠습니다. 돈을 벌어서 많은 재산을 벌어 자 손들이 잘 살게 해줘야겠다고 생각하고 자식들에게 교육시킨 '마르 크 슐츠'의 자손은 5대를 내려가면서 1,062명이 되었습니다.

그 자손들은, 교도소에서 5년 이상 형을 살은 자손이 96명, 창 녀가 된 자손이 65명, 정신이상, 알코올 중독자만 58명, 자신의 이 름도 쓸 줄 모르는 문맹자가 460명, 정부의 보조를 받아서 살아가는 극빈자가 286명, 그들이 정부의 재산을 축낸 돈이 1억5천만 불, 우 리나라 돈으로 환산하면 1,800억 원의 돈을 축낸 것입니다.

이런 반면에 제대로 된 올곧은 삶을 살아가며 신앙을 소중히 여 기고 진지한 삶을 살아왔던 '에드워드 조나단'은 유명한 프린스턴 대학을 당대에 설립하고, 5대를 내려가면서 1,394명의 자손이 태 어났습니다.

자손들 중에 선교사와 목사 116명이 나왔고, 예일대학교 총장 을 비롯한 교수, 교사만도 86명, 군인이 76명, 나라의 고급관리가 80명, 문학가가 75명, 실업가가 73명, 발명가가 21명, 부통령이 한 사람, 상·하의원 주지사가 나왔고, 장로 집사가 286명이 나왔습니 다. 도합 816명입니다. 또한 놀라운 것은, 이 가문이 나라에 낸 세금 과 지도자로서 미국 발전에 지대한 공헌을 했고, 정부 재산을 전혀 축내지 않았다는 것입니다.

이제 우리에게 주어진 결론은 명확해졌습니다. 유산 중에 최고의 유산은 올곧은 삶이라는 것입니다. 부모가 제대로 살며, 유형무형의 가르침을 주는 삶이 자식들에게 얼마나 커다란 영향력을 갖는 것인지를 말해주는 것이지요. 부모의 말 한마디, 행동거지 하나하나가 자식들에게는 그 어떤 힘보다도 큰 힘을 가진다는 사실이지요.

이 이야기에서처럼 부모가 자식에게 거액의 재물이나 유산을 남겨주려는 것은 결코 잘못된 것이 아닙니다. 그것은 당연한 것입니다. 그러나 문제는 유산이 내 자손들에게 복된 유산이 될 것인지는 고민을 해보고서 전해줘야 된다는 말입니다.

지금 우리나라의 부모와 자식들의 문제는 바로 여기에 있지요. 이번에 구병두 교수께서 펴낸 책이 시의적절하게도 『자녀를 위한 부모수업 - 무엇이 진정 자녀를 위한 길인가를 알고 반드시 실천하자 -』인데, 이처럼 지금 이 시대에 우리들에게 꼭 맞는 주제는 없다고 생각합니다. 구병두 교수는 부모들이 의식적·무의식적으로 물려주는 유산이 자식들에게 주는 의미를 생각한다면, 지금 다시 이 자리에서 생각할 점이 무엇인지 명쾌하게 방향을 제시해주고 있습니다.

"이 '한 권의 책'을 만나는 것은
행복입니다"

임선하(현대창의성연구소장, 교육학박사, Marquis Who's Who 등재)

출판 시장이 밝진 않다고 해도 책은 무수히 쏟아진다. 그 중에는 좋은 책이 적지 않다. 요즘 바쁜 현대인들은 좋은 책도 가까이 하기 힘들다. 그래서 '한 권의 책'이 필요하다.

이 한 권의 책을 소개한다. 그것이 바로 『자녀교육을 위한 부모수업 - 무엇이 진정 자녀를 위한 길인가를 알고 실천하자 -』이다. 평상시에 늘 학부모를 위한 좋은 책을 써야겠다는 구병두 교수님의 말을 들을 때마다 쉽지 않을 것이라 말해온 터였다. 드디어 그가 원고를 보내왔다. 이것은 좋은 책이 아니고 학부모 교육에 대한 '한 권의 책'이라는 생각을 하게 되었다. 먼저 간략한 개념 설명을 듣고 관련 사항을 확인하는 '꼭 알아두기'를 본 후 이를 실제적으로 실천하는 순서로 구성된 점은 이 책이 가진 최고의 강점이다. 많이 소개해야겠다.

"자녀교육 뿐만 아니라 학교교육, 아이를 가르치는 교육 활동에 관심 있거나 종사하는 사람에게 일독을 권한다"

이기종(국민대학교 교육학과 교수)

부모노릇 하기가 쉽지 않다는 걸 아이를 길러본 사람은 누구나 안다. 그런데 이 부모노릇을 그나마 쉽게 할 수 있는 길을 평생 천착 해온 구병두 선생님이 '자녀교육을 위한 부모수업'이라는 책을 세상 에 내놓았다. 저자 자신의 자녀를 길러 본 경험에서 우러난 통찰에 다 평생 대학 강단에서 이 주제를 강의하면서 집적된 내공이 곁들여 진 만만치 않은 책이다.

주제마다 실천사항을 제시하고 있는데 이 실천사항이 공자님 말씀처럼 어렵게만 느껴지지 않는 것은 누구나 실생활에서 실천 가 능한 것을 구체적으로 제시하고 있기 때문이다. 실천 가능한 것을 제시한다는 것은 말이 그렇지 쉽지 않은 일이다, 아무리 좋은 이야 기이면 무엇에 쓰나 그것이 실천할 수 없는 것이면. 실천 가능한 것 을 제시한다는 것은 저자가 얼마나 이 주제에 대해 천착해 왔는가를 보여주는 단면이며 실천사항 하나하나가 모두 금과옥조이다. 이대 로만 따라 해도 어설픈 부모노릇은 단박에 면할 수 있다.

이 책이 더 맘에 드는 것은 자녀교육의 대명사격인 유태인 자녀교육에서 많은 예를 가져온 점이다. 노벨상 수상자 가운데 상당수가 유대계라는 것은 유태인 자녀교육이 과거에도 그렇고 지금도 그러하며 미래에서도 여전히 쓸모 있을 것임을 시사하는데, 필자가 가톨릭 신자여서 그런지는 몰라도 유태인 가정의 자녀교육 방법을 소개해 필자의 말에 그럴싸함을 더하고 있다. 자녀교육뿐만 아니라 학교교육, 기타 아이를 가르치는 교육활동에 관심 있거나 종사하는 사람에게 일독을 권한다.

"이상(진보)과 현실(보수)의 지혜를 통합한다는 측면에서 '통섭(consilience, 지식의 대통합)'의 교육철학"

구영식(오마이뉴스 부장, 『대한민국 진보, 어디로 가는가?』 저자)

구병두 교수의 『자녀교육을 위한 부모수업』은 그동안 보수와 진보 진영에서 논의해온 교육문제의 대안으로 가로지르고 있다는 점에서 특별하다. 지식교육보다는 인성교육을, 지식보다는 지혜를, 지능보다는 개성을, 주입식교육보다는 자기주도학습 등을 중시한다는 점에서는 진보의 대안에 닿아 있고, 가정을 중요한 교육의 단위로 설정하고 가정교육·밥상머리교육의 중요성을 새롭게 재조명한다는 점에서 보수의 문제의식과도 가깝다. 이상(진보)과 현실(보수)의 지혜를 통합한다는 측면에서 '통섭(consilience, 지식의 대통합)의 교육철학'이라고 불러도 좋을 듯싶다.

평소 구 교수에게는 부드러운 미소, 배려심과 함께 세상을 향한 비판적인 성찰이 몸에 잘 배어있다고 느껴왔는데 그의 교육철학에서도 이러한 매력을 느낄 수 있어 기쁘다.

"좋은 부모가 되려는
모든 사람들에게 권하는 필독서"

김지은(건국대학교 유아교육학과 교수)

우리나라의 부모들은 예로부터 자식교육에 열을 쏟고 있지만 정작 사회에 필요한 역량 있는 인간을 길러내는 것이 아니라 지적 교육에만 매달리는 아이들을 양상하고 있다고 이 책은 현 세태를 꼬집고 있다. 부모들이 아이들의 교육현장에 부적절하게 개입한 결과로 빚어진 많은 예시들을 통해 우리의 면면을 돌아보게 하는 『자녀교육을 위한 부모수업』은 아이들의 순수함과 미숙함을 인정하고 아이를 키우는 과정에 정답이 없는 부모들에게 안심과 행복을 느낄 수 있도록 하는데 많은 도움을 주고 있다.

좋은 부모가 되려는 모든 사람들에게 권하는 필독서로 교육의 본질부터 육아와 관련한 다양한 이슈들에 대해 한 번 더 생각해 보게 하고 효과적인 실천방안까지 제시한 점이 이채롭다.

필자의 말처럼 글로벌 시대의 융합적 인재로 성장해 나가기 위해서는 창의·인성 교육이 뒷받침되어야 하고 주변에서 좋은 교육적 환경을 마련해야 한다고 강조하는 말은 현 시대의 부모들에게 시사하는 바가 크다. 일찍이 영유아기에 형성된 인성과 습관은 한 평생을 유지하므로 유아교육기관에서 유아교육에 몸담고 있는 교사나 영유아의 부모들을 대상으로 이 책을 권하며 아이들과 함께 행복을 찾아나가는 길에 도움이 되리라 확신한다.

CONTENTS

II부 | 창의성교육

Ⅲ부 │ 지적교육

프롤로그

부모들은 자녀들이 좋은 성적을 획득하여 명문대학에 진학하기를 원한다. 그동안 높은 학력(academic requirement)과 학업성취(academic achievement)가 자녀들의 성공을 보장해 줄 것이라고 믿어온 것은 주지의 사실이다. 언제부터인지는 몰라도 여태껏 자녀교육의 목표를 변함없이 지적교육에 두는 것으로 미루어보아 학력과 학업성취에 대한 믿음은 여전히 유효한 것이 분명하다. 그러기에 자녀의 타고난 재능(talent)과 적성과 흥미는 아랑곳하지 않는다.

인간은 누구나 독특한 재능을 가지고 태어난다. 이러한 재능은 부모나 전문가(교사)에 의해 발견되어 길러지게 되며 비교의 대상이 될 수 없으며, 되어서도 안 된다. 왜냐하면 개개의 재능은 제각기 다르므로 학교성적처럼 하나의 잣대(준거)로 측정될 수 없기 때문이다. 아이의 인생에서 진실로 중요한 것은 학교성적이 아니라 저마다 타고난 독특한 재능을 '어떻게 개발하고 강화시켜 행복하게 사느냐'에 달려있다. 그럼에도 불구하고 부모들은 한 치의 의심도 없이 전적으로 자녀의 성적 향상에만 집착한다. 심지어 극성스런 부모들은 자녀의 재능을 아예 무시하고 장래까지도 일방적으로 결정한다.

자녀가 공부를 잘하면 성격이 비뚤어지고 버릇이 없어도 전혀 개의치 않는다. 아이들은 단지 공부 잘한다는 이유만으로 어떠한 잘 못과 실수도 용서된다. 안타깝게도 우리의 가정교육은 부존재나 다름없다. 눈앞에 보이는 성적 올리기에 급급하여 자녀를 학원으로 내몰거나 고액과외 시켜주는 것만으로 부모노릇 잘하는 것으로 착각한다. 우리의 자녀교육은 창의성과 좋은 인성을 길러주며 스스로 문제를 해결하는 능력을 키워주기는커녕 치열한 경쟁에서 이기게 하기 위해 수단과 방법을 가리지 않는다. 타인에 대한 배려는 아랑곳하지 않는다. 남의 불행이 자신의 행복인양 내심 쾌재를 부리는 비뚤어진 성격의 소유자로 만들거나 어른이 되어서도 부모에게 의지하는 나약한 자녀로 만드는데 일조하고 있다.

불과 수십 년 전만 하여도 이 지구상에서 영원히 사라질 운명에 처했던 유태인들이 금세기 가장 우수한 민족으로 거듭날 수 있었던 것은 어머니들의 헌신적인 자녀교육이 뒷받침되었기에 가능하다고 많은 교육학자들은 입을 모은다. 그들의 자녀교육은 우리나라처럼 지적교육에 올인(all in)하는 것이 아니라 철저히 인성교육에 중점을 두고 있다. 그들의 독특한 인성교육은 자녀와의 끊임없는 대화, 질문, 토론, 독서, 자식을 그들의 신앙처럼 끝까지 믿고, 남편의 권위를 살려주는 어머니의 지혜에서 엿볼 수 있다. 그야말로 탄탄한 인성교육에 기초한 그들의 자녀교육이 21세기를 주도하는 민족으로 발돋움하게 만든 원동력이 되었다고 하여도 지나친 표현은 아닐 것이다.

우리나라도 가난하고 힘든 시절에는 오히려 인성교육이 엄연히 존재했다. 이를테면 자립심, 책임감, 인내, 효(孝), 어른 공경, 가족 간의 화목, 형제간의 우애, 품앗이나 두레 같은 상부상조의 미풍양 속, 이웃과의 소통과 나눔 등이 우리나라 인성교육의 핵심이자 미덕 이었다. 아무리 가난에 찌들어도 남의 것을 탐하지 않게 하고, 귀한 자식일수록 더 엄하게 양육하였으며, 자신보다 더 어려운 처지의 이 웃을 도와야한다는 부모들의 소중한 가르침이 바로 인성교육이고 덕행이었다. 대체로 보편적인 가정에서 자란 사람들은 남으로부터 속임을 당할망정 거짓으로 속이지 않고, 눈앞에 보이는 적은 이득을 쫓다가 더 큰 것을 잃지 않는 지혜로 더불어 사는 방법을 터득하게 하였던 것은 다름 아닌 우리만의 독특한 인성교육을 통해서다.

집필하는 동안 줄곧 온고지신(溫故知新)이란 사자성어가 필자 의 뇌리에서 맴돌았다. 즉, 옛것을 익히고 그것을 미루어서 새것을 안다는 의미이다. 분명 우리에게도 훌륭한 자녀교육 방법이 존재했 다. 그러나 오늘날 젊은 부모들은 단지 모를 뿐이다. 인성교육에 관 한 한 우리도 좋은 유전인자를 물려받은 민족이다. 위에서 언급했지 만 우리에게도 유태인 못지않은 어쩌면 그들보다 더 독특한 인성교 육이 분명 존재했다. 그래서 필자가 어렸을 적에 겪었던 많은 경험 에 대한 기억을 되살려 요즈음 젊은 부모들이 새겨들을 만한 글을 쓰려고 노력했다.

'자녀교육을 위한 부모수업'을 집필하게 된 동기 가운데 하나는 우리나라 과학자들이 우수한 DNA를 가지고 최선의 노력을 해왔음에도 여태껏 과학 분야의 노벨상 수상과는 인연을 맺지 못한 것에 대한 자존심의 발로(發露)이다. 노벨상 수상자를 배출한다는 것은 오래전부터 국가적 차원에서의 숙원사업이기도 하며, 국민들의 자존심과도 관련된다. 뿐만 아니라 교육정책과도 결코 무관하지 않다. 교육열도 높고 GDP(국민총생산) 대비 교육투자비율도 가장 높은 나라 가운데 하나이며, 학생들은 열심히 공부하는 데에도 불구하고 성과를 내지 못하고 있다. 여러 가지 원인이 있겠지만 그동안 우리의 가정에서 자녀들의 인성교육을 소홀히 한 것도 하나의 주요 원인으로 꼽을 수 있다. 왜냐하면 교육의 본질과 출발은 가정에서의 인성교육이기 때문이다. 그러므로 부모들도 자녀교육에 있어서 그 책임을 모면하기 어려울 것이다. 교육학자로서 책임을 회피하고, 이를 학부모들에게 전가하려는 의도는 추호도 없다. 필자도 교육학자이기에 앞서 두 자녀를 둔 부모이다. 그러기에 가정교육문제에 있어서는 그 누구보다 책임을 크게 통감한다.

오래전부터 이 책을 출간하려는 계획을 세웠다. 그래서 2006년에 출간한 『공부 못하는 게 아이들만의 책임인가요』에서 자녀교육과 관련된 내용을 발췌하여 그것을 토대로, 때로는 에세이 형식으로 글을 쓰기도 하였고, 원고 청탁을 받을 적마다 칼럼을 기고하기도 하였다. 지금까지 살아온 인생의 경험과 삼십 수 성상의 교육현장경험을 통해 얻은 값진 교훈 가운데 하나는 모든 교육의 출발선상은 가정(家庭)이라는 사실이다. 특히 아이의 인성은 부모의 자녀교육을 통해서 길러진다는 점이다. 자녀교육을 통해서 길러진 인성은 이후에 이루어지는 모든 교육과 더 나아가서 모든 사회생활에서의 인간관계의 근간이 된다.

가정은 아이들에게 있어서 없어서는 안 될 가장 중요한 교육의 장이다. 또한 가정은 형편에 따라서 차이는 있을지언정 상당한 학습도구가 갖춰져 있는 아이들의 생활공간이자 놀이공간이다. 이러한 공간에서 부모는 아이의 타고난 재능을 발견하여 인성과 창의성을 길러주어야 한다. 부모는 아이에게 있어서 인성교육과 창의성교육을 게을리 해서는 안 될 주요한 존재이다. 또한 어릴 적에 부모는 아이의 모델이기도 하다. 그러므로 부모의 역할이 자녀에게 미치는 영향은 실로 크다. 이 책은 부모들로 하여금 자녀의 바람직한 인성과 창의성을 길러주는 데 필요한 길라잡이 역할을 하는 데 도움을 주리라 믿어 의심치 않는다. 만일 여러분들이 자녀를 진정으로 사랑한다면 말이다.

최근 들어 가정의 교육기능을 제대로 수행하지 못한다는 사실을 비로소 느끼기 시작하면서 그동안 해온 지적위주의 자녀교육에 대한 자성의 목소리를 조금씩 내고 있는 것은 그나마 다행한 일이다. 필자는 이 책을 통해서 젊은 부모들이 자녀들에게 바람직한 인성을 길러주는 방법뿐만 아니라 부모들도 자신의 행복한 삶을 영위함에 있어 필요한 지식과 지혜를 획득하는 데 도움을 주고자한다.

해가 떠있는 동안 밤을 준비하는 자가 다음에 오는 새벽을 맞이할 수 있듯이 진정한 자녀교육을 위해서는 항상 준비된 부모가 되어야 할 것이다. 훌륭한 자녀로 성장시키는 것이 어쩌면 부모에게 있어서 가장 큰 투자이자 일생의 가장 보람된 일임은 자명한 사실이다.

이 세상 부모들은 누구나 지혜와 창의력과 그리고 리더십을 갖춘 자녀로 키우고 싶어 할 것이다. 누구나 자녀를 진정으로 사랑하고 자녀교육에 관심을 갖고 실천하면 현대판 신사임당과 한석봉의 어머니 그리고 맹자의 어머니가 될 수 있을 것이다.

'늦다고 느낄 때가 바로 적기(適期)임을 명심하자!'

자녀교육을 위한 부모수업

Part I

인성교육

교육의 진정한 의미:
敎育과 education의 차이

동양과 서양에 있어서

교육의 어의(語義)는 어떻게 다르며, 어느 쪽이 더 바람직한 교육인가를 교육학적인 관점에서 설명해 보고자 한다. 동양의 교육(敎育)에서 가르칠 '교(敎)'는 윗사람이 모범을 보이는 것을 아랫사람이 본받는다는 의미로 보다 성숙한 자가 미성숙자에게 가르치는 과정을 뜻하는 것이다. 교(敎)의 사전적 의미는 '가르치다', '방향을 제시하다', '이끌다', '모범을 보여주고 따르게 하다' 등으로 해석된다. 또한 기를 '육(育)'은 자녀를 길러서 '선(善)'을 행하게 한다는 뜻으로 사전적 의미로는 신체적인 성장을 돕는 과정을 나타내는 말이다. 따라서 교육(敎育)은 가르치고 기른다는 뜻을 내포하고 있다.

한편 영어로는 교육을 education이라고 하는데, 이 말은 라틴어 educare에서 유래한 것으로 e(out, from, away: 밖으로)와 ducare(lead: 끌어내다)의 합성어이다. 따라서 교육이란 아동·학생이 가지고 있는 선천적인 소질 또는 잠재적인 능력을 표출되도록 바람직한 방향으로 이끌어 내는 작용이란 뜻으로서, 아동·학생이 가지고 있는 천부적인 소질과 잠재능력을 계발하고 신장시켜서 바람직한 방향으로 형성시키는 작용이라는 의미를 내포하고 있다.

이처럼 동양의 교육이란 한마디로 말하면 아이의 의사와는 상관없이 어른들이 중요하다고 생각하는 지식을 아이들의 뇌 속으로 집어넣는 작용으로 볼 수 있다. 반면에 서양의 교육은 아이들이 태어날 때부터 가지고 있는 잠재적인 재능을 전문가들이 발견하여 계발시키는 작용을 말한다. 어느 쪽이 보다 더 바람직한 교육이라고 판단하는 것은 독자의 몫이 되어야 할 것이다.

한 예로 이 나라 젊은 어머니들은 아이의 능력이나 의사와는 상관없이 이웃집 아이가 미술학원에 다니면, 뒤질세라 아이의 적성과 능력은 고려하지 않은 채 미술학원에 데리고 가서 접수시키는 경우를 우리는 얼마든지 본다. 아이의 그림 그리기 실력이 기대에 미치지 못하면 안달하고 아이를 나무란다. 인간은 저마다 태어날 때 남보다 뛰어난 능력을 최소한 한 가지는 가지고 태어난다는 것이다. 그런데 대부분의 사람들은 자신이 태어날 때부터 가지고 있는 재능이 무엇인지조차도 모르고, 재능이 무엇인지도 모르니깐 한 번도 계발하려고 시도해 보지도 않고 생을 마감하는 것이 다반사라는 것이다.

아이에게 있어서 일생일대의 중요한 일을 아이의 입장에서는 전혀 고려하지 않은 채, 어른들이 아무런 전문적인 지식도 없이 그들의 허황된 욕심만으로 아이들의 진로를 함부로 결정하는 것은 위험천만의 일이 아니고 무엇이겠는가. 부모들의 입장에서 자신들이 이루지 못한 꿈을 자식을 통해서 이루고 대리만족을 취하려는 부모가 있다면 이것은 더욱 위험천만한 일이라 할 수 있다.

인성교육의 중요성은 아무리 강조해도 지나치지 않다. 인성은 인간으로서 가져야 할 가치와 성품을 말한다. 이러한 인성은 가정에서 부모의 영향을 받으며, 가족의 구성원들과 부딪히면서 형성된다.

인성교육의 가장 적절한 장(場)은 가정이다. 그러나 우리나라 가정은 이미 오래전에 산업화의 영향으로 핵가족화 되었기에 인성교육의 기능을 제대로 못해왔다. 그러다보니 '동방예의지국(東方禮儀之國)'이라는 옛 명성은 그저 우리나라와는 무관한 것으로 여긴지 오래다. 정말 안타까운 일이라 아니할 수 없다.

꼭 • 알 • 아 • 두 • 기

- 근래에 들어와서는 점차 인성교육을 중시하는 풍조로 학교와 기업이 변하고 있는 추세이다. 2014년 한국고용정보원이 500개 기업에 사원채용 시, 가장 중요한 요소에 관한 설문조사를 실시한 결과, 93.6퍼센트(복수응답)가 인성이라고 반응하였다. 인성에 이어 직무역량과 전공자격증이 각각 80.4퍼센트와 52.6퍼센트로 뒤를 이었다. 흔히 학생들이 중요하다고 생각하는 외국어 점수(7%), 어학연수(2.2%) 그리고 공모전 입상(1.0%)으로 드러나 미미한 비중을 차지하였다.

- 미국 하버드대학교의 입학사정관들이 평가하는 주요 판단 기준은 사람 됨됨이, 타인에 대한 배려, 실패했거나 좌절했을 때 극복 능력, 지인들로부터 신뢰, 창의성과 리더십, 적절한 상황에서 유머와 센스 발휘, 새로운 도전의 상황에서 대처 능력 등을 우선시하고 있다.

  이는 곧 많은 기업들과 심지어 세계 최고의 명문대학인 하버드대학에서도 학생들의 학교교육 성적이 그들의 능력을 측정하는 준거로 인정하지 않는다는 방증이다. 설령 인정할지라도 그다지 중요시하지 않음을 알 수 있다.

- 자녀가 어떤 재능을 가지고 있는가를 발견하려고 노력하자.

- 다른 또래 아이나 이웃집 아이와 절대 비교하지 말자(참고로 '형제간에 머리를 비교하면 둘 다 죽이고, 개성을 비교하면 둘 다 살린다'는 유태인의 속담이 있다.)

- 공부는 100m 달리기가 아니라 42.195km 마라톤에 비유할 수 있다. 너무 서들지 말고 인내하며 기다리자. 만일 기다리지 않고 서두르면 아이는 공부에 싫증을 느껴 중도에 포기하거나 좌절할 수도 있다는 사실을 명심하자.

지식(知識)과
지혜(智慧)의 차이

우리나라 옛 어머니들의 자녀교육에 대한 지혜는 교육철학을 전공한 학자들도 가히 놀라워 할 정도로 높이 평가된다. 그 이유는 전문적인 교육은커녕 학교 문 앞에도 가본

적이 없는, 교육의 혜택이라고는 전혀 받아보지 못한 어머니들 가운데 자녀를 훌륭하게 키운 성공사례가 얼마든지 있기 때문이다.

언젠가 'TV 명사 초청 강연회'에서 의학을 전공한 한 명사가 "어머니의 자녀교육은 해박한 지식보다는 지혜를 통해서 이뤄진다"고 말했는데, 교육학자로서 깊은 감명을 받은 바 있다. 그는 지식(知識)과 지혜(智慧)의 차이점을 '케냐 마사이 마라 국립 야생동물 보호구역의 기린'에 비유하면서 다음과 같이 설명하였다. 마사이 마라 사파리 투어를 하던 중에 아주 이상한 광경을 목격하게 되었다. 이상한 광경인즉, 기린이 긴 다리를 엉거주춤하게 뻗은 불안한 자세로 땅에 떨어져있는 동물의 뼈를 섭취하고 있었다. 그 명사의 상식으로는 기린은 본래 초식동물로서 긴 목을 이용하여 나무꼭대기에 달려있는 부드러운 나뭇잎을 주식으로 하는 동물이기에 그에게는 기이한 장면이었다. 그래서 그의 일행은 기린의 피를 뽑아서 분석해 보았다. 기린의 핏속에 칼슘 성분이 결핍되어 있다는 사실을 알게 되었다. 또한 칼슘 결핍 원인을 밝혀내기 위하여 기린이 활동하고 있는 영역 내의 나뭇잎을 채집하여 그 성분을 분석하였다. 그 결과, 그 지역도 우리나라처럼 오랫동안 내린 산성비가 원인이 되어 나뭇잎에 함유되어 있어야 할 칼슘 성분을 씻어가 영양분 결핍현상을 가져온 것이었다.

기린은 주식(主食)인 나뭇잎을 통해 필요한 칼슘 성분을 섭취하지 못하게 되자, 다른 동물의 뼈를 통해서 칼슘을 섭취하려 했던 것이다. 이러한 사실 이면에는, 기린은 최소한 두 가지 사실적 지식을 전혀 갖고 있지 않다는 것은 명백하다. 하나는 기린이 자신의 몸속에 칼슘 성분이 부족하다는 사실과 다른 하나는 동물의 뼈 속에는 칼슘 성분이 함유되어 있다는 사실에 대한 지식이다. 이 두 가지 사실적 지식이 전혀 없는 상태에서 자신의 몸속에 부족한 칼슘 성분을 다른 동물의 뼈를 통해 섭취할 수 있었던 것은 곧 기린 자신에 대한 삶의 애착 내지는 자기애(自己愛)가 지혜를 품게 한 것이다.

이처럼 생물학적 지식과 의학적 지식이 전혀 없는 기린이 자신에게 필요한 칼슘 성분을 주식인 나뭇잎에서 섭취할 수 없게 되자, 초식동물인 기린에게 다른 동물의 뼈를 먹게 한 것은 다름 아닌 지혜이다. 이러한 지혜는 그냥 얻어지는 것이 아니라 진정한 사랑이 내재될 때 비로소 품을 수 있는 것이다.

한 예로 가족을 진정으로 사랑하는 한 주부는 언제나 그랬듯이 남편 출근시키고 아이들 학교에 보내고, 빨래거리를 세탁기에 돌리고 설거지를 끝내면, 소파에 앉아 TV를 보면서 한가한 시간을 보낸다. 때마침 어느 명의(名醫)의 '짜게 먹는 식습관은 만병의 원인'이라는 특강을 시청하면서 미처 몰랐던 의학 관련 지식을 알게 된다. 그리고 주부는 곧바로 가족 사랑의 실천에 돌입한다. 그날 저녁식사부터 염분량을 최소화하여 정성껏 반찬을 장만하였으나 남편과 아이들은 이구동성으로 반찬이 너무 싱겁다고 불평한다. 그래도 주부는 사랑하는 가족의 건강을 지키기 위하여 앞으로 염분 함량을 최소한으로 줄여서 식단을 차리겠다고 공표하고 실행에 옮겼다.

그날 이후 남편은 갖은 핑계를 대고 가급적이면 집에서 식사하기를 달가워하지 않는다. 주부도 계모임·동창회모임 등에서 외식하는 횟수가 잦아진다. 어른들은 외식을 통하여 인체에 필요한 염분을 충분히 섭취할 수 있다. 그러나 아이들은 염분 결핍으로 혈액 염증을 유발할 수도 있고 온몸에 무력증을 일으켜 오히려 건강을 해칠 수도 있다. 하지만 이 주부에게 잘못이 있다면 오직 사랑하는 가족의 건강을 위하여 명의(best doctor)로부터 알게 된 지식을 잘못 이해하고 적용했을 뿐이다.

이 전업주부가 가족의 식단을 준비하기 위해서 장바구니를 들고 마트에 들렀을 때, 해(sun)가 주부로 하여금 평상시와는 달리 스낵코너 쪽으로 이끈다. 주부는 영문도 모른 채 스낵코너에서 유독 염분 함량이 많은 '새우깡'과 '오징어땅콩'을 집어 든다. 명의로부터 획득한 지식에 의하면 염분이 많이 함유되어 있는 스낵류를 살 리가 만무하다. 이러한 일련의 상황은 순전히 주부 자신의 의지와는 상관없이 순식간에 벌어진 일이며, 아이들은 자신의 몸속에 염분 부족으로 '새우깡'과 '오징어땅콩'을 단숨에 먹어치운다. 가족을 끔찍하게 사랑하는 주부의 착한 심성이 지혜를 얻게 한 것이다.

이처럼 지혜로울 '지(智)'는 알 '지(知)'에 날 '일(日)', 즉 알 '지'에 해(日, sun)가 하나 더 붙어 있으므로, 진정으로 사랑하는 마음을 가지게 되면 자신이 미처 모르는 사실, 즉 지식이 없어도 해가 가르쳐준다는 것이다. 해가 가르쳐준 것이 바로 '지혜'인 것이다.

옛날 우리 어머니들의 자녀교육에 대한 지식은 오늘날 어머니들의 해박한 지식과는 비교할 수 없을 정도로 무지에 가까웠지만,

자녀에 대한 순고한 사랑이 지혜를 품게 하였고, 자녀 사랑의 대가로 얻은 지혜로 어머니들은 우리를 바른 길로 이끌었다. 이와 같이 오늘날 젊은 어머니들도 진정으로 자녀를 사랑하면 자녀교육에 대한 지혜를 분명 얻게 될 것이며, 그 지혜로 인하여 옛 어머니들처럼 훗날 훌륭한 어머니로 평가받으리라고 믿어 의심치 않는다.

꼭 • 알 • 아 • 두 • 기

● 지식과 지혜의 차이 → ①지식은 사물과 세상에 대한 정보인 반면, 지혜는 현명하고 슬기로운 판단력 ②지식은 그릇 속의 물이라면 지혜는 마르지 않는 샘 ③지식은 인생을 살아가는데 있어서 필요한 여러 조건 중 하나일 뿐인 반면 지혜는 어떻게 살 것인가, 지식을 자신의 삶에 어떻게 적용할 것인가를 결정하는 것 ④물고기를 주어라, 한 끼를 먹을 것이다(지식). 물고기 잡는 방법을 가르쳐 주어라, 평생을 먹을 것이다(지혜). 우리나라는 물고기를 잡아서 입에 떠밀어 넣어준다. ⑤knowledge(아는 것)와 how to know(아는 방법)의 차이 ⑥어떤 문제에 부딪쳤을 때 지식의 깊이나 양은 중요하다. 하지만 지식을 어떻게 활용하고 쓰느냐가 더 중요하다. 지혜는 지식을 올바로 활용함으로써 평생을 지탱해 주는 힘의 원천이다. ⑦지식은 있으나 지혜롭지 못한 사람은 개인의 이익을 위해 자기가 속한 공동체에 피해를 줄 수 있다. ⑧우리나라 교육의 특징에 대한 혹평 → 단순하고 획일적이고 지식을 강요하고 경쟁시키는 사상누각에 불과하다.

● 자녀를 진정으로 사랑하면 자녀교육에 필요한 지혜가 생겨난다. 그러므로 이 순간부터 그 무엇보다도 자녀를 진정으로 사랑하자.

● 자녀들은 지식을 많이 아는 부모보다는 지혜로운 부모를 원한다. 지혜로운 부모는 자녀에게 공부를 강요하지 않는다. 이 순간부터 자녀에게 공부하라는 말 안하기를 반드시 실행하자.

유태인의 가정교육이 주는 교훈

유태인들이 책을 소중히 여긴다는 사실은 널리 알려져 있다. '옷을 팔아서 책을 산다, 만약 잉크가 책과 옷에 동시에 묻었다면 먼저 책에 묻은 잉크부터 닦아내고 난 다음에 옷에 묻은 잉크를 처리한다. 만약 책과 돈을 동시에 땅에 떨어뜨렸다면 먼저 책부터 주워라.' 등등의 말은 유명하다. 심지어 유태인들의 주거지인 게토(ghetto)에서는 헌책방을 찾아 볼 수 없는데, 그 이유는 책을 너무나 소중히 여기기에 읽었던 책은 절대 내다팔지 않기 때문이다.

이렇게 책을 소중하게 여기는 유태인들이 그 중에서도 가장 귀중하게 여기는 것은 그들의 기도서인 토라(Torah)이다. 그들은 기도서(성경)를 읽기 위해서 글을 배운다. 그러므로 그들의 가정에서는 아이들이 어렸을 때부터 잠자리에서 부모들이 읽어주는 토라를 들으면서 꿈의 나래를 편다. 아이들이 글을 익힌 후에도 매일 15분 내지 30분 정도 아이의 베갯머리에서 토라를 읽어준다.

또한 아이들이 처음으로 그들의 지혜서인 '탈무드(Talmud)'를 익힐 때 부모는 반드시 꿀을 한 방울 떨어뜨리고 아이들이 거기에 입맞춤을 하게 한다. 그 이유는 탈무드에 대한 애착을 갖도록 하는 동시에 아이에게 독서가 꿀맛같이 달콤하다는 것임을 가르쳐주는 데 있다.

비교적 널리 알려진 탈무드와 토라에 이어 유태인들이 중요시하는 책으로 그들의 역사서인 '하가다(Haggadah)'가 있다. 이 책에는 유태인들의 가장 큰 절기인 유월절에 대한 기록이 있다. 그 이야기는 "우리는 이집트의 노예였다"는 구절로 시작한다. 세계 어느 나라의 역사서에도 이렇게 굴욕적인 구절로 시작되는 기록은 없다.

유태인의 가장 큰 절기인 유월절이 되면 그들의 식탁에 몇 가지 상징적인 음식을 차린다. 패배의 쓴맛을 곱씹기 위한 쓴 나물, 노예 생활 중 먹었던 고난의 떡인 마쬬(matzo), 그리고 고난 속에서 신념과 결의가 굳어진다는 의미의 삶은 달걀을 먹고 식후에는 아라자(araza)라는 달콤한 음료를 마신다. 이는 최후의 승리와 해방을 상징한다. 이렇듯 유태인들은 과거의 비참한 노예생활을 기억하는 데 그치지 않고 그것을 직접 체험하고 뼈저리게 느껴 다시는 그러한 전철을 밟아서는 안 된다는 의미에서 이런 식으로 기념하는 것이다.

유태인들은 자녀를 사브라(sabra)라고 부른다. 이는 선인장의 열매라는 뜻인데, 선인장처럼 역경을 이기고 강하게 살라는 깊은 의미가 달려있다. 우리나라의 부모관인 해병대 스타일과도 같다. 그래서 필자는 '한 번 부모는 영원한 부모'라고 표현한다. 부모라는 이유로 먹이고 입혀주며, 교육과 결혼까지 시켜준다. 그것도 모자라 평생 고생하며 호의호식 제대로 못하고 모은 재산까지도 자녀에게 기꺼이 물려주고 간다.

부모로부터 물려받은 재산은 한마디로 자녀에게는 불로소득에 지나지 않는다. 그런 불로소득이나 다름없는 유산을 지키는 2세는 그리 많지 않다. 특히 우리나라 부모들의 입장에서는 그들 세대는 비록 고난의 삶을 살았을 지라도 자식들만은 무조건 잘 살도록 해야 한다는 맹목적인 신념과 그에 대한 실천이 과연 사랑하는 자녀들에게 얼마만큼 도움이 될까. 자녀를 진정으로 사랑한다면 물질적인 것을 물려주기보다 아이들이 성인이 되었을 때 진정으로 필요한 좋은 습관과 강인한 정신력을 길러주는 것이 부모로서 더 바람직한 역할이 아닐까.

다른 나라들이 승전의 날만을 기념하는 것과는 달리 패전한 날을 기념일로 정한 나라는 세계사를 통틀어 이스라엘이 유일하다. 불과 수십 년 전만 해도 발 딛을 자신들의 조국도 없었던 유태인들이 이렇게 번성할 수 있었던 까닭은 유태인의 독특한 가정교육, 즉 독서를 중히 여기고 책을 사랑하는 그들의 작은 실천 속에서 자녀에게 과거의 실패에 대한 교훈을 찾는 방법을 은연중에 체득하게 하였기 때문이 아니었을까.

안타깝게도 우리의 가정교육은 부존재나 다름없다. 눈앞에 보이는 성적 올리기에 급급하여 자녀를 학원에 보내거나 고액과외 시켜주는 걸로 부모노릇 잘하는 것으로 여긴다. 우리의 가정교육은 강인한 자녀교육은커녕 나약한 자녀로 만드는 데 일조하고 있다. 이래서야 사랑하는 자녀들이 어떻게 총성 없는 무한경쟁의 글로벌시대를 살아갈 수 있겠는가.

꼭 · 알 · 아 · 두 · 기

- 유태인들이 패전의 날을 기념하는 이유 ➜ 자녀에게 지난날의 실패에 대한 교훈을 찾는 방법을 은연중에 체득하게 함으로써 뼈아픈 역사적인 전철을 밟지 말라는 깊은 의미가 내포되어 있다.

- 유태인은 좋은 습관을 어렸을 적부터 시작한다. 특히 유태인은 책을 소중히 여기는 민족이며, 자녀를 강인하게 키운다.

실 · 천 · 사 · 항

- 자녀에게 물려주는 가장 바람직한 유산은 자립심이다. 그러므로 자녀에게 자립심을 심어주어, 가능하면 자녀가 혼자서 문제를 해결할 수 있도록 강인하게 키우자.

- 자녀를 독서중독자로 만들자. 자녀가 어릴수록 그 효과는 크다.

늦다고 생각할 때가 가장 이르다는 평범한 진리를 믿고 지금부터 당장 실행하자.

● 자녀와 함께 집 근처에 있는 서점을 자주 찾자. 책을 구매할 때, 전집(全集)을 구매하는 것보다 낱권을 사서 다 읽은 뒤에 같은 방법으로 책을 구매하자.

물질적 보상보다는 심리적인 보상을…

아이가 동네 놀이터에서 또래들과 열심히 놀다가도 아빠가 퇴근하여 귀가할 시간이 되면 놀이에 집중하지 못하고 아빠가 퇴근해 오는 쪽으로 자주 눈길을 돌리곤 한다. 그러다 아이는 멀리서 걸어오고 있는 아빠를 발견하고서 놀이 따위는 아랑곳하지 않고 내팽개친다. 그리고는 달려가서 "아빠!" 하면서 응석을 부리며 아빠의 팔에 매달리기도 한다. 아빠의 손에는 어김없이 아이가 좋아하는 과자봉지가 들려 있다. 아이는 무척이나 좋아하고, 아이의 아빠도 오랫동안 헤어졌다 만난 이산가족마냥 기뻐한다. 이런 날들이 계속되다가 아이의 아버지는 깜빡하고 아이가 좋아하는 과자를 사 오지 못했다. 여느 때와 다름없이 아이는 놀이를 중단하고 아빠에게로 달려간다.

그런데 그렇게도 기다렸던 과자봉지가 시야에 들어오지 않자,

아이는 적잖게 실망을 한다. 이때 아이의 실망하는 모습을 지켜보는 아이의 아빠도 아이 못지않게 서운한 나머지, 이 녀석이 퇴근길에 자신을 맞아주었던 것이 부자지간의 끈끈한 인간관계에 의한 것이 아니었고 단지 자신의 손에 들려져 있는 과자 때문이었다는 사실을 알게 된다. 그런데 이 녀석은 놀다가 아빠를 발견하고 자신이 좋아하는 '과자!'라고 외치지 않고 '왜 아빠라고 외쳤을까?'라는 의문과 함께 영악한 자신의 아이에게 섭섭함을 느낀다.

만일 이 아이의 아버지가 퇴근길에 과자를 사올 때, 가끔씩 사왔더라면 적어도 아이는 '아빠 = 과자'라는 등식을 성립시키지 않았을 것이다. 아이의 아빠가 좀 더 현명했더라면 과자를 사가지고 오면서도 아이가 볼 수 있도록 손에 들고 올 것이 아니라, 옷 주머니 같은 보이지 않는 곳에 감춰서 아이 눈에 띄지 않게 했더라면 아빠는 곧 과자라고는 인식하지 않았을 것이다. 요즈음 맞벌이 부부들은 아이와 함께 지내는 시간이 상대적으로 적기 때문에 아이에게 미안한 마음을 갖게 된다. 그래서 맞벌이 부부들은 그 미안함을 물질로 보상해 주는 경우가 허다하다. 처음에는 조그만 선물에도 기뻐하고 감사할 줄 알던 아이가 횟수가 거듭될수록 선물 받는 것을 당연하다고 생각하게 되고 점점 더 좋고 값비싼 선물을 요구하게 된다.

초등학교 1학년 때, 받아쓰기에서 100점을 받으면 그 보상으로 1,000원을 받던 아이가 2학년이 되면 절대로 1,000원에 만족하지 않는다. 물질적인 보상에 길들어진 아이는 시험 때가 다가오면 의례히 부모와 흥정을 하기도 한다. 1등을 하면 얼마, 2등을 하면 얼마,

이런 식으로 물질적 보상에 길들여진 아이는 자신이 공부를 열심히 하고 시험에서 좋은 점수를 획득하는 것은 자기 자신을 위해서가 아니라, 부모를 즐겁게 해주는 행위로 인식한다는 것은 심각한 문제라 아니할 수 없다.

물론 인간은 다른 동물들과는 달리 사람에 따라서 그 보상이 각기 다르다. 어떤 사람은 돈을 좋아하는가 하면 또 어떤 사람은 은혜에 대한 보답을 돈으로 대신하려고 하면, 사람을 '어떻게 보느냐'면서 역정을 내는 사람들도 있다. 그런데 어렸을 적부터 물질적인 보상에 길들여진 아이들은 성인이 되면 자연스럽게 물질적인 보상에 더욱 강화(reinforcement)될 수밖에 없다. 그래서 많은 심리학자들과 유아교육학자들은 인생에 있어서 초기경험은 다른 어떤 시기의 경험보다도 중요하다고 하는 이유를 전적으로 신뢰할 수 있는 대목이다.

꼭 • 알 • 아 • 두 • 기

- 요즈음 맞벌이 부부들은 아이와 함께 지내는 시간이 상대적으로 적기 때문에 아이에게 미안함을 가지게 된다. 그래서 이들 부부들은 그 미안함을 물질로 보상해 주려고 한다. 처음에는 조그만 선물에도 즐거워하고 감사할 줄 알던 아이가 횟수가 거듭될수록 선물 받는 것을 당연하다고 생각하면서 점점 더 좋고 값비싼 선물을 원하게 된다. 그러므로 자녀교육은 길게 보면 물질적인 보상보다는 칭찬과 같은 심리적인 보상이 교육적으로 훨씬 바람직

하고 그 효과도 크다.

● 보상 → 심리적 보상과 물질적 보상이 있다. 어떤 사람은 돈을 좋아하는가 하면 또 어떤 사람은 은혜에 대해 돈으로 보답하면, 사람을 '어떻게 보느냐'고 화를 내는 사람들도 있다. 그런데 어렸을 때부터 물질적인 보상에 길들여진 아이들은 성인이 되면 자연스럽게 물질적인 보상에 더욱 강화(reinforcement)될 수밖에 없다. 그러므로 자녀들에게는 가능하면 물질적 보상보다는 심리적 보상을 많이 하는 지혜가 필요하다.

● 많은 학부모들은 아이들에게 학습동기를 유발시키는데 있어서도 바람직한 내적 동기유발보다는 오히려 외적인 동기유발을 시키고, 심리적인 보상보다는 물질적인 것으로 보상함으로써 물질만능주의, 배금주의, 한탕주의를 부추기는 원인을 제공해 주고 있다.

실 · 천 · 사 · 항

● 자녀에게는 물질적 보상보다는 심리적인 보상이 교육적 효과가 크므로 자녀에게 심리적 보상(칭찬)을 많이 하자.

● 자녀에게 있어서 아빠 = 과자라는 등식이 성립되어서는 안 될 일이다. 그러므로 가끔씩 과자를 사오되, 아이의 눈에 띄지 않도록 호주머니에 감추거나 손가방 등을 이용하자.

- 하루에 하나씩 자녀의 장점을 찾아내어 칭찬해주자.

- 자녀에게 칭찬해주면서 자신도 변할 수 있도록 노력하자. 그리고 자신의 장점도 하루에 하나씩 발견하여 거울을 보면서 '나(me)'를 칭찬하자.

유태인 자녀교육을 벤치마킹하자

유태인 가정에서는 안식일이 되면 온 식구들이 한자리에 모인다. 이 자리에서 아버지는 자녀들에게 탈무드를 가르친다. 히브리어로 아버지라는 뜻의 탈무드는 선생님이라는 의미로도 쓰인다. 그래서인지 탈무드를 가장(家長)인 아버지가 가르치는 것은 너무나 당연하게 여겨진다. 또한 아버지의 권위는 절대적이다.

이러한 아버지의 절대적 권위는 어머니의 도움으로 가능하다. 어머니는 늘 남편을 존경하며 최종 의사결정권을 남편에게 맡긴다. 아버지가 퇴근하면 자녀들로 하여금 그들의 일상을 낱낱이 보고하도록 하는 것도 어머니의 역할이다.

이처럼 유태인 자녀교육은 아버지만의 몫이 아니다. 미국에서 유태인 어머니는 자녀교육에 있어 극성스럽기로 유명하다. 유태인 어머니들은 자녀들을 직접 가르치는 사람이 곧 여성이라는 점에서 대단한 자부심을 갖는다. 많은 교육학자들은 유태인들이 노벨상 수상자의 20퍼센트 이상을 배출한 가장 큰 원인을 유태인 어머니들의 자녀교육에 대한 그들만의 독특한 교육방법에서 비롯되었다고 말한다.

예를 들어보자. 우리나라 어머니들은 자녀가 학교에 등교하기 위해 인사하고 현관문을 나설 때면 "선생님 말씀 잘 들어라"라고 당부한다. 그리고 학교에서 돌아오면 "오늘은 학교에서 뭘 배웠니?"라고 묻는다. 그러나 유태인 어머니들은 선생님께 질문을 많이 하라는 당부와 함께 "오늘 선생님께 어떤 질문을 했니?"라고 묻는다.

얼핏 보면 배우는 것과 질문하는 것이 도대체 무슨 차이가 있는가라는 의문이 들 수 있다. 하지만 분명 큰 차이가 있다. '뭘 배웠니?'는 선생님이 가르쳐준 내용만을 잘 듣고 이해했나를 물어보는 것이다. 그러나 '어떤 질문을 했니?'는 선생님이 가르쳐준 내용을 충실히 배우고 이해한 것에서 더 나아가 이해가 잘 되지 않거나 가르쳐주지 않은 내용 중 궁금한 것은 선생님께 질문을 하면서까지 알아야 한다는 의미를 내포하고 있다.

즉, 수업에 임하는 학습자의 태도에 있어서 전자는 수동적인 반면 후자는 능동적인 태도이다. 학습의 원리 가운데 '자발성의 원리'에서 학습자가 수업에 임하는 자세와 태도가 능동적일수록 학습효과가 크다는 사실이 많은 실증적 연구를 통해서 입증되었다. 오늘날 학습이론 관점에서도 유태인 어머니들의 지혜를 엿볼 수 있다.

유태인들은 가정에서 아이들이 어렸을 때부터 어른들과 동등한 인격체로서 끊임없는 대화를 통해 토론하고 결론을 이끌어내는 '대화식 교육'을 실시한다. 우리나라 경우는 아이들이 어른의 말에 토를 달고 말대꾸하면 버릇없는 아이로 낙인찍힌다. 그러나 유태인 부모들은 끈기와 인내로 대화식 교육방법을 고집한다.

이렇게 가정에서 대화식 교육에 훈련된 아이들은 학교수업에서도 여실히 나타난다. 수업시간에 선생님의 말이 떨어지기가 무섭게 끊임없는 질문을 쏟아내고 그 질문에 대한 해답을 찾을 때까지 토론한다.

21세기에 가장 주목받는 유태민족의 원동력은 가정교육에서 비롯됐다. 유태인 가정교육의 특징이라면 아버지의 절대적 권위, 질문을 중시하는 교육환경과 자녀와의 일상적인 대화와 토론을 들 수 있다. 우리의 미래를 위해서도 가정교육은 변해야 한다. 추락한 아버지의 권위, 무조건 말 잘 듣는 아이로 만들려고 하는 우리의 가정교육, 그리고 자녀와의 소통단절로는 아이들의 미래를 준비하는데 전혀 도움이 안 된다. 우리의 잘못된 가정교육의 방안을 유태인의 자녀교육에서 찾아보자. 그리고 유태인 자녀교육을 벤치마킹하자.

꼭 • 알 • 아 • 두 • 기

- 유태민족의 원동력은 가정교육에서 비롯된다. 유태인 가정교육의 특징이라면 아버지의 절대적 권위, 질문을 중시하는 교육환경과 자녀와의 일상적인 대화와 토론을 들 수 있다.

- '배우는 것'과 '질문하는 것'의 차이 ➡ '뭘 배웠니?'는 선생님이 가르쳐준 내용만을 잘 듣고 이해했나를 물어보는 것이다. 그러나 '어떤 질문을 했니?'는 선생님이 가르쳐준 내용을 충실히 배우고 이해한 것에서 더 나아가 이해가 잘 되지 않거나 가르쳐주

지 않은 내용 중 궁금한 것은 선생님께 질문을 하면서까지 알아야 한다는 의미를 내포하고 있다.

- 자발성의 원리 → 자발성이란 인간이 스스로 무엇인가를 찾아서 하고자 하는 내적 능력이나 충동을 말한다. 교수 - 학습에 있어서 자발성의 원리란 학습자 스스로 학습에 참여하는 데 중점을 두어야 한다는 것이다. 교사의 기존의 지식이나 기능을 학생에게 일방적으로 주입시켜 전달하는 것이 아니라 학습자중심의 학습활동을 통해 학생이 자발적으로 참여함으로써 그들이 원래 지니고 있는 잠재적인 능력을 개발·신장시킬 것을 강조하는 학습원리이다. 자발성의 원리는 자기활동, 자기구성, 자기발전, 자기생산이라는 점에서 학습의 모든 가능성이 의존하고 있는 최후의 중심관계가 '자아'라는 원리에 입각한 것이다.

실 · 천 · 사 · 항

- 자녀가 학교에 등교하기 위해 인사하고 현관문을 나설 때면 "선생님 말씀 잘 들어라"라는 말 대신에 "선생님께 질문 많이 해라"고 당부하자.

- 자녀가 학교에서 돌아왔을 때 "오늘은 학교에서 뭘 배웠니?"라고 묻는 대신에 "오늘 선생님께 어떤 질문을 했니?"라고 묻자.

- 남편 위신 세워주기 위한 하나의 방안으로 자녀들로 하여금 일상에서 일어났던 일들을 아버지께 낱낱이 보고하도록 하자.

배고픈 아이에게 고기를 주느니보다
고기 잡는 방법을 가르쳐주자

이 지구상에서 천재를 가장 많이 배출한 민족은 유태인이라고 알려져 있다. 노벨상 수상자 22퍼센트가 유태인이다. 무엇이 이런 결과를 가져왔는가에 대해 많은 교육학자들은 유태인 어머니들의 자녀교육 방법에서 기인된 것이라고 서슴없이 대답한다. 유태인 어머니들의 자녀교육은 그들의 지혜서인 탈무드(Talmud)와 토라(Torah)를 실천하는 것으로 유명하다. 배고픈 아이에게 고기를 주느니보다는 고기 잡는 방법을 가르쳐주라는 탈무드의 지혜를 실천한 것이 세계적인 석학과 과학자를 배출하게 된 가장 큰 이유라고 입을 모은다.

반면에 우리나라 어머니들은 자녀교육에 대한 열의는 이 지구상에서 그 유래를 찾아볼 수 없을 정도로 정평이 나 있다. 물론 필자는 이러한 점에 대해서 비난만을 가하고자 하는 것은 아니다. 이러한 우리나라 어머니들의 자녀교육에 대한 열과 성이 갖는 장점 또한 크다. 변변한 보존자원 하나 없는 나라에 설상가상으로 동족상잔(同族相殘)의 아픔까지 겪고도 반세기 남짓한 짧은 기간 동안에 세계무역대국 10위권과 GDP(국내총생산) 11위 국가(2016년)에 랭크된 것은, 굳이 그 원인을 찾자면 이 나라 자녀들에 대한 어머니들의 교육적 관심과 희생에서 얻어진 대가가 아닌가싶다. 또한 자녀들도 어머니의 맹목적인 사랑의 채찍을 마다하지 않고 인내한 것도 큰 역할을 한 것으로 여겨진다.

우리나라 어머니와 유태인 어머니의 자녀교육에 관한 헌신적인 노력은 높은 평가를 받아 마땅하다. 그러나 교육전문가의 관점에서 본다면 두 나라 간에 어머니들의 자녀교육은 뚜렷한 차이점이 있다. 우리나라 어머니들은 교육목적을 더 중시한다. 찢어지게 가난했고 처참하리만큼 경제적으로 궁핍했던 그 시절에 이 나라 어머니들은 자녀들이 착하고 반듯하게 공부 잘하는 아이로 성장해 주는 것이 그들의 유일한 즐거움이자 희망이었다. 그러므로 우리의 어머니들은 자식을 위하는 일이라면 그 어떤 희생도 감내할 수 있는, 그야말로 완벽한 준비가 되어 있었기에 자녀들이 그들의 기대에 미치지 못하는 결과를 가져왔을 때, 그 무엇과도 비교할 수 없는 처절한 배신감을 느꼈으리라는 것을 미루어 짐작할 수 있다. 그때마다 매를 들고 아이에게 "야 이놈아! 제발 사람 좀 돼라!"고 하면서 심한 매질을 동반하였던 것이다.

자, 여기서 우리나라 어머니들의 자녀교육의 한 단면을 볼 수 있다. 야단칠 때마다 사람이 되라는 말은 빼놓지 않았다는 사실에 주목하여야 할 것이다. 이것은 오늘날 학교교육을 통해서 그렇게도 강조하는 전인교육(whole man education)이 아니고 무엇이겠는가. 정말 교육목적은 높이 평가받아 마땅할 것이다. 그러나 이렇게 훌륭한 교육목적임에도 불구하고 교육방법은 어떠하였는가. 항상 매를 들었다는 사실, 이러한 우리나라 어머니들의 자녀교육에 대한 바람직하지 못한 교육방법이 유태인 못지않게 우수한 DNA를 갖고 태어난 자녀들임에도 불구하고 반만년 역사 이래 여태까지 노벨과학상 수상자 한명 배출하지 못한 것이 아닌가싶다.

　다행스럽게도 요즈음 젊은 어머니들은 아이들이 버릇없이 굴어도 좀처럼 매를 들지 않는데, 이러한 현상은 아마 경제적으로 가정생활이 많이 윤택해진 영향도 있겠지만 단산(單産)하는 데에도 그 원인이 있는 것 같다. 옛날부터 실행되어 온 어머니들의 좋은 교육목적에다 매를 들지 않는 교육방법까지 갖췄으니 이제 우리나라 국민들이 학수고대하는 노벨과학상 수상자가 탄생할 날도 그리 멀지 않았다는 상념(想念)에 잠겨본다.

꼭 • 알 • 아 • 두 • 기

● 탈무드(Talmud)와 토라(Torah) ➡ 탈무드는 유태교의 율법, 전통적 습관, 축제·민간전승·해설 등을 총망라한 유태인들이 정신적·문화적인 유산으로 여기는 지혜서이다. 토라는 일반적으로 율법서를 가리킨다. 구약성경은 율법서인 토라와 예언서 그리고 성문서(聖文書)로 구성되어 있다. 이 중에서 가장 중요한 책이 토라이다. 토라는 곧 모세오경인데, 창세기, 출애굽기, 레위기, 민수기, 신명기 등을 말한다.

● 전인교육(全人敎育) ➡ 지·정·의(知情意)가 완전히 조화된 원만한 인격자를 기르는 것을 목적으로 하는 교육을 말한다.

● 배고픈 아이에게 고기를 주느니보다는 고기 잡는 방법(낚시하는 방법)을 가르쳐주자 ➡ 유태인들은 탈무드라는 지혜서를 통해

서 아이들에게 지식보다는 지혜가 더 소중함을 가르쳐준다.

- 우리나라에서 일어나는 아동학대 가운데 무려 80퍼센트는 친부
  모에 의해서 자행되고 있다. 어떠한 경우에도 자녀에게 언어적
  폭력이나 체벌을 삼가자.

- 자녀에 대한 언어적 폭력이나 체벌은 대물림되는 악순환의 연속
  이다. 언어적 폭력과 체벌은 어떠한 경우라도 허용되어서는 안
  된다. 그러므로 자녀에 대한 언어적 폭력과 체벌은 무조건 삼
  가자.

- 배고픈 아이에게 고기를 주느니보다는 고기 잡는 방법(낚시 방
  법)을 가르쳐주자.

유태인에게 배우는
성공의 의미

대학졸업장만 있어도 장밋빛 인생이
보장됐던 때가 있었다. 몇 년 전 우리나라 이야기였다. 비단 우리나
라뿐만 아니라 지구상 많은 나라도 한 때 대학졸업장 하나만으로 인
생이 보장되었다.

그러나 근래 들어 글로벌 경제 불황으로 대학졸업자 상당수가 직업을 구하지 못하고 불확실한 미래를 걱정하고 있다. 설령 취업을 했더라도 밝은 미래가 보장되지 않는다. 학창시절에 은행에서 대출 받았던 학자금 원금과 이자를 상환하느라 여간 고달프지 않다. 그래서 요즈음 젊은이들은 '어떻게 해야 돈을 많이 벌 수 있을까?'라는 상념으로 사회생활을 시작한다.

유태인은 우리와 사뭇 다르다. 그들은 만 13세가 되면 성년식(initiation ceremony)을 치른다. 그때 하객들로부터 받은 거액의 축하금을 부모가 저축해놓았다가 대학을 졸업하고 사회인으로 출발할 때 그동안 보관해오던 통장을 자녀에게 건넨다. 우리 돈으로 환산하면 수천만 원에서 많게는 수억 원에 이른다. 그래서 유태인 젊은이들은 '돈을 버는 것보다 어떻게 돈을 굴릴까?'를 우선적으로 생각한다. 돈에 대한 개념이 우리와는 다를 수밖에 없다.

어린 시절 한겨울에 눈이 내리는 날이면 동네 아이들은 삼삼오오 짝지어 눈사람을 만들기에 여념이 없었다. 시린 손에 입김을 불어넣어 열심히 눈을 뭉쳐도 눈사람을 만들기에는 턱없이 부족했다. 아이들의 힘으로 눈사람을 만들기에는 여간 힘든 일이 아니다. 눈사람 만들기가 너무 힘들어서 중도에 포기하는 아이들도 더러 생겨나곤 했었다.

그러나 부모들이 웬 만큼 눈덩이를 뭉쳐주면 그때는 아이들 힘으로 눈덩이를 굴리기만 해도 쉽게 큼직한 눈사람을 만들 수 있다. 이를 '눈덩이 효과(snowball effect)'라고 한다. 많은 이들은 돈을 이 '눈덩이 효과'에 비유한다. 무일푼에서 돈을 불리려면 엄청난 노력과 시간이 필요하다. 그러나 부모로부터 어느 정도 유산을 상속받으면 그것이 종자돈(seed money)이 된다. 비교적 짧은 기간에 제법 큰돈을 저축할 수 있다는 것이다. 유태인에 비해 우리 젊은이들은 상대적으로 불리할 수밖에 없다.

여기서 재미있는 것이 있다. 부모로부터 많은 상속을 물려받아 눈덩이처럼 불리기보다는 커다란 눈사람이 햇볕에 녹아 그 흔적도 없이 사라지는 것이다. 물려받은 유산을 지키지 못한 채 살아가는 이들도 많다. 반면에 성공한 많은 이들은 부모로부터 물려받은 가난으로 인해 근검절약할 수밖에 없었다. 먹고살기 위해 열심히 노력했다. 뿐만 아니라 부모로부터 물려받은 재산이 없으니 형제간에 서로 많이 가지려고 재산다툼을 할 이유도 없어 우애하며 지냈다.

요즈음 우리나라 젊은이들 대부분은 사회로 내딛는 첫 출발부터 학창시절의 학자금에 대한 부채를 안고 시작한다. 오히려 이러한 작금의 현실을 긍정적으로 받아들인다면 우리 젊은이들은 '무(無)'에서 '유(有)'를 창조할 수 있는 기회를 갖고 있다. 진정한 성공은 남의 도움을 얻어 이루는 것보다는 자력으로 성취했을 때다. 그 성취감 역시 두 배가 된다.

꼭·알·아·두·기

● 유태인의 성년식(initiation ceremony) ➔ 유태인은 성년식을

13세에 치른다. 유태인들은 성년식을 일생에서 결혼식과 함께 중요한 날로 꼽는다. 이들은 우리 성년식처럼 친구들끼리 술 마시고 즐기는 날이 아니다. 결혼식처럼 일가, 친지, 친구 등 많은 사람들이 모여 축하를 해준다. 그리고 하객들은 축하금도 낸다.

- 눈덩이 효과(snowball effect) → 부모들이 웬 만큼 눈덩이를 뭉쳐주면 그때는 아이들 힘으로 눈덩이를 굴리기만 해도 쉽게 큼직한 눈사람을 만들 수 있다. 이를 '눈덩이 효과'라 한다. 많은 이들은 돈을 이 '눈덩이 효과'에 비유한다. 필자는 어렸을 적에 동네 어른들로부터 들은 "깨가 밤새도록 굴러봤자, 호박 한번 구르는 것보다 못하다."라는 말이 바로 우리나라 식 '눈덩이 효과'가 아닌가싶다.

실 • 천 • 사 • 항

- 자녀의 돌 반지, 세뱃돈, 각종 축하금 등을 쓰지 않고, 통장에 저축해두었다가 자녀들이 사회에 첫발을 내디딜 때, 종자돈으로 마련해주자, 대신 유산을 물려주지 말자.

- 어렸을 적부터 근검절약하는 정신을 길러주자.

가정은 자녀교육의 보고(寶庫): 가정의 중요성, 옛 성현들의 지혜에서 배우자

모든 종(種)은 생명의 유지와 종족 보존의 본능을 가지고 있다. 하찮은 미물(微物)들도 생명을 유지하고 종족보존을 위해서 동종(同種)끼리 의지하고 집단을 이루며 살아간다. 만물의 영장인 호모 사피엔스는 다른 종보다도 모범적으로 가정을 꾸려왔다. 적어도 20세기까지는 그랬다.

그러나 21세기 포스트모던 사회에 들어 가정이 본래의 기능을 제대로 수행하지 못하고 서서히 붕괴되고 있다. 우리나라의 경우가 특히 심하다. 미래학자 앨빈 토플러(Alvin Toffler)는 미국의 가정 붕괴는 심각하며, 부부가 18세 이하 자녀와 함께 사는 정상적인 가정은 4가구당 한 가구에 불과하다고 했다. 미국의 가정도 그 본래 기능을 상실해가고 있다.

사회학자들은 가정의 기능을 안식처와 성 역할 분담(경제적 기능), 종족번식 그리고 교육 등으로 들고 있다. 그러나 현대 사회에 있어 이들 기능 가운데 어느 것 하나 제 역할을 수행하지 못하고 있다. 이혼율 증가는 안식처의 기능을 수행하지 못하는 방증이다. 남녀의 성 역할 역시 경계가 불분명해졌다. 전업주부는 현격히 줄고 직장여성 비율은 빠른 속도로 증가했다.

그렇다면 종족번식의 기능은 과연 제 기능을 하고 있는가. 불과 반세기 전만 해도 다산국(多産國)이었던 우리나라가 지금은 OECD 국가 가운데 가장 낮은 출산율을 보이고 있다. 이로 인해 빠르게 고령사회로 치닫고 있다. 생산인구는 점점 줄어 2039년이면 65세 이상 인구가 15세 미만보다 3배가 된다니 종족번식 기능 또한 제 역할을 못하고 있음을 말해준다.

우리는 교육열에서 세계 1위(?)다. 당연히 가정의 교육적 기능을 의심하지 않는 이들이 많다. 그러나 교육학자나 전문가들의 시각은 사뭇 다르다. 높은 교육열이 반드시 좋은 교육을 가져오지 않는다. 직장여성이 많아 엄마의 따스한 손길이 필요한 시기에 혜택을 받지 못하는 아이가 많다. 가정의 교육기능을 대신해 교육을 대행하는 학원도 많다.

사랑이 깃들지 않은 단순한 지식전달만으로 가정의 교육기능을 대신할 수는 없다. 바쁜 직장 일로 자신의 본분을 다하지 못하는 부모들은 아이들에게 무엇이든지 보상하려 한다. 글로벌 경기 불황이 심각하다. 우리도 예외가 아니다. 그럼에도 아이들 교육 관련 산업은 불황을 모른다. 모두가 가정교육 기능 부재와 밀접한 관계가 있다.

옛 성현들은 항상 가정의 중요성을 일깨웠다. 수신제가(修身齊家)가 치국평천하(治國平天下)보다 더 우선한다는 사실을 간과하는 현대인들에게 일침을 준다. 사회적으로 아무리 성공했다고 하더라도 가정이 평탄하지 못하면 불행하다. 예전에는 사회적 환경과 행복지수가 상대적으로 높았다. 지금보다 훨씬 가정의 교육기능이 강했고 도덕적인 사회였기 때문이다. 이 책을 통해서 우리 모두 가정의 기능에 대해 다시 한 번 생각하자.

● 가정의 기능 → 사회학자들은 가정의 기능을 안식처와 성 역할 분담(경제적 기능), 종족번식 그리고 교육 등으로 들고 있다. 그러나 현대 사회에 있어 이들 기능 가운데 어느 것 하나 제 역할을 수행하지 못하고 있다. 이혼율 증가는 안식처의 기능을 수행하지 못하는 방증이다. 남녀의 성 역할 역시 경계가 불분명해졌다. 전업주부는 현격히 줄고 직장여성 비율은 빠른 속도로 증가하고 있다. 출산율도 OECD 국가 가운데 가장 낮은 것으로 보고되고 있어 종족번식의 기능 또한 제대로 수행하지 못하고 있다. 더구나 가정의 교육적 기능은 부존재나 다름없다.

● 어른들은 수많은 인생의 경험(산전수전, 山戰水戰)을 통해서 지혜를 획득한다. 부모들이 자신의 많은 경험을 통해 획득한 지혜는 아이들에게 가르쳐야할 훌륭한 가치가 있는 것이다.

● 수신제가 치국평천하만큼 실천하기 어려운 것도 흔치 않다. 그래도 수신제가만은 꼭 실천해야 아이들의 인성교육, 더 나아가 창의성교육과 지적교육도 제대로 된다. 그러므로 입신양명이나 치국평천하보다 수신제가를 최우선적으로 실천하자.

● 고령사회와 인구절벽을 막기 위해서 반드시 '한 가정 두 자녀이상 출산하기'를 실천하자.

미신적 강화의
교육적 효과

우리 속담에 '밥 먹을 때 말하면 복 달
아난다'는 말이 있다. 식사 중 말을 해서 복이 나간다는 것이 아니라
실수로 침이나 이물질이 튈 경우 상대방에게 불쾌감을 줄 수 있을
뿐 아니라 음식을 잘 씹지 않으면 소화가 안 된다는 점에서 이런 행
동을 하지 말라는 교육적 의미로 쓰인 말이다.

옛 어른들은 아이의 행동 교정을 위해 부정적 방법을 사용하곤 했
다. 앞서 속담도 마찬가지다. 필자는 이를 '미신적 강화(superstitious
reinforcement)'라고 규정한다. 여기서 미신적 강화란 과학적으로
아무런 근거가 없는 속설을 이용해 잘못된 행동이나 습관을 바로잡
으려는 부정적 자극 및 부적 강화를 의미한다. 반대 기제를 통해 자
연스레 교육적 효과를 거둘 수 있는 일종의 충격 요법인 셈이다.

필자도 어린 시절 "밥 먹을 때 말하면 복 달아난다"는 말을 수없
이 듣고 자랐다. 물론 당시 어른들이 '미신적 강화'란 용어를 분명
알고 있진 못했을 테다. 숱한 경험을 통해 얻은 지혜를 아이의 잘못
된 행동습관을 바로잡는데 교육적 효과가 있다는 사실을 알고 이를
자녀교육에 적절히 활용한 것이 계기가 됐다. 학교교육을 통해 많은
지식을 습득한 요즘 부모들보다 어쩌면 한 수 위의 지혜를 지녔다고
해도 과히 틀린 표현은 아니다.

그렇다고 미신적 강화가 긍정적인 효과만 있는 것은 아니다. 아
이들이 밤에 손톱을 깎으면 어른들은 "밤에 손톱 깎으면 귀신 나타

난다"며 겁을 줬다. 이는 아이들을 무섭게 하기 위해 마냥 지어낸 말이 아니라 그릇된 행동을 소거(extinction)시키기 위한 교육방법의 일환이었다. 그래도 호기심 많은 녀석들은 실제로 귀신이 나타나는지 확인하기 위해 늦은 저녁 손톱을 깎곤 한다. 그럴 때면 더 심한 말도 했다. "밤에 손톱 깎으면 엄마 죽는다"는 등의 말이 그것이다. 제아무리 호기심이 많고 심장이 강한 아이도 이 말엔 손톱 깎기를 포기한다. 이처럼 전통사회에서는 우리 어머니들이 사용하는 자녀교육의 언어는 대체로 긍정적인 것보다 부정적인 용어가 더 많이 사용됐다.

21세기 들어 지구상에서 가장 주목받는 유태인의 경우 밥상에서 아이들과의 토론이 생활화돼 있다. 이를 흔히 '밥상토론'이라고들 말한다. 일회성으로 그치는 것이 아니라 꾸준히 지속되는 토론을 하다보면 아이들의 논리적 사고가 발달하리란 것은 너무나 당연한 이치다. 더욱이 가족과 식사하며 나누는 담소는 그 자체만으로도 즐겁다.

유태인의 자녀교육은 지적교육을 겸비한 인성교육이 특징이다. 만약 아직도 "밥 먹을 때 말하면 복 달아 난다"고 얘기하는 부모가 있다면 이는 아이의 삶에 전혀 도움이 되지 않는다는 방증이다. 가난했던 시절 식사를 끝내자마자 또래들과 놀기 위해 황급히 자리에서 일어나려 할 때면 밥 먹고 뜀박질 하지 말라는 어른들의 잔소리가 어김없이 이어졌다. 물론 이것이 식사 직후 무리한 운동이 소화장애를 일으킬 수 있다는 염려 섞인 얘기는 아니었다. 먹을 것이 턱없이 부족하던 시절, 밥 먹자마자 뛰어놀면 소화가 너무 잘돼 자기 전에 배고플까 염려돼 한 말이었다. 가정의 일상적인 자녀교육도 시대변화에 따라 당연히 달라져야 한다. 식사도 거른 채 컴퓨터 앞에서 게임만 열중하던 아이가 동네 놀이터에서 또래와 놀기 위해 밖으로 나간다면 이는 분명 칭찬 받을 일이다.

세계적 리더십 권위자 스티븐 코비(Stephen R. Covey)는 급하지만 덜 중요한 일보다 덜 급하지만 중요한 일을 먼저 하라고 조언한다. 아이의 건강이 그 어느 것보다 중요하다는데 모두들 공감한다. 그럼에도 불구하고 오늘날 우리 엄마들은 아이의 건강보다 공부를 더 우선시한다.

교육학자로 35여년을 살아온 필자도 이젠 자녀교육에 왕도가 없다는 사실을 알 것 같다. 가난한 어린 시절 시골에서 자란 세대들은 초등학교 저학년 때까지 공부에 대한 중요성을 몰랐고, 공부로 인한 스트레스도 오늘날과 비교가 안 될 정도로 미미했다. 방과 후 아이들이 하는 일은 고작 소 풀 한 망태 베면 그만인 일과였다.

여름방학이면 점심 먹고 난 후, 뒷산에 소를 방목해놓고 어른 키 한길 반 되는 꽤나 깊은 개울에서 입술이 새파랗도록 무자맥질을 하는 게 일상이던 시절이다. 방학 이틀쯤 남겨놓고 밀린 숙제를 하는 모습에 어른들은 한결같이 "이 집에 정승 하나 나겠다"며 비웃음 섞인 농담을 하셨고, 그게 무슨 소린지도 모른 채 방학숙제에 몰입하여 끝내고 나면 엄청나게 보람된 일을 완수한 양 가슴 뿌듯해했다.

필자가 어린 시절에는 공부 때문에 칭찬 받은 일도, 이 때문에 혼나는 일도 거의 없었다. 성적표 받아오는 날, 일 년에 두 번 혼나면 됐으니 공부에 관한 스트레스는 거의 받지 않고 자란 셈이다.

다만, 지적교육의 굴레에서 벗어났지만 인성교육은 그 무엇보다 엄하고 철저했다. 어른들에게 버릇없이 굴 때면 어김없이 호통과 회초리가 날아왔다. 필자 세대들이 부모님에 대한 애틋한 정(情)을 가슴에 간직한 채 가족의 소중함을 뼈저리게 느끼며 살아가는 것도 이런 가정교육에서 기인한 건지 모르겠다. 우리는 우리 스스로를 '부모를 모신 마지막 세대, 자식에게 버림받는 첫 세대'라고 말하지 않는가.

"밥 먹을 때 말하면 복 달아난다.", "밤에 손톱 깎으면 귀신 나온다." 더 심하면 "밤에 손톱 깎으면 엄마 죽는다" 등의 속설은 옛날 어른들의 자녀교육의 단면을 보여준다. 그리고 미신적 강화로 잘못된 행동이나 습관을 고치려 했던 점은 그 나름의 좋은 평가를 받아도 무방하다.

허나 21세기 지식 창조시대에서의 자녀교육은 보다 긍정적인 언어가 사용돼야 한다. 여기에 인성교육을 중시했던 옛 어머니들의 지혜도 거울삼을 필요가 있다. 글로벌 시대가 요구하는 융합형 인간은 이렇게 길러지기 때문이다. 바로 유태인 어머니들의 지혜로운 자녀교육에서처럼 말이다.

꼭 · 알 · 아 · 두 · 기

- 미신적 강화(superstitious reinforcement) → 과학적으로 아무런 근거가 없는 속설을 이용해 잘못된 행동이나 습관을 바로잡으려는 부정적 자극(negative stimulus) 또는 부정적 강화(negative reinforcement)를 의미한다. 반대 기제를 통해 자연스레 교육적 효과를 거둘 수 있는 일종의 충격 요법이다.

- 프리맥 효과(Premack effect) → 아이들이 채소(시금치)를 먹지 않을 때, 아이들이 먹기 싫어하는 채소(시금치)를 먹으면 선호하는 아이스크림을 보상으로 주는 조건을 내걸면 아이들은 좋아하는 아이스크림을 보상받기 위해 채소(시금치)를 먹게 된다. 이를 프리맥 효과라고 한다.

실 • 천 • 사 • 항

- 밥상토론을 아직도 하지 않는 부모들은 언젠가는 후회하게 되어 있다. 그러므로 이번이 자녀를 위한 마지막 기회라고 생각하면서 밥상토론을 실행하자.

- 밥상토론에서 자녀들의 의견(말이나 생각)을 인내하며 들어주자.

- 프리맥 효과를 이용하여 몸에 좋으나 아이가 싫어하는 여러 가지 음식을 골고루 먹게 하자.

유태인의
인성교육

유태인의 자녀교육의 특징 가운데 하나로서 인성교육을 빼놓을 수 없다. 그 이유는 '십계명'으로도 알 수 있다. 십계명은 둘로 나누어져 있으며, 하나는 1계에서 4계까지로 인간이 하느님께 지켜야 할 약속이다. 다른 하나는 5계에서 10계까지로 인간들끼리 지켜야 할 생활규범인데, 그 가운데 첫 번째가 '너희 부모를 공경하라'에서도 인성교육을 얼마나 중히 여기는지를 알 수 있는 대목이다.

물론 우리나라의 경우 교육(敎育)에서 가르칠 敎는 효도할 효(孝)로부터 시작하는 것으로 미루어보아 교육을 행하는 으뜸가는 목적이 부모에게 효도하는 데 있다고 하겠다. 이렇게 본다면 우리나라의 자녀교육도 본디 유태인의 자녀교육과 마찬가지로 공히 인성교육에 목적을 두고 있다하여도 될 것 같다. 그러나 우리나라 대부분의 부모들은 자녀교육에 있어 실제로는 지적교육에 목표를 두고 있다. 반면 유태인들은 철저히 인성교육에 목표를 둔다. 성적이 나빠도 아이를 절대 야단치지 않는다. 오히려 나쁜 성적으로 인하여 의기소침할 때 아낌없는 격려를 한다. 그러나 거짓말을 하거나 비겁한 행동을 하는 것은 결코 용서하지 않는다.

대체로 우리나라 부모들은 자녀가 공부를 잘하는 경우 성격이 비뚤어지고 버릇이 없어도 단지 공부 잘한다는 이유만으로 용서한다. 이를테면 집안행사 때 가까운 친지가 방문했는데 아이가 보이지 않자, 안부를 물을 때도 공부한답시고 자기 방에 틀어박혀 인사를 하지 않아도 아무런 거리낌을 갖지 않는다. 심지어 어른들은 아이가 공부하는 데 몰두하여 집안에 무슨 일이 일어나는지조차 모르는 것을 오히려 자랑스럽게 생각하기까지 한다. 이처럼 오늘날 우리나라 가정교육에 있어 인성교육은 지적교육에 묻혀 찾아보기 힘들다.

유태인들은 건강하고 모범적인 가정을 자랑스럽게 생각하고 소중하게 여긴다. 가장(家長)은 퇴근하면 곧장 집으로 돌아와서 가족과 함께 지낸다. 아내와 식사준비도 함께 하고 지인으로부터 초대받아 방문할 때도 가족과 같이 움직인다. 우리나라에서 똑같은 상황이 펼쳐졌다면 의례히 혼자 방문하는 것과는 너무나 판이하다. 그야말로 그들은 진정한 가족공동체를 온 몸으로 느끼고 실천하면서 살아가고 있다. 안식일이 되면 그들은 우리나라의 교회에 해당되는 시나고그(synagogue)에서 보낸다. 온 가족이 한자리에 모여서 기도도 하고 자녀들은 아버지로부터 그들의 지혜서인 탈무드(Talmud)를 배우는 등 모든 행사는 가족공동체 단위로 이루어진다.

유태인들은 가정에서 자녀의 창의성을 키워주는 가장 중요한 수단으로 그림 그리기를 꼽는다. '베갯머리' 독서에서 주로 사용하는 교재인 토라(Torah)를 들려주고, 아이들로 하여금 이야기 줄거리를 그림으로 표현하게 한다. 그러한 훈련을 지속적으로 함으로써 창의성이 길러진다는 것이다. 그들의 창의성은 21세기를 주도하고 가장 주목받는 민족으로 새롭게 태어나는데 가장 큰 영향을 끼친 요인으로 평가받는다. 독서를 통해서 길러진 상상력은 추상적이다. 아이들은 이러한 추상적인 능력을 그림을 통해 좀 더 구체적으로 표현하는 가운데 창의성은 자연스레 길러지는 것이다. 즉, 독서를 통해서 상상력을 키우고 그림 그리기를 통해서 창의성을 함양할 수 있는 것이다.

탈무드에 '형제의 개성을 비교하면 모두 살릴 수 있고, 형제의 머리를 비교하면 모두 죽인다.'는 말이 있다. 특히 어렸을 때부터 습관적으로나 의도적으로 자녀들을 비교하게 되면 비교열등에 놓여 있는 아이는 더욱 열등감을 갖게 되어 크게 상처 받아 평생 동안 부모형제와 등지며 살아가는 경우도 주위에서 종종 볼 수 있다. 이러한 경우 많은 부모들은 자녀를 남들과 비교하여 아이에게 경쟁의식을 심어주어 나름대로 바람직한 성장을 시키려는 의도에서 비롯된다. 그러나 검증되지 않은 잘못된 자녀교육방법이 자녀에게는 씻을 수 없는 상처를 줄 수 있다. 물론 우리 속담에 '열 손가락 깨물어 안 아픈 손가락 없다.'는 말은 자녀를 차별 없이 똑같이 사랑하라는 깊은 의미가 내포되어 있지만 우리나라 부모들은 속담을 실천하지 않고 말(言)로 끝내고 유태인들은 탈무드의 지혜를 행동으로 옮기는 데에서 큰 차이가 있다.

인간들은 누구나 독특한 재능을 가지고 태어난다. 이러한 재능은 부모나 교사에 의해 발견되어 길러지게 되며 결코 비교의 대상이 될 수 없으므로 유태인들은 '남보다 뛰어나려 하지 말고 남과 다르게 되라.'고 교육한다. 즉, 그들은 일상(日常)에서 자녀에게 '남보다 잘하려고 생각하지 말고 남과 다르게 생각하라'고 주문한다.

유태인들은 자녀를 강하게 키우는 것으로 정평이 나있다. 그들은 자녀를 사브라(sabra)라고 부르는 데에서도 알 수 있다. 이는 선인장의 열매라는 뜻인데, 선인장처럼 역경을 이기고 강하게 살라는 깊은 의미가 달려있다. 그러나 '한 번 부모는 영원한 부모'라는 우리나라 부모의 보편적인 자녀관으로 인하여 다 성장한 자녀가 경제적으로 독립하지 못하고 캥거루족으로 살아가는 것과는 퍽 대조적이다. 자녀를 진정으로 사랑한다면 어려서부터 스스로 문제를 해결할 수 있는 좋은 습관을 길러주는 것이 유산을 물려주는 것보다 바람직한 부모관이 아닌가싶다.

불과 수십 년 전만 하여도 이 지구상에서 영원히 사라질 뻔 한 유태인들이 가장 우수한 민족으로 거듭날 수 있었던 것은 유태인의 독특한 가정교육, 그것도 유태인 어머니들의 헌신적인 가정교육이 있었기에 가능한 것이라고 많은 학자들은 입을 모은다. 여기서 우리는 평범한 진리 하나를 얻을 수 있다. 즉, '아무리 우수한 지적능력을 가지고 태어난다고 하여도 좋은 교육적 환경을 제공하지 않으면 인재양성에 실패할 수밖에 없다'는 사실이다.

안타깝게도 우리의 가정교육은 부존재나 다름없다. 눈앞에 보이는 성적 올리기에 급급하여 자녀를 학원에 보내거나 고액과외 시켜주는 것만으로 부모노릇 잘하는 것으로 착각하고 있다. 우리의 자녀교육은 창의성과 좋은 인성을 길러주며 스스로 문제를 해결하는 교육이기는커녕 성인이 되어서도 부모에게 의지하는 나약한 자녀로 만드는데 일조하고 있다. 이래서야 어찌 무한경쟁의 글로벌시대를 살아갈 수 있겠는가.

- 사브라(sabra) ➜ 이는 선인장의 열매라는 뜻인데, 선인장처럼 역경을 이기고 강하게 살라는 깊은 의미가 달려있다.

- 독서를 통해서 길러진 상상력은 추상적이다. 아이들은 이러한 추상적인 능력을 그림을 통해 좀 더 구체적으로 표현하는 가운데 창의성은 자연스레 길러지는 것이다. 즉, 독서를 통해서 상상력을 키우고 그림 그리기를 통해서 창의성을 함양할 수 있다.

- 인간들은 누구나 독특한 재능을 가지고 태어난다. 이러한 재능은 부모나 교사에 의해 발견되어 길러지게 되며 결코 비교의 대상이 될 수 없으므로 유태인들은 '남보다 뛰어나려 하지 말고 남과 다르게 되라.'고 교육한다. 즉, 그들은 일상에서 자녀에게 '남보다 잘하려고 생각하지 말고 남과 다르게 생각하라'고 주문한다.

- 자녀에게 공부하라고 닦달하는 것보다 공부하기 좋은 교육적 환경을 제공해주어야 한다. 아무리 우수한 지적능력을 가지고 태어난다고 하여도 좋은 교육적 환경을 제공하지 않으면 인재양성에 실패할 수밖에 없다. 그러므로 공부하라고 잔소리하는 대신 자녀들이 공부하기 좋은 환경을 만들어주자.

- 유태인들은 탈무드의 지혜를 행동으로 옮기듯이 우리도 좋은 속담을 말로만 하지 말고 행동으로 옮기자(실천하자).

귀인소재와
자존감

귀인(attribution)이란 특정한 사건이나 행동의 결과를 놓고, 그 결과에 작용한 원인을 탐색하는 행위를 말한다. 귀인은 그 소재에 따라 내적귀인과 외적귀인 두 가지로 나눌 수 있다. 특정한 행동이나 결과의 원인이 능력이나 노력과 같이 개인 내부에 있을 때를 내적귀인이라 하고, 운이나 과제난이도처럼 개인을 벗어나 외부에 존재할 때를 외적귀인이라고 한다. 학생들의 학업성취(academic achievement)의 결과를 놓고 볼 때, 어떤 학생은 높은 점수를 획득해 좋은 평가를 받는가하면 어떤 학생은 그 반대의 결과로 인하여 낮은 평가를 받는다. 이러한 경우 학업성취 결과의 원인은 어디 있는가에 대하여 학업성취 결과에 상관없이 내적귀인으로 인식하는 학생이 있는 반면 외적귀인으로 인식하는 학생도 있다.

그들의 학업성취 결과를 내적귀인으로 돌리는 학생은 시험이 어려워 낮은 점수를 받든 시험문제가 쉽게 출제되어 높은 점수를 받든 상관없이, 그 결과에 대한 원인을 자신의 능력과 노력으로 돌린다. 반면에 학업성취 결과를 외적귀인으로 인식하는 학생은 평가결과가 좋을 때는 운이 좋아 높은 점수를 받은 것으로 여기거나 아니면 선생님이 문제를 쉽게 출제했기 때문에 좋은 성적을 얻었다고 생각한다. 대조적으로 학업성취의 결과가 낮게 나왔을 때도 운이 나빠 낮은 점수를 받았다거나 아니면 선생님이 시험문제를 너무 어렵게 출제하여 많이 틀린 것으로 여긴다. 즉, 학업성취 결과와 상관없이, 그 원인을 외부에서 찾는다. 마치 자신의 행동이 잘못된 결과를 초래했을 때, 남의 탓을 하는 것과 같다.

좋은 평가를 받았을 때도 외적귀인으로 원인을 인식하는 학생들을 귀인소재이론을 빌려 설명하는 것은 설득력이 줄어든다. 자신의 행동이 좋은 결과를 내면 의례히 자신의 공로로 돌리고 그렇지 못한 결과가 나오면 남의 탓을 하는 인간의 자연스러운 본성에 비추어본다면 귀인이론은 아무래도 설득력이 부족하기 때문이다. 따라서 귀인소재보다는 자존감으로 그 원인을 설명하는 것이 더 타당할 것이다.

자존감(self-esteem)의 사전적 의미는 스스로 품위를 지키고 자기를 존중하는 마음 또는 자신의 능력과 한계에 대해 다분히 주관적인 감정이다. 높은 자존감을 가진 자들은 어려움에 부딪혔을 때 극복해낼 수 있는 일종의 자기 확신이나 믿음으로 무장되어 있으므로 적극적이고 성공적인 삶을 살 수 있다. 반면에 자존감이 낮은 이들은 남의 시선을 의식하며 처신하기 때문에 매사 소극적으로 살아간다. 자신감이 부족하기 때문에 대인관계가 원만하지 못하고 열등감에 사로잡힌다. 특히 자존감은 한번 형성되면 대체로 지속적이고 주요한 타인(부모, 형제, 친척, 지인)에 많은 영향을 받는 자아개념과는 달리 유동적이며, 심지어 시시때때로 변한다. 또한 주위 사람들의 평가도 그다지 중요시하지 않는다. 그렇다면 이러한 귀인소재나 자존감은 학생들의 학업성취와는 어떤 관련성을 지니고 있는가?

자존감이 높은 학생들은 학업성취 결과에 상관없이 모든 것을 자기 탓으로 돌린다. 즉, 시험결과에 대해서 좋은 성적을 받았을 때는 내적귀인과 같이 자신의 능력에다 노력을 더했기 때문에 당연한 결과라고 생각한다. 반대로 학업성취 결과가 기대에 미치지 못한 때에도 자신의 능력이 부족하다거나 노력이 부족했다는 것으로 받아들인다. 자존감이 높은 사람들은 자신이 한 일의 결과에 대해 내적귀인과 같이 자신의 책임으로 돌린다. 반면에 자존감이 낮은 사람은 외적귀인과 같이 학업성취 결과에 상관없이 좋은 평가를 받았을 때는 운이 좋아서 아니면 시험문제가 쉽게 출제되었기 때문이라고 자신의 의지와는 무관한 것으로 판단하며 책임의 소재를 외부로 돌린다는 것이다. 귀인소재와 자존감은 학생의 학업성취와 밀접한 관련이 있다. 귀인소재는 내적귀인이든 외적귀인이든 한번 형성되면 성격처럼 변화시키는 것이 용이하지 않다. 그러나 자존감은 귀인소재에 비하여 유동적이고 심지어 시시때때로 변한다. 따라서 자존감을 높여주는 것이 외적귀인을 내적귀인으로 돌려놓는 것보다는 상대적으로 쉽다. 즉, 자존감을 높여주는 프로그램의 개발 및 적용이 학생의 학업성취 향상에 보다 직접적으로 작용할 것이다. 학부모들은 이러한 점을 귀 기울여 들을 필요가 있다.

꼭 • 알 • 아 • 두 • 기

- 귀인소재 → 귀인(attribution)이란 특정한 사건이나 행동의 결과를 놓고, 그 결과에 작용한 원인을 탐색하는 행위를 말한다.

귀인은 그 소재에 따라 내적귀인과 외적귀인 두 가지로 나눌 수 있다. 특정한 행동이나 결과의 원인이 능력이나 노력과 같이 개인 내부에 있을 때를 내적귀인이라 하고, 운이나 과제난이도처럼 개인을 벗어나 외부에 존재할 때를 외적귀인이라고 한다.

- 자녀의 자존감을 높여주라 → 자존감이란 자신을 가치 있고 사랑받을 만한 존재라고 스스로 믿는 마음이다. 자존감은 다분히 자기 자신에 대한 주관적인 평가이다. 그런 점에서 자아개념과는 차이가 있다. 자아개념은 남이 나를 어떻게 평가하느냐에 따라 긍정적인 자아가 형성될 수도 있고 부정적인 자아가 형성될 수도 있다. 자존감은 자신, 타인, 세상에 대한 이미지로 구성되어 있다. 그래서 자존감이 높은 사람은 자신을 사랑스럽고 유능하며 가치 있는 존재라고 생각하고, 타인과 원만한 관계를 형성하며, 매사에 자신감 있는 태도로 진취적이며 활력 있는 삶을 살아간다.

  반면에 자존심이 낮은 사람은 자신, 타인, 세상에 대한 부정적 이미지를 가지고 있기 때문에 자신의 가치와 능력을 낮게 평가하고, 자신의 생각, 감정, 행동에 대한 확신이 없으며, 미래에 대해서 불확실하고 어두워서 새로운 상황에 도전하려 하지 않는다. 또한 자신이 무가치하고 무능하다고 생각하여 쉽게 우울감이나 열등감에 빠지기도 한다. 이러한 자존감은 우리의 모든 행동에 영향을 미친다. 즉, 대인관계, 지적 발달, 정서발달에 영향을 미치기 때문에 가능한 한 어릴 적부터 자존감을 높여주어야 할 것이다.

- 당신은 자녀를 신뢰하는가? → 신뢰는 영어로 trust인데, 이는 편안함의 의미를 가진 독일어 trost에서 유래되었다. 우리나라 부모들은 자녀를 믿지 못한다. 그래서 어른들이 즐겨 쓰는 말 가운데 "애 부뚜막에 올려놓은 것 같다."라는 말이 있다. 이는 천지 구분을 못하는 어린 아이가 뜨거운 부뚜막에 올라가서 어떤 사고를 칠지 모른다는 의미로 어떤 불확실한 상황에서 무척 불안할 때 사용하는 말이다. 우리나라 부모들이 다 성장한 자녀를 대할 때에도 항상 불안하게 생각한다. 반면에 유태인들은 자녀를 자신의 종교처럼, 신앙처럼 믿는다는 것이다. 믿는 자식은 설령 나쁜 길을 가더라도 언젠가는 제자리(정상적인 삶의 터전인 가정)로 돌아온다는 것이다.

실 • 천 • 사 • 항

- 자녀의 자존감을 높여주기 위한 하나의 방안으로 항상 자녀를 하나의 인격체로 여기고 대하자.

- 자녀에게 책임감을 길러주는 것이 내적귀인 성향을 성숙시키는 하나의 방안이다. 그러므로 자녀로 하여금 자신의 일을 스스로 선택하도록 하고, 그 결과에 대해 책임을 지도록 하자.

유태인의
멘토

미국의 사회학습이론가인 앨버트 반두라(Alvert Bandura)는 "교육은 모방이다(Education is imitation.)"라고 아주 간략하게 정의 내렸다. 이는 '애들 앞에서는 찬물도 못 마신다'는 우리 속담과 비슷하다. 즉, 어른들은 아이들에게 있어 좋은 모델이자 성실한 멘토가 되어야 한다는 의미를 내포하고 있다. 그래서 초등학교에 들어가면 학교에서 아이들로 하여금 위인전을 읽게 하는 것도 선현들의 모범적인 행실을 배우고 익히라는 뜻일 것이다.

이 시기에 아이들은 어른들로부터 자주 듣는 질문은 "넌 커서 뭐가 되고 싶니?" 또는 "어떤 위인을 존경하느냐"일 것이다. 많은 아이들은 위인전 몇 권 읽은 것을 바탕으로 질문을 받자마자 별 생각 없이, 이순신 장군이나 세종대왕이라고 대답한다. 이어서 아이에게 "우리나라 사람 말고, 가장 존경하는 분은 누군데?"라고 물으면 "링컨대통령"이라고 대답한다. 이처럼 우리나라 아이들에게 있어서는 주위에 현실적인 모델이나 성실한 멘토가 없다.

그러나 유태인 아이들이 똑같은 질문을 받았다면 대답은 판이하다. "난 아버지처럼 의과대학 교수, 작은 할아버지처럼 노벨화학상 수상자 또는 큰 이모처럼 패션디자이너가 되어 돈 많이 벌어 재벌이 될 거야"처럼, 아이들이 구체적이고 명확한 대답을 한다는 것은 그들의 주변에 좋은 롤 모델이 수두룩하기에 구태여 자신의 롤모델을 역사적인 인물로 삼을 하등의 이유가 없다.

유태인들은 새로운 것을 창조하여 크게 성공한 이들이 많다. 그 이유 가운데 하나가 풍부한 상상력 때문이리라. 그들의 상상력은 자연스레 종교가 일상화 되어 있는 환경에서 길러진다. 그들에게 있어서 종교는 생활 그 자체이다. 아침에 일어나면서부터 그들은 기도로 하루 일과를 시작한다. 식사시간과 잠자리에 들 때 하는 기도 속의 주인공은 늘 하느님이다. 그래서 어렸을 때부터 아이들은 과연 하느님이 어떻게 생겼을까를 상상한다. 쥐라기 공원, 쉰들러 리스트, E.T 등의 감독과 제작자로 잘 알려져 있는 스티븐 스필버그(Steven Spielberg)도 어렸을 때 가족과 함께 기도할 때면 언제나 기도 속의 주인공은 하느님이었는데 어렸을 때 상상한 그 하느님을 영화로 표현한 것이 E.T라고 한다.

유태인의 상상력은 특별한 교육에 의해서 풍부해진다기보다 그들의 주어진 생활환경을 잘 이용한다고 보아도 무방할 것 같다. 이에 비해 우리나라의 많은 부모들은 아이에게 질문하고 생각해서 답변할 시간적 여유도 주지 않는다. 이러한 교육적 환경 속에서 자란 아이들은 매사 즉흥적이 될 수밖에 없지 않겠는가.

유태인의 자녀교육의 특성 중 하나는 아이들에게 사랑과 정성을 쏟아 좋은 습관을 길러주는 것이다. 그들은 무엇보다도 인성교육을 가장 중요시한다. 이는 어머니가 아이 아버지의 권위를 세워주는 데에서도 엿볼 수 있다. 아버지가 퇴근해 귀가하면 어머니는 아이들을 불러 모아 하루 동안 있었던 일상적인 일들을 아버지께 낱낱이 보고하도록 한다. 이렇게 시작한 아버지와의 일상적인 대화는 습관화되어 나중에 아이들이 성장하여 사춘기를 겪는 때가 오더라도 아버지와의 대화는 지속적으로 이루어진다. 이처럼 일상적인 대화 속에서 아버지는 아이들의 고민을 미리 알 수 있기에 예방과 문제해결에 도움을 줄 수 있는 멘토 역할을 충실히 할 수 있게 된다. 이미 가정에서 아버지의 권위가 사라진 우리의 현실과는 판이하다고 하겠다. 아이들이 사춘기만 되어도 대화는 단절된다. 좋은 습관은 어려서부터 길들여져야 한다.

또한 유태인은 독서를 많이 하는 민족으로 정평이 나있다. 유태인의 집단 마을인 게토(ghetto)지역에서 사람들이 가장 많이 드나드는 곳이 도서관인 반면 건너편에 주거하는 기독교인들이 가장 많이 이용하는 곳은 술집이라는 점은 유태인들이 타민족에 비하여 책을 많이 읽는 민족임을 알 수 있는 대목이다. 이러한 독서습관은 돌 무렵부터 하루도 빠짐없이 매일 15분 내지 30분가량 머리맡에서 부모가 읽어주는 '베갯머리 독서'에서 시작하며 이를 통해서 상상력이나 창의력 그리고 언어능력을 키워 나간다.

독서방법 또한 특이한데, 이들은 어렸을 때부터 토라(Torah)와 탈무드(Talmud)를 읽게 하고 그 내용에 대해 토론하고 그 과정에서 정리된 생각을 글로 표현한다. 이러한 독서습관과 독서방법이 유태민족이 전 세계 인구의 0.25퍼센트에 지나지 않는 소수민족임에도 불구하고 노벨상 수상자를 22퍼센트나 배출하는 원동력이 되었다고 교육학자들은 입을 모은다. 반면 최근의 보고에 따르면 우리나라의 독서량이 OECD가입국가 가운데 가장 낮다고 한다. 매년 천고

마비의 계절인 10월이 되면 '독서의 달'이라 하여 범정부적인 독서 장려 캠페인을 벌리고 있는 것은 오히려 우리나라 국민의 낮은 독서량을 반증하는 것이다. 유태인들의 경우 독서습관과 독서방법은 어렸을 때부터 자연스럽게 가정에서 길러진다. 그러나 우리나라의 경우는 이 시기의 아이들은 놀이방, 유아원 또는 유치원에 보내지며 바람직한 독서습관과 독서방법을 길러주는 것과는 거리가 먼 글자 깨우치기에 여념이 없다.

유태인들은 기부문화가 생활화되어 있다. 한 통계에 따르면 미국 기부금의 45퍼센트 가량이 유태인들로부터 나온다고 한다. 유태인들은 아이가 생후 8개월 정도 지나면 아침과 저녁 식사시간 직전에 아이들의 손에 동전을 쥐어주어 저금통에 넣게 하고 저금통이 가득차면 그 돈을 아이의 이름으로 가난한 이웃을 돕는데 사용하도록 기부한다. 또한 유태인들은 봉사활동도 어렸을 때부터 부모로부터 자연스럽게 익힌다. 남을 도와주는 것이 사실 나를 위하는 것이라는 지혜를 가르치는 것이다. 물론 이는 종교적인 의미를 내포한다. 남을 도와주는 만큼 하느님께서 나에게 더 큰 축복을 주실 것이라는 믿음을 가지고 있다는 것이다. 이들은 '작은 것을 주고 더욱 큰 것을 얻는다.'고 말한다. 여기서 작은 것이란 봉사하는 데 필요한 시간과 약간의 비용이며, 큰 것이란 다름 아닌 기쁨이다. 유태인 부모들이야말로 봉사는 나 자신의 행복을 찾는 데 투자하는 가치 있으면서 보람된 일이라는 사실을 일깨워주는 진정한 인생의 멘토가 아닐까 싶다. 중국속담에 '한 시간을 행복하려면 낮잠을 자고, 하루를 행복하려면 낚시를 하고, 한 달을 행복하려면 결혼을 하고, 일 년을 행복하려면 부모로부터 유산을 물려받고, 평생을 행복하려면 가난한 이웃을 도와주라'는 말이 있다. 우리 사회가 이처럼 팍팍한 것도 '기부와 봉사'는 결코 남을 위하는 행위라기보다 나를 위한 것이라는 지혜를 주는 진정한 멘토가 없는 것도 한 원인이 되지 않을까.

우리에게도 희망은 있다. 우리나라도 다행히 교육목적을 인간교육에 두고자 한다. 단지 교육방법이 문제이다. 이제 교육방법이 문제인지를 알고 있는 이상 좋은 교육방법만 뒷받침된다면 우리도 그렇게도 염원하던 노벨과학상 수상자도 낼 수 있을 것이다. 우리나라 국민의 평균 지능지수는 유태민족들보다 더 높다. 아이가 배가 고파 물고기를 원할 때, 유태인들은 물고기 대신 물고기 낚는 방법을 가르쳐준다. 아이가 물고기를 원하기 전에 물고기를 멋지게 낚아 올리는 롤 모델이 있기 마련이다. 훌륭한 롤 모델과 성실한 멘토는 멀리 있지 않다. 이제는 아이들의 좋은 습관을 위해서 어른들이 더욱 모범을 보여야 할 때이다.

꼭 • 알 • 아 • 두 • 기

- 우리나라 아이들에게는 주위에 현실적인 모델이나 성실한 멘토가 없다. 그러나 유태인 아이들이 똑같은 질문을 받았다면 대답은 판이하다. "난 아버지처럼 의과대학 교수, 작은 할아버지처럼 노벨화학상 수상자 또는 큰 이모처럼 패션디자이너가 되어

돈 많이 벌어 재벌이 될 거야"처럼, 아이들이 구체적이고 명확한 대답을 한다는 것은 그들의 주변에 좋은 역할모델(role model)이 수두룩하기에 구태여 자신의 역할모델을 역사적인 인물로 삼을 하등의 이유가 없다. 그러므로 아이들에게 현실 속에서 모델을 찾도록 하는 것이 실현 가능성을 높이는 길이 된다.

- 중국속담에 '한 시간을 행복하려면 낮잠을 자고, 하루를 행복하려면 낚시를 하고, 한 달을 행복하려면 결혼을 하고, 일 년을 행복하려면 부모로부터 유산을 물려받고, 평생을 행복하려면 가난한 이웃을 도와주라'는 말이 있다. 우리 사회가 이처럼 팍팍한 것도 '기부와 봉사'는 결코 남을 위하는 행위라기보다 나를 위한 것이라는 지혜를 주는 진정한 멘토가 없는 것도 한 원인이 되지 않았나 싶다.

- 우리나라도 다행히 교육목적을 '인간교육'에 두고 있다. 단지 교육방법이 문제이다. 이제 교육방법이 문제인지를 알고 있는 이상 좋은 교육방법만 뒷받침된다면 우리도 그렇게도 염원하던 노벨 과학상 수상자도 배출할 수 있을 것이다. 우리나라 국민의 평균 지능지수는 유태민족들보다 더 높다(세계에서 핀란드 다음으로 2위). 아이가 배가 고파 물고기를 원할 때, 유태인들은 물고기 대신 물고기 낚는 방법을 가르쳐준다. 아이가 물고기를 원하기 전에 물고기를 멋지게 낚아 올리는 롤 모델이 있기 마련이다. 훌륭한 롤 모델과 성실한 멘토는 멀리 있지 않다. 이제는 아이들의 좋은 습관을 위해서 어른들이 더욱 모범을 보여야 할 적기(適期)이다.

● 자녀들이 어릴 적부터 좋은 독서습관과 바람직한 독서방법을 길러주자.

● 자녀와 함께 봉사활동을 함으로써 작은 기쁨도 함께 누리자.

글로벌시대의 가정교육

그동안 유교문화권인 동북아의 교육 지상과제는 인성교육이라 해도 틀린 말은 아닐 것이다. 한자 가르칠 '교'(敎)는 효도할 효(孝)와 두드릴 복(攵 또는 攴)자가 합쳐져 만들어졌다. 아이들을 교육함에 있어서 그 무엇보다 효도부터 가르쳐야 한다는 의미였을 것이다.

우리나라 명문가도 '효'를 으뜸의 덕목으로 가르쳐왔다. 가정교육에서 효의 중요성은 비단 우리뿐만 아니라 동서고금을 막론하고 중히 여겨왔다. 물론 시대의 변천에 따라서 효의 방법은 차이는 있을지언정 그 본질에는 변함이 없다.

농경사회에서 효는 곧 봉양이었다. 부모가 젊고 건강할 때는 자식을 키우고 돌봐주지만 나이가 들어 기력이 떨어지면 자식은 당연히 부모를 봉양하는 것으로 여겼다. 봉양은 당시의 보편적인 윤리,

즉 도덕률로 여겨졌다.

그러나 오늘날 효의 개념은 확연히 달라졌다. 경제적으로 안정된 부모들은 자식이 봉양한답시고 같이 사는 것보다 분가해 자주 찾아오는 것이 더 달갑다. 물론 손자와 손녀도 오면 좋다. 이것이 바로 부모들이 생각하는 '현대판 효자'의 모습이다. 세태의 변화를 대변해 주는 것이다.

시대와 사회를 막론하고 효는 필수불가결한 것이었지만 지금은 그러한 효의 개념이 확연히 바뀌었다. 긍정적인 방향으로 바뀐 것이라면 좋겠지만 천만의 말씀이다. 이러한 현상은 우리나라가 인성교육을 등한시하고 지적교육에만 매달려온 결과이다. 부모들은 습관적으로 자녀들에게 "공부 잘하는 것이 효도하는 것이다"라고 내뱉는다. 아이가 버릇이 없어도 공부를 잘한다는 이유만으로 용서받는 전대미문의 교육방법이 부모들의 머릿속에 이미 자리를 잡은 것이다.

초등학교 교사들은 고학년 담임선생님을 맡지 않으려고 보직 배정시기만 다가오면 교무실엔 전운(戰運)이 감돈다. 교직경력이 20년이나 되는 40대 여선생님이 자기 학급 아이들의 충격적인 언행으로 인해 정신과 치료를 받았다고 한다. 교사들의 책임이 없다는 이야기가 아니다. 이러한 사건들은 아이들로 하여금 경쟁 사회에서 살아남게 하려는 부모들의 지나친 욕심이 빚어낸 부산물이라는 말이다. 이 나라 부모들은 더 이상 그 책임을 피할 수 없다.

'엄친아'라는 유행어가 있다. '엄마 친구 아들'의 줄임말이다.

학업이나 외모 등 다방면으로 뛰어난 젊은이를 지칭할 때 쓰인다. 자신의 자녀를 남의 집 아이들과 비교하는 것이 얼마나 다반사였으면 전 국민적 유행어가 되었을까. 가정 안에서도 마찬가지다. 형제와 자매를 비교하는 언행도 서슴지 않는다.

이와는 대조적으로 유태인 속담에 "형제간에 머리를 비교하면 둘 다 죽이는 것이고, 개성을 비교하면 둘 다 살린다."라는 말이 있다. 얼마나 지혜로운가. 유태계 프랑스 화가 샤갈은 어린 시절 학업에 뛰어난 형에 가려져 의기소침했다. 그럴 때면 어머니가 샤갈의 그림에 대한 칭찬으로 용기를 북돋아 주었다고 한다. 우리나라에서였다면 어땠을까. 샤갈과 같은 인재가 자신이 가지고 있는 엄청난 재능을 제대로 펼쳐볼 기회도 가져보지 못한 채 평범하게 살아갔을지도 모른다.

지적교육이 능사가 아니라는 사실을 빨리 깨달으면 깨달을수록 자녀교육에 성공할 가능성이 그만큼 높아진다. 인성교육도 지적교육 못지않게 중요하다. 미래학자 앨빈 토플러는 지성보다 감성을 더 활용해야 창의적인 분야에서 성공할 수 있다고 역설한다.

세계화시대 가정교육이 추구해야할 것은 지적교육 못지않은 인성교육에서의 성공이란 사실을 간과해서는 안 될 것이다. 특히 글로벌시대의 가정교육은 인성교육을 필수로 겸비해야 한다는 점을 우리나라 부모들은 가슴속 깊이 새겨야 할 때이다.

● 가정은 '효(孝)'의 진원지이자, 인성교육의 산실이다.

● 엄친아 ➜ 당신의 자녀가 가장 싫어하는 단어 중의 하나가 '엄친아'이다. 엄마 친구 아들이라는 의미인데, 자신의 자녀와 비교할 때, 사용하는 단어(용어)이다.

● 자녀 간 또는 또래 간에 학업성적을 비교 하지 말자.

● 자녀를 '엄친아'와 절대 비교하지 말자.

이 나라 자식들은 부모의 마음을 아는지, 모르는지?

지금으로부터 30여 년 전 우연히 독일인이 모 일간지에 게재한 칼럼을 아주 재미있게 읽은 적이 있다. 외국인이 쓴 칼럼을 통해서 우리 눈에는 너무 평범하기에 글감이 되지 않는다고 무시하고 지나쳐 버린 것들을 그들의 시각에서 서투른 한국어로 표현한 글을 읽고 난 후 읽지 않았더라면 정말 후회할 뻔했다고 생각한 적이 한두 번이 아닌 것 같다.

하도 오래된 일이라 칼럼의 테마가 '이상한……' 이었던 것으로 기억되지만, 여기서는 테마가 중요한 것이 아니니까 독자들께서 이해해 주리라 믿는다.

기억나는 칼럼의 내용은 그 글을 기고한 독일인이 부산역에서 기차표를 매입하려고 줄을 서 순서를 기다리고 있었는데, 바로 앞에서 70대로 보이는 한복 두루마기를 곱게 차려입은 노인이 차례가 되어 표를 사면서 '어른 표' 하나, '알라(아이) 표' 하나를 달라고 하자, 매표원이 "어르신, 아이가 몇 살입니까?"라고 물었다. 그 말을 들은 노인은 "우리 애가 올해 쉰하나, 아니면 쉰둘인가?"라고 대답하자, 매표원이 깔깔대고 웃는 일련의 상황들이 외국인의 눈에는 너무나 이상하게 비쳐졌다. 그 외국인은 노인이 쉰 살이 넘은 성인을 왜 '아이'라고 하는 것이며, 기차표를 매입하면서 왜 '나이'까지 알려 주어야 하는지 그의 의식구조로는 도저히 이해할 수 없다는 내용이었다. 그래서 칼럼의 테마도 '이상한……'이었다는 것만 기억에 남아 있을 뿐이다.

자식이 장성하여 나이가 쉰 살이 아니라 일흔 살이라 하여도 부모의 눈에는 '아이'로 보일 수밖에 없는 것이 진짜 부모의 마음이 아니겠는가. 당시 부산 역 로비에서 표를 사기 위해 줄을 서서 이 광경을 지켜본 우리나라 사람들의 눈에는 평범한 볼거리에 불과하였는지도 모른다. 그러나 문화가 전혀 다른 독일인의 눈에는 낯설고 이상하게 보이는 것은 지극히 당연하였을 것이다. 왜냐하면 우리나라 사람들은 그 노인이 표를 사면서 '어른 표' 하나, '아이 표' 하나를 달라고 하자, 매표원이 아이의 나이를 물은 이유는 초등학교 6학년에 해당되는 12세까지의 기차표 값은 성인의 50퍼센트를 할인해 줘야 하기 때문이다. 그런데 그 노인은 매표원의 질문에 정확하게 답변하기 위해 자기 아들이 올해 쉰하나 아니면 쉰둘이라고 대답하였고, 매표원은 자신이 예상했던 대답과 너무나 거리가 멀었기에 아주 자연스럽게 깔깔대고 웃는 모습이 독일인에게는 이상하게 비친 것이었다. 그래도 옛날에는 시골에 오일장이 들어서는 날이면 시외버스 주차장에서는 이런 광경을 가끔씩은 볼 수 있었고, 그야말로 정겨운 풍경 그 자체였다.

혹자는 부모의 마음을 나타내는 말로 한자의 친할 친(親)에 비유하기도 한다. '친할 친(親)'의 유래는 옛날 어느 마을에 다복한 노모가 살았는데, 노모는 걱정거리라고는 조금도 없었다. 아들·딸 출가하여 다 잘살고 효성이 지극한 큰아들 내외가 지극 정성으로 모시고 손자·손녀들도 할머니 없이는 하루도 못 살 것처럼 응석을 부리니, 이보다 더 큰 행복은 없다할 정도로 복이 많은 노인이었다.

그런데 쉰이 넘은 큰아들이 아침밥을 먹고 노모께 회사에 잘 다녀오겠다는 인사를 하고 대문 밖으로 나선 후부터 장성한 아들을 걱정하기 시작한다. 얘가 건널목은 잘 건너갔는지, 동료들하고 다투지 안 하는지, 점심은 잘 챙겨 먹었는지, 점심 먹고 물은 잊지 않고 마셨는지, 그야말로 쓸데없는 걱정을 사서 하느라 마음 고생하는 것이 일과였다. 그러다가 해가 서산에 황혼 빛으로 물들 즈음이면 퇴근하는 아들을 조금이라도 더 빨리 보기 위해 안달이 난 나머지 동구 밖까지 마중을 나간다. 그것도 가장 높은 지대에 올라가서 보려고 해도 보이지 않자, 이번에는 나무(木) 위에 올라가서 퇴행성 골다공증으로 심하게 굽은 허리를 쭉 펴고 서서(立) 바라본다(見)는 것이다.

다시 말하면 노모가 퇴근하는 아들을 한시라도 빨리 보기 위해서 지팡이를 짚고 동구 밖까지 나가서 그것도 가장 높은 지대에 올라가서 멀리까지 쳐다보아도 보이지 않는다. 그러자 노모는 나무의 높은 지점까지 올라가서 그것도 모자라 서서 바라보는 어머니의 마음에서 '친할 친(親)'이라는 글자가 생겨났다. 바로 이러한 어머니의 마음이 우리나라의 가장 보편적인 어머니 상이 아닌가라는 생각을 해 본다. 만일 그렇다면 이 나라의 아이들은 자신들의 이러한 어머니의 마음을 아는지, 모르는지 그것이 궁금할 뿐이다.

자식은 부모에게 있어서 영원한 십자가일지도 모른다는 생각에 돌아가신 부모님이 불현듯 떠오른다. 어려운 살림에 다섯 남매를 키우시느라고 고생하신 부모님을 생각할 때면 가슴이 저려 오곤 한다. 다섯 남매를 위해 십자가를 지셨던 부모님처럼 이제 우리도 자녀를 위해 십자가를 짊어져야 할, 아니 어쩌면 이미 오래전에 그 고난의 길이 시작되었는지도 모른다.

꼭 · 알 · 아 · 두 · 기

● 걱정은 만병의 근원이라고 하는 스트레스를 유발한다. 사람들은 이러한 걱정을 종종 부모에게서 배운다고 한다. 사람들이 걱정

하는 것을 연구해본 결과, 40퍼센트는 결코 일어나지 않을 일이었고, 30퍼센트는 과거에 일어난 일로 지금은 어떻게 해볼 수 없는 일이었다. 12퍼센트는 건강에 관한 불필요한 걱정이었고, 10퍼센트는 아주 사소한 걱정거리였다고 한다. 남은 8퍼센트 중 절반인 4퍼센트는 우리로서는 어떻게 할 수 없는 일이었다. 따라서 대부분의 사람들이 걱정하는 일의 오직 4퍼센트만이 그럴듯한 걱정이었고, 나머지 96퍼센트는 불필요한 걱정이었다고 한다(브라이언 트레이시의 『성취심리』 참조).

- 스트레스의 원인 → 브라이언 트레이시(Brain Tracy)는 스트레스의 원인을 걱정, 삶의 의미와 목적 결핍, 완성되지 않는 일, 거절에 대한 두려움, 현실에 대한 거부, 분노 등을 들고 있다.

실·천·사·항

- 친할 친(親)의 의미를 깊이 되새기며 오늘 중으로 양가 부모님(시댁 및 친정 부모님)께 반드시 아이들과 함께 전화로 문안인사 드리자.

- 부모는 항상 아이들의 좋은 모델이 되어야한다는 것을 명심하자.

자식을 위한 어머니의 사랑을 누가 알꼬?

대한민국 어머니들은 그냥 어머니가 아니다. 여자는 남자에 비하여 약하지만 어머니는 강하다는 말이 있다. 이 말은 대한민국 어머니들을 두고 하는 말이 아닌가라는 생각이 든다. 언젠가 어버이날 특집으로 본 한편의 TV드라마가 변연계(뇌리)에서 떠나지 않는다. 젊은 나이에 남편을 여의고 과일행상을 하면서 어린 두 남매를 훌륭하게 키워 시집 장가보내고, 지방에서 홀로 사는 노(老) 어머니가 모처럼 자식들을 보기위해 상경하였다. 그러자 온 가족이 오랜만에 아들집에서 모였다. 식사를 하고 후식으로 과일을 내어 놓고 먹는데 어머니에게 아무도 권하는 이가 없다. 이에 맘이 극도로 상한 어머니는 화난 얼굴로 손자 방으로 황급히 들어가고 아들과 딸이 뒤따라 들어가 "어머니 왜 그러세요?"라고 하자, 어머니는 "도대체 어른한테 먼저 먹어보라는 말 한마디 없이 너희들만 먹어! 어디서 배워먹은 버릇이야, 내가 너희들을 그렇게 가르쳤더냐?"라고 꾸짖는다. 그러자 아들과 딸은 이구동성으로 "어머닌 본래 과일을 안 드시잖아요?"라는 드라마의 그 장면은 꽤나 많은 세월이 흘렸음에도 아직도 기억이 새록새록 난다.

자녀들의 "엄마는 본래 과일을 안 드시잖아요?"라는 말에 그 어머니는 "세상에서 과일 못 먹는 사람이 어디 있니?"라고 섭섭한 표정을 지으며 어이없다는 반응을 한다. 바로 그 장면이 그 특집 드라마가 시청자에게 전하고자 하는 핵심적인 메시지가 아닌가싶다. 어렴풋이 기억나는 또 다른 장면들은 갑작스럽게 남편을 여의고 가정 형편이 어려워지자 호구지책으로 난생 처음 장사를 하게 되며, 그것도 과일행상이었다. 갖은 고생 다하면서 자식들을 반듯하게 키우겠다는 일념으로 열악한 환경에서도 악착스럽게 살아가는 어머니는 팔고 남은 과일이 있을 때면, 그것은 늘 아이들 몫이었다. 어린 남매가 남은 과일을 먹으면서 "엄마는 왜 안 먹어?"라는 질문을 해올 적마다 아이들에게 조금이라도 더 먹이기 위해서, 항상 엄마는 본래부터 과일을 먹지 못한다는 대답을 하였고 어머니는 의례히 과일을 못먹는 사람으로 각인(imprinting)되었다. 이 드라마에서 등장하는 그 어머니가 우리나라의 보편적인 어머니 상이 아니겠는가라는 생각을 하니 코끝이 찡해온다.

자녀의 생일날이면 부모들은 정성껏 챙겨준다. 그것도 자녀가 어릴수록 또래 아이들을 초대하여 한상 차려 잘 대접한다. 아이에게 있어서 자신의 생일날만큼은 살맛나는 날이다. 언제부터인지는 몰라도 어른들 생일은 아이들의 생일에 밀려 기껏해야 가족끼리 외식 한번으로 만족하게 되었다. 좀 과장된 표현이지만 아이들의 생일날은 거의 잔치수준으로 변해버렸다. 찢어지게 가난했던 시절에는 집안의 어른 생신날은 아무리 궁핍한 가정이더라도 생일 밥은 잊지 않고 챙겨 드렸던 것으로 기억된다. 옛날에는 무엇이든지 어른들이 중심이었다. 그러나 요즈음은 웬만한 것은 아이들 중심이 되어버렸다. 과연 가족관계에 있어서 아이들 중심이 되어버린 것이 진정 아이들을 위해 바람직한 교육적 행태인지는 심도 있게 생각해볼 일이다.

대학생을 자녀로 둔 어느 친구가 그의 생일날 아들이 전기면도기를 선물하였다. 그러자 그 친구는 되레 "학생이 돈이 어디 있어, 선물하느냐?"고 야단을 치면서 다시는 사오지 말라고 했다는 것이다. 그래서 친구에게 TV연속극 얘기를 들려주었더니 뒤늦게 후회하는 모습을 볼 수 있었다. 자녀들의 나이고하를 막론하고 선물을 해올 때면 칭찬해서 더욱 강화(reinforcement)하도록 하여 훗날 수입이 많아지면 더 좋은 선물을 하도록 하는 게 교육적으로 더 바람직한 것이 아니겠는가. 행여나 자녀가 생일선물을 할 형편이 안된다면 그 달에는 용돈을 좀 더 올려주더라도 선물하는 버릇을 들여놓는 것이 교육적으로 바람직한 부모의 태도가 아닌가.

아이들이 어렸을 적에 친구들 가족과 여름휴가를 가곤 하였다. 그럴 때면 대부분 아이 엄마들은 아이들부터 먼저 밥을 먹인 후, 어른들은 나중에 먹자고 제의할 때면, 필자는 항상 어른들부터 먼저 먹자고 고집하였다. 이유인즉, 아이들은 어른들보다 더 오래 살므로 앞으로 좋은 음식 먹을 기회도 우리보다 훨씬 많으니 어른이 먼저 먹고 나중에 아이들에게 먹여도 된다는 지론을 폈다. 사실은 교육적으로 장유유서(長幼有序)에도 온당하기에 고집하여 다른 아이들의 엄마, 즉 친구 와이프로부터 눈총을 산 적이 여러 번 있었던 것 같다.

여태껏 교육학자로서의 삶을 살아오면서 인성교육의 중요성을 몸소 경험하였고, 이러한 인성교육은 어렸을 때부터 해야 교육적으로 효과가 크다는 사실을 절감한다. 과일을 먹고 안 먹고, 선물을 받고 안 받고, 밥을 먼저 먹고, 나중에 먹는 것 그 자체가 중요한 것이 아니라 아이들로 하여금 어른들에 대한 예(禮)를 깨닫게 하는 것이 교육적으로 더 큰 의미가 있는 것이다.

자녀들에게 맹목적으로 베푸는 사랑보다는 인간으로서 지켜야 할 도리를 깨닫게 하는 것이 자녀를 위한 진정한 부모의 사랑이 아닐까싶다.

꼭 • 알 • 아 • 두 • 기

● 삼강오륜에서 삼강은 군위신강(君爲臣綱) · 부위자강(父爲子綱) · 부위부강(夫爲婦綱)을 말하며 이것은 글자 그대로 임금과 신하, 어버이와 자식, 남편과 아내 사이에 마땅히 지켜야 할 도리이다.

오륜은 맹자에 나오는 부자유친(父子有親) · 군신유의(君臣有義) · 부부유별(夫婦有別) · 장유유서(長幼有序) · 붕우유신(朋友有信) 등 5가지로, 아버지와 아들 사이의 도(道)는 친애(親愛)에 있으며, 임금과 신하의 도리는 의리에 있고, 부부 사이에는 서로 침범치 못할 인륜(人倫)의 구별이 있으며, 어른과 아이 사이에는 차례와 질서가 있어야 하며, 벗의 도리는 믿음에 있음을 뜻한다.

삼강오륜은 원래 중국 전한(前漢) 때의 동중서(董仲舒)가 공맹(孔孟)의 교리에 입각하여 삼강오상설(三綱五常說)을 논한 데에서 유래되어 중국뿐만 아니라 우리나라에서도 과거 오랫동안 사회의 기본적 윤리로 존중되어 왔으며, 지금도 일상생활에 깊이 뿌리박혀 있는 윤리 도덕이다.

- 동서고금을 막론하고 자녀들에게 맹목적으로 베푸는 사랑보다는 인간으로서 지켜야할 도리를 깨닫게 하는 것이 자녀를 위한 진정한 사랑이다.

실 · 천 · 사 · 항

- 일 년에 두세 번씩, 즉 부모님 생신날과 어버이날에 아이들과 함께 양가 부모님께 감사의 편지를 쓰자.
- 부모님께 일주일에 한 번씩 아이들(손주들)의 모습을 동영상으로 찍어서 보내드리자.

무조건적 자녀사랑과 선택적 자녀사랑

우리 속담에 '고슴도치도 제 새끼는 함함하다'는 말이 있다. 말 못하는 짐승도 자기 새끼를 귀하게 여기고 정성을 다해 보살피는데, 하물며 만물의 영장인 인간은 두말할 나위 없이 자녀를 사랑해야 한다는 메시지가 담겨있다.

인간의 자녀 사랑법은 실로 다양하다. 여기서는 무조건적 사랑과 선택적 사랑으로 구분지어 보려고 한다. 무조건적 사랑은 '해병대 스타일'의 부모관이다. '한번 부모는 영원한 부모'라는 기치 아래 자식에 대한 맹목적인 사랑 내지는 헌신적인 사랑을 행한다. 비록 자신은 불행할지라도 자식만은 행복해지길 진심으로 바라는 것이다. 그래서 자식을 자신의 인생 그 이상으로 보고 모든 삶과 인생을 자식에게 '올인(all in)' 하는 경우도 다반사다.

이 유형의 부모는 사랑을 핑계 삼아 자식 일에 일일이 간섭하려 들고, 심지어 자녀가 자신의 소유물인양 여기며 자신이 원하는 삶을 아이에게 강요한다. 문제는 자녀에 대한 기대수준이 자녀 능력에 비해 높다는데 있다. 또 자식을 독립된 인격체가 아닌 자신의 분신이라 여기며 과잉 집착하는 현상도 발생한다. 자녀에 대한 기대수준이 높을수록, 그리고 자녀에게 집착할수록 자신도 불행하고 자식도 불행해진다. 우리나라 부모에게서 나타나는 대표적 유형 가운데 하나다.

반면에 선택적 자녀사랑은 자녀를 독립된 인격체로 여긴다. 이 유형의 부모는 '나의 삶은 나의 것이고, 네 인생은 너의 것'이라는 사실을 인정한다. 그렇기 때문에 자녀가 직접 자신의 일을 선택하고 책임지도록 유도한다. 부모는 옆에서 조력자 역할을 해주는 것이 전부다. 선택은 자녀들의 몫인 셈이다.

이들은 자신이 행복해야 자녀도 행복하다는 인생관을 갖고 있다. 당연한 이치다. 부모가 불행한데 자식이 어찌 행복할 수 있단 말인가. 부모는 자식이 성공하는 것에 매달리지 않으며, 자신들의 행복부터 챙긴다. 자녀들이 무엇이 되기보다 어떻게 사는가에 더 중점을 두며, 이러한 부모는 자녀에게 행복하게 사는 법을 가르치는 것을 우선시한다.

부모의 자녀사랑에 대한 두 유형을 좀 더 심층적으로 들여다보면 상당한 차이점을 느낄 수 있다.

무조건적 자녀사랑은 다분히 감정적인 자녀 양육방식으로써 선택적 자녀사랑보다 덜 합리적일 수밖에 없다. 이러한 부모 밑에서 자란 자녀들은 효도해야한다는 부담감을 안고 성장하며 또한 그렇게 하려고 노력한다. 그리고 형편이 허락되는 대로 효(孝)를 행한다. 허나 사정이 여의치 못해 자신이 바라던 만큼 효를 행하지 못할 경우 죄의식을 갖게 된다.

"왜 부모에게 효도해야 한다고 생각하느냐?"라는 질문을 받으면 이들은 "부모님을 기쁘게 해드리기 위해서" 또는 "자식으로서의 도리를 다하기 위해서"라는 등의 답변을 한다. 부모가 자녀를 위해 헌신했던 것처럼 자식도 부모에게 그 은혜에 보답해야 한다는 것을 지극히 당연한 '효'의 근본으로 받아들이고 있는 것이다.

선택적 자녀사랑은 자녀 양육방식이 무조건적 자녀사랑에 비해 훨씬 더 이성적이고 합리적이다. 이러한 부모 밑에서 자란 자녀들은 경제적으로 독립할 수 있는 능력이 되면 부모 곁을 떠난다. 기독교 문화권 대부분의 부모에게서 나타나는 전형적인 유형이다.

미국의 중산층 가정에서는 자녀가 18세, 즉 고등학교를 졸업하면 그동안 살아온 보금자리를 떠난다. 이들은 부모에게 효도하는 이유에 대해 "나를 위해서 부모님께 효도한다. 부모님께 효도함으로써 하느님께서 나에게 더 큰 축복을 주신다"고 말한다.

자녀사랑에 대한 방법은 자녀에 대한 관념의 차이에서 기인한다. 우리나라 부모들은 대체적으로 자녀를 '자신의 소유물'로 생각하는 경향이 짙다. 특히 감정의 기복이 심한 부모일수록 자신의 기분에 따라 자녀를 대하는 태도와 행동은 확연히 달라진다. 이는 자녀의 성격형성에도 바람직하지 않다. 반면에 기독교 문화권에서는 자녀를 '하느님의 선물'로 여긴다. 하느님이 맡겨주신 선물이기에 자녀를 더욱 소중히 양육하면서도 놓아줄 때를 안다.

자녀사랑과 관념에 대한 차이는 가정의 사회화와도 무관하지 않다. 보편적으로 사회학자들은 가정의 사회화를 '억압적 사회화'와 '참여적 사회화'로 구분한다. 억압적 사회화는 자녀에 대한 무조건적 사랑과 자식에 대한 집착(소유욕)을 보이는 부모로써 이들은 자녀의 의사를 무시한 채 가장인 아버지의 결정이 절대적이다.

아울러 집안일에 대한 의사결정은 전적으로 부모들이 하고 자녀의 의사는 완전 무시당한 채 따라야만 한다. 심지어 아이의 생일날 외식의 메뉴조차도 부모가 결정한다. 이러한 가정에서 자란 아이는 어른이 되더라도 자신의 부모가 그랬듯 이를 대물림할 가능성이 높다.

참여적 사회화는 아이들의 의사를 선별적으로 반영한다. 따라서 '참여적 사회화' 가정에서는 부모들의 합리적인 의사결정을 어렸을 때부터 몸소 익히며 자란다. 가족 구성원의 생일날 외식 메뉴를 아이들 스스로 결정하게 함으로써 합리적이고 민주적인 의사결정 과정을 자연스럽게 체득한다.

미래 사회는 창의적인 인재를 요구한다. 그러한 인재양성은 무조건적 자녀사랑보다 선택적 자녀사랑의 양육방법에서 더 잘 나타난다. 창의성은 합리적이고 유연한 사고에서 기인되기 때문이다. 자녀에 대한 선택적 사랑과 가정의 참여적 사회화를 통해 아이는 민주주의의 가치와 합리적인 사고를 내면화하게 되며, 그의 내적 성숙 또한 해를 거듭할수록 차곡차곡 쌓이게 될 것이다.

지금이야말로 21세기를 살아가는 부모들이 자녀를 위해 어떤 사랑법이 바람직한지 고민해봐야 할 때다.

꼭 • 알 • 아 • 두 • 기

- 자녀를 정직한 아이로 키우려면 아무리 사소한 약속이라도 반드시 지켜야 한다. 자녀에게 선물할 것을 약속해놓고 이를 지키지 않으면 첫 번째 반응은 실망하는 것이다. 그러나 약속을 반복해서 계속 어기면 아이는 결국 어떤 사람과 약속하였다 하더라도 그 약속은 반드시 지킬 필요가 없다는 결론에 도달하게 될 것이다. 부모가 자녀에게 진실한 행동을 보여주지 못한다면 자녀는 부모의 말보다 진실하지 않은 부모의 행동을 따르게 된다.

  부모는 자녀에게 어떠한 경우에도 거짓말을 하도록 시키지 않아야 한다. 이를테면 받고 싶지 않은 전화가 왔을 때, 아이더러 엄마가 집에 없다고 거짓말을 하게 한다든지 열차를 타고 여행할 때, 티켓을 매입하면서 아이의 나이를 낮춰 반값으로 표를 사는 등의 처신을 해서는 안 된다.

- 자녀에 대한 사랑 유형 ➡ ①'무조건적 사랑'과 ②'선택적 사랑'
  - 자녀에 대한 관념 ➡ ①'소유물'과 ②'하느님의 선물'
  - 자녀양육방식 ➡ ①'감정적 양육방식'과 ②'이성적·합리적 양육방식'
  - 가정의 사회화 ➡ ①'억압적 사회화'와 ②'참여적 사회화'
  - 삶의 태도 ➡ ①'의존적 태도'와 ②'독립적 태도'

  여기서 무조건적 사랑은 자녀에 대한 관념은 소유물, 자녀양육방식은 감정적 육아방식, 가정의 사회화는 억압적 사회화, 삶의 태도는 의존적 태도로 성장할 가능성이 높다. 반면에 선택적 사랑은 자녀에 대한 관념은 하느님의 선물, 자녀양육방식은 이성적·합리적 육아방식, 가정의 사회화는 참여적 사회화, 삶의 태도는 독립적 태도로 성장할 가능성이 높다.

- 미래사회, 즉 4차 산업혁명시대는 창의적인 인재를 요구한다. 그러한 인재양성은 무조건적 자녀사랑보다 선택적 자녀사랑 유형에서 더 유리하다. 왜냐하면 창의성은 합리적이고 유연한 사고에서 기인되기 때문이다. 자녀에 대한 선택적 사랑과 가정의 참여적 사회화를 통해 아이는 민주주의의 가치와 합리적인 사고를 내면화하게 되며, 그의 내적 성숙 또한 해를 거듭할수록 차곡차곡 쌓이게 된다.

● 집안일에 관한 사소한 것도 자녀들과 토론하며, 토론을 통해서
   민주주의적 방식으로 의사를 결정하는 분위기를 만들자.

● 서로 다른 의견이 나왔을 때, 다수결의 원칙을 따른다든지, 가부
   동수가 나왔을 때는 돌아가면서 양보한다든지 규칙을 정해놓고,
   이를 반드시 지키고 따르도록 하자.

아빠의 권위와
추억의 월급봉투

언제부터인지는 몰라도 이 나라에
가장(家長)의 권위가 추락한 것만은 틀림없는 사실이다. 우리나라의
경우, 아마 유사 이래 지금처럼 가장의 권위가 땅바닥에 떨어진 적
은 없었다고 감히 단정 짓는다. 옛 조상들이 너무 여자들을 못살게
굴었기에 그 벌을 불행하게도 우리 세대가 받고 있는 것이라고 우스
갯소리를 하긴 하지만 남자들의 입장에서 생각해 보면 기분이 그리
개운치는 않다. 언젠가 칼 포퍼(Karl Raimund Popper)의 『The
Open Society and Its Enemies(열린사회와 그의 적들)』이란 책
에서 민주주의의 가장 큰 적(敵)은 권위주의라는 대목이 가슴에 와
닿은 적이 있었다. 칼 포퍼가 지적한 민주주의의 가장 큰 적인 권위
주의를 우리의 가정(家庭)에 적용하여, 민주 가정의 가장 큰 적은 가

장의 권위라고 한다면, 어떻게 보면 그럴 듯하여 설득력이 있는 것처럼 들릴지 모르겠다. 그러나 우리 사회에 권위주의는 사라져야 되지만 '권위'는 존재해야 우리 사회가 존속되고 유지될 것이라고 확신한다.

본래 권위는 얻고 싶다고 해서 획득할 수 있는 것이 아니라 타인에 의해서 주어지는 것인 반면, 권위주의는 절대 권력자가 막강한 권력을 이용하여 타인의 의사와는 상관없이 탈취하는 것이기에 권위와 권위주의는 분명히 차이가 있다. 따라서 권위주의는 역기능이 많은 반면, 권위는 순기능을 많이 가지고 있다. 그러므로 가장의 권위는 가족 구성원들의 존속과 위계질서 및 외부의 위험으로부터 보호받기 위해서도 반드시 존재하여야 할 필요조건이므로 가족구성원은 그것을 지켜 주어야 한다.

필자의 기억으로는 남편으로서 또는 아버지로서의 권위가 추락하게 된 것은 온라인 서비스 시스템에 밀린 '노란색 월급봉투의 종말'과 함께 한 것이 아닌가싶다. 온라인 서비스 시스템이 시작될 즈음 별 저항 없이 평화적으로 아내에게 경제권을 이양한 남정네들이 모여서 한잔 술에 담소를 나눌 때면 가끔씩 등장하곤 하는 것이 노란색 월급봉투에 얽힌 추억담이다. 흔히 고스톱을 칠 때, 아시아권에서는 광(光)이 최고라는 말이 있듯이 아직까지도 비리·부정·부패한 정치인들을 비롯한 많은 떳떳하지 못한 구린내 나는 인간들이 수표나 상품권보다는 현금을 여전히 좋아하고 있다. 그러나 월급쟁이들에게는 지금은 기억 저 너머에 아련하게 남아 있는 노란색 월급봉투를 받던 그 시절, 현금을 가장 많이 만져볼 수 있는 기회는 한 달에 한 번 찾아오는 월급날이었다. 대부분의 직장인들이 그러하듯이 평소에 풀이 죽어 있던 이들도 월급날이면 생기가 돈다. 자신이 흘린 땀에 의한 경제활동으로 가족을 부양한다는 자긍심이 월급쟁이로 하여금 힘이 불끈 솟게 만들었으며, 지나쳐 오만함을 갖게 했던 것이 아니었을까하는 생각마저 든다.

월급날은 직장인보다는 오히려 어려운 살림에 근검절약으로 똘똘 뭉쳐진 아내가 더 학수고대한다. 그 이유는 뻔하다. 생활비, 시골에 계시는 부모님 용돈, 애들 학원비, 곗돈, 동창회회비, 교회교무금 등등 보너스가 나오지 않는 달이면 한 푼의 여유도 없는 금액이기에, 남편이 제발 옆길로 새지 않고 곧장 집으로 오게 해 달라고 하느님께 기도도 해보고, 부처님께 빌고 또 빈다. 이번 달부터는 절대 옆길로 새지 않고 곧장 집으로 오겠다고 남편 스스로가 굳게 약속한 지도 꼭 한 달이 되는 날이기에 더욱 기다려지는 아내의 노심초사를 누가 알겠는가. 그러나 월급쟁이는 막상 노란색 월급봉투를 받아 손에 쥐는 순간 생각이 달라지려고 하는데 친하게 지내는 동료가 바람을 잡는다. 기다리기라도 한 듯 호프집에 들려 오늘은 딱 한잔만 마시자면서 약속했건만, 대한민국을 술 공화국쯤으로 생각하는 술꾼에게 딱 한잔만이 통할 거라고 믿는 자가 있으면 그는 거룩한 단군의 자손이 아니지.

남편 아니 가장(家長)이라는 작자가 아내와의 약속조차도 까마득히 잊은 채 술 공화국의 모범적 국민답게 진도를 착실히 나가고 있을 즘이면 아내는 손톱에 날을 세우고 "이 인간 들어오기만 해 봐라!"고 벼르고 또 벼른다. 그래도 돌아오지 않는 야속한 남편을 기다리다 보면 어느덧 괘종시계 바늘은 익일로 넘어간다. 이 순간부터 시간이 지나감에 따라 증오가 근심걱정으로 바뀐다. 혹시 이 인간이 교통사고라도 당한 게 아닌가 걱정되어 안달할 때, 타이밍을 기차게 맞추어 들어가는 날이면 한꺼번에 용서받기도 했던 애환이 서려 있는 그 노란색 월급봉투 시절은 그래도 가장으로서의 권위가 존재했다. 돌이켜보면 월급쟁이에게 있어서는 그 때가 마냥 그립고 살맛나는 시절이었다. 아내는 남편의 월급이 정확하게 얼마인지도 알 수 없었고, 그러기에 아내는 남편을 더 존경하게 된 것이 아닌가싶다. 아무리 가까운 부부지간이라 하여도 상대가 무슨 일을 하는지 그리고 수입이 어느 정도 되는지를 잘 모를 때 그 신비함이 더하는 것이라고 한다면 너무 과장된 표현인가.

사회가 발전하면 할수록 여자들에게는 점점 살맛나는 좋은 세상으로 변하는 반면, 남자에게는 상대적으로 그만큼 힘들어지는 것을 누구에게 하소연할 수도 없고 숙명으로 받아들일 수밖에 없을 것 같다. 그렇다고 편리한 온라인제도를 원래대로 돌려놓을 수도 없고 현실에 순응하면서 살 수밖에 달리 방법이 없다. 하지만 매일 아침 출근길에 아이들 보는 앞에서, 아니 아이들과 같이 거실에 줄서서 아내에게 용돈 타 쓰는 남편이 있다면 기실 그 모습은 가장의 권위는 고사하고 자신뿐만 아니라 뭇 남정네들의 마지막 남은 자존심마저 짓밟히는 행태가 될 것이다.

알고 보면 너무나 불쌍한 이 나라 가장들의 권위를 가족구성원들이 아니면 누가 지켜주겠는가.

꼭 • 알 • 아 • 두 • 기

- 권위주의와 권위의 차이 → 권위는 얻고 싶다고 해서 획득할 수 있는 것이 아니라 타인에 의해서 주어지는 것인 반면, 권위주의는 절대 권력자가 막강한 권력을 이용하여 타인의 의사와는 상관없이 탈취하는 것이다. 따라서 권위주의는 역기능이 많은 반면, 권위는 순기능을 많이 가지고 있다. 그러므로 가장의 권위는 가족 구성원들의 존속과 위계질서 및 외부의 위험이나 위협으로부터 보호받기 위해서도 반드시 존재하여야 할 필요조건이므로 가족구성원은 가장의 권위를 지켜 주어야 한다.

- 칼 포퍼는 『열린사회와 그의 적들』에서 인류가 진화해온 것처럼 인류문화 역시 도덕적으로 발전해왔다고 전제한다. 인류의 도덕적 진보는 민주주의를 통해서 실현되었다. 우리가 즐겨 사용하는 민주화는 간단히 말해 폐쇄사회(closed society)에서 열린사회(open society)로의 이행으로 규정하고 있다. 또한 칼 포퍼는 개개인이 결단을 내릴 수 있는 사회를 열린사회라고 한다.

실 • 천 • 사 • 항

- 당신이 왕(왕비)으로 대접 받기를 원한다면 먼저 아내(남편)를

왕비(왕)처럼 모시고 대접하자.

- 남편의 권위를 세워주는 것은 아내의 몫이다. 남편에게 용돈 줄 일이 있으면 애들이 보지 않는 데에서 주기로 하자.

- 자녀들 앞에서 남편을 험담하면 아이도 아빠를 우습게 생각한다. 그러므로 아이들 보는 앞에서 남편을 험담하지 말자.

- 자녀들로 하여금 아버지의 권위를 지켜주도록 하자.

부모와 자식 관계는 천륜지간이라고 하였거늘

흔히 부모와 자식 관계를 천륜지간(天倫之間)이라 하는데, 이는 곧 하늘이 맺어준 인연이기에 인위적으로 둘 사이를 떼어 놓을 수 없다는 의미가 내포되어 있다. 특히 우리나라 부모들의 자식 사랑은 유별나다. 끼니조차 해결하기 힘들었던 가난에 쩌든 시절, '자식들이 먹는 것을 보는 것만으로도 배부르다'는 표현을 쓸 정도로 과거 우리 사회에서 자식은 자신의 아바타(분신) 이상이었다는 것을 짐작하기에 충분하다. 그만큼 과거 부모들은 자식을 위해서 헌신적인 삶을 살았다. 낳아서 먹이고, 입혀주고, 교육시켜주고, 그것도 모자라 결혼시켜 경제적인 형편에 따라 전세라도 얻어준다. 본인은 그 흔한 해외여행 한번 못해보고 알뜰살뜰 모은 재산을 죽을 때도 자식에게 물려준다. 이것이 바로 그동안 우리 사회의 보편적인 부모상이었다.

현재 우리나라 대부분의 부모들은 젊어서 자식들 키우고 교육시키느라 자신의 삶을 오롯이 헌신해 경제적 여력이 없어 자신의 노후생활을 준비하지 못했다. 결국 이 지구상에서 가장 비참한 여생을 보내고 있는 실정이다. 현재 우리나라 부모세대들은 자신들의 부모님들을 정성을 다해 모신 마지막 세대로서 자식에게 버림받는 첫 세대라는 걸 이제 와서 깨닫고 자신의 어리석음과 비참한 작금의 처지를 후회하는 이들이 많으리라 추정된다.

이러한 조짐은 이미 예견되어 있었다. 가정의 기능 가운데 자녀들의 교육적 기능을 제대로 수행하지 못했기에 결국 부메랑이 되어 돌아온 것이다. 교육이란 한자어에서 교(教)는 가르칠 교이다. 가르칠 교는 효도할 효(孝)와 칠 복(攵)으로 이루어져 있는데 이는 곧 자녀들로 하여금 부모에게 효도하라고 매를 때리는 것을 의미한다. 그런데 오늘날 우리나라 가정에서는 '효(孝)'를 찾아보기 힘든 지경에까지 도달했다. 그것은 다름 아닌 올바른 가정교육의 부재 탓일 것이다.

근래에 '불효자 방지법'까지 생겨나야 된다는 여론이 들끓고 있다. 돌이켜보면 부모들이 그동안 자녀의 지적교육에만 매달려 인성교육을 제대로 하지 못한 결과가 낳은 사회적 부산물이 아닌가싶다. 불효자 방지법이란 부모의 재산을 상속받고 부모를 내팽겨 치는 극히 일부의 불효자에게 재산을 다시 부모에게 돌려주도록 하자는 골자의 법안이다. 일선에선 마음에도 없는 효도를 하도록 강제하는 법이 아니라고 자위(自慰)하는 목소리도 없지 않았다.

그런데 2016년 대법원에서 효도계약서를 인정하는 판결이 나왔다. 즉, 각서대로 효도를 안 한 자식에게 재산을 다시 부모에게 돌려주라는 판결인데, 불효자 방지법도 효도계약 각서 내용과 비슷한 내용이라 조만간 국회에서 통과될 가능성이 클 것으로 보는 시각이 많다. 이렇게 소송까지 가는 사례들이 발생하는 것으로 보아 부모와 자식 관계라는 천륜의 연(緣)도 이제 다된 것 같다. 그렇다면 부모와 자식 관계는 더 이상 천륜지간이 아니라 원수지간이 되어버린 것인가. 아니면 프로이드(Freud)의 주장대로 아들은 아버지께, 아버지는 아들에게 서로서로 거세불안(castration anxiety)을 느끼는 것인가.

그나마 가족관계를 색다른 각도로 우리에게 조금이나마 위안을 주는 사례가 있다. 베스트셀러 『사피엔스』의 저자로 잘 알려진 유발 하라리(Yuval Noah Harari)는 다음과 같은 사실을 언급한다. "17세기 산업혁명은 인류사회에 수많은 큰 격변을 가져다주었다. 그 중에서도 가장 중요한 사회적 혁명은 다름 아닌 가족과 지역공동체의 붕괴이다. 그리고 가족과 지역공동체가 붕괴된 그 자리를 국가와 시장이 대신하고 있다." 이미 200여 년 전 유럽의 선진국에서는 가족의 붕괴가 서서히 진행되었지만 우리나라는 빠른 속도의 경제성장 때문에 아마도 갑자기 변화된 것처럼 보였을 것이다.

혹자는 아무리 돈 없고 병든 환자라도 사랑하는 배우자, 헌신적인 가족의 따뜻한 보살핌을 받는 사람이라면 소외된 억만장자보다 행복하다고 하였다. 유발 하라리가 주장대로 이미 오래전에 가족과 지역공동체가 붕괴되었다면 지금이라도 국가가 더욱 적극적으로 나설 때이다. 조국의 산업발전에 기여해온 주역들인 이 나라 노인들이 여생을 보다 행복하게 지낼 수 있는 제도적 장치가 마련되어야 할 것이다.

꼭 · 알 · 아 · 두 · 기

- 학교는 아이의 인성을 길러내기에는 적합한 교육의 장(場)이 아니다. 그러므로 인성교육은 반드시 가정에서 이루어져야 한다. 바람직한 인성교육을 위해서는 가정이 제 기능을 해야 한다.

- 불효자 방지법 → 부모의 재산을 상속받고 부모를 내팽개치는 극히 일부의 불효자에게 재산을 다시 부모에게 돌려주도록 하자는 골자의 법안이다.

- 거세불안(castration anxiety) → 남자아이가 어머니에 대해 가지는 무의식적 성적 욕망을 오이디푸스 콤플렉스(Oedipus complex)라고 한다. 이때, 남자아이가 자신의 생각을 아버지가 알게 되면 자신을 거세할 것이라고 생각하여 불안해하는 것을 말한다. 거세불안은 아버지에 대한 아들뿐만 아니라 아들에 대한 아버지의 불안도 존재한다는 것이다.

- 오이디푸스 콤플렉스(Oedipus complex) → 그리스 신화 오이디푸스에서 따온 말로서 프로이드(Sigmund Freud)가 정신분석학에서 사용한 용어이다. 오이디푸스는 테베의 왕 라이오스와 이오카스테(에피카스테)의 아들인데 숙명적으로 아버지를 살해하고 스핑크스의 수수께끼를 풀어 테베의 왕이 되었다. 어머니인 줄 모르고 결혼한 그들은 그 사실을 알자, 이오카스테는 자살하고 오이디푸스는 자기 눈을 뺀다.

  프로이드는 이러한 경향은 남근기(3~5세)에서 분명하게 나타나며 잠복기에는 억압된다고 한다. '아버지처럼 자유롭게 어머니를 사랑하고 싶다'는 바람은 '아버지와 같이 되고 싶다'는 선망으로 변하여 아버지와의 동일시(identification)가 이루어지며, 초자아가 형성된다.

  프로이드는 유아는 이 오이디푸스 콤플렉스를 극복하고서야 비로소 어른의 정상적인 성애가 발전하는 것이지만 이를 이상적으로 극복한다는 것은 매우 힘든 일이며, 일반적으로 신경증 환자는 이 극복에 실패한 사람이라고 주장하였다.

  특히 신프로이드학파들은 이 콤플렉스가 사회적 원인과 가족 내의 대인관계로부터 생기게 되는 것이라고 주장한다. 이들 학자 중에서 에릭 프롬(Erich Fromm)은 아버지의 권위가 강하지 않은 사회에서는 이러한 콤플렉스는 나타나지 않는다고 주장했고, 카렌 호나이(Karen Horney)는 양친에 대한 의존 욕구와 적의(敵意)의 갈등에서 생긴 불안이 원인이 되어 이 콤플렉스가 생긴다고 주장하였다.

한편 여자 아이가 아버지에 대하여 성적 애착을 가지며 모친에 대하여 증오심을 가지는 성향을 엘렉트라 콤플렉스(Electra complex)라고 한다.

● 부모는 자녀의 거울(mirror)이며, 모델이다. 그러므로 명절 때 자녀들과 함께 아이의 할아버지, 할머니, 외할아버지, 외할머니 등 집안 어른들에게 새해 인사(세배)를 하자.

● 봉사는 남을 위해서 하는 것이 아니라 자신을 위해서 하는 것이다. 그러므로 가끔씩 자녀와 함께 동네 경로당에 찾아가서 어른들을 위해 주변 청소를 한다든지 사소한 일이라도 봉사하자.

자식과 부모관계도 주고받는 관계

흔히 부모와 자식 간에는 무조건적인 사랑이라든지 '내리사랑'으로 표현한다. 한편 불교에서는 부모와 자식과의 관계를 채권자와 채무자 사이로 비유하고 있다. 전생에서 부모가 자식에게 돈을 빌려 쓰고 갚지 않았기에, 자식이 부모에게 돈을 받기 위해 이생에까지 와서 부모와 자식의 연을 맺게 된다는 말을 초등학교 동창인 불교신자에게서 듣고 난 후, '부모와 자식 간에도 원초적인 이해관계자 사이였던 게로구나' 하는 생각을 갖게 되었다. 그렇다면 이 세상에 하느님의 인간에 대한 자비하신 사랑을 제외하고는 모든 인간관계는, 일방적이고 무조건적인 사랑은 존재하지 않기에, 모든 인간관계를 '주고받는 관계'로 설명하여도 무방할 것 같다.

우선 인간관계의 어의(語義)를 살펴보면, 인간관계에서 인간(人間)은 사람 '人'과 사이 '間'의 합성어로서 여기서 사람 '人'은 서로 의지하는 형상으로 복수의 의미를 가지고 있으므로 '사람과 사람'으로 해석되며, '間'은 '사이'를 뜻한다. 그러므로 人間을 우리말로 풀이하면 사람과 사람 사이로 해석할 수 있다. 사람과 사람 사이에는 언제나 관계(關係)가 성립된다. 따라서 '인간관계(人間關係)'는 좋은 관계로 맺어질 수도 있고 나쁜 관계로 형성될 수도 있다.

이 세상에서 자신에게 있어서 가장 가까운 사람은 누구인가라는 질문을 받으면 대체로 부모 아니면 부부라고들 한다. 자신과 가장 가까운 사람을 부모라고 대답하는 이들은 아직 결혼을 하지 않은 미혼자일 경우가 대부분이고, 기혼자의 경우는 부모보다는 부부 사이가 더 가깝다고 대답하는 것이 일반적이다. 그 이유는 부모 앞에서는 내의를 갈아입지 않으나, 부부 사이에는 서로 보는 앞에서도 거리낌 없이 내의를 갈아입기 때문이 아닐까.

이처럼 이 세상에서 가장 가까운 부부지간(夫婦之間)도 서로 주고받는(give & take) 관계로 성립되며, 주고받는 것이 물질 대 물질일 수도 있고, 물질 대 정신일 수도 있으며, 정신 대 정신일 수도 있다. 사회학 이론들 가운데 '교환이론(exchange theory)'이라는 것이 있는데, 이 이론에서는 사회에서 일어나는 모든 사회적 현상과 인간관계를 주고받는 관계로 설명하고 있으며, 많은 이들로부터 설득력을 얻고 있다. 유아교육학자들은 유아들이 아빠보다 엄마를 더 좋아하는 이유는 엄마가 먹을 것을 주기 때문이라고 설명한다. 이처럼 아무런 사리판단 능력이 없는 젖먹이들도 자기에게 먹을 것을 챙겨주는 엄마를 더 따른다는 것에서도 알 수 있다. 아이들이 잘못을 저질렀을 때, 부모의 매를 맞고도 잘못했다고 용서를 빌지 않는 녀석이 오히려 때리지 않고 "나가!"라는 엄마의 한마디에 엉엉 울면서 무릎 꿇고 손발이 닳도록 용서를 빈다. 여기서 "나가!"라는 말은 네가 잘못을 저질렀기에 밥을 주지 않겠다는 의미가 내포되어 있으므로 아이의 입장에서 보면 매를 맞는 것보다는 오히려 밥을 못 먹는 것이 더 두렵다는 것이다. 옛날의 우리 부모들은 스스로 먹을 것을 해결하지 못하는 아이의 약점을 이용하여 자녀교육에 적절히 적용하는 지혜를 가졌다고 보아도 과히 틀린 말은 아닐 것이다.

그러다 자녀가 성장해서 스스로 끼니를 해결할 수 있게 되면, 부모의 "나가!"라는 말을 무서워하기는커녕 오히려 기다렸다는 듯이 집을 나가버린다. 그러나 자신에게 먹을 것을 해결해 주는 직장의 사장이 "그만 둬!"라고 하면 애걸복걸하게 된다. 이처럼 자신에게 먹을 것을 해결해 주는 이의 말을 따르는 것을 보더라도 인간관계는 주고받는 관계임을 부인할 수 없다.

　지금으로부터 사반세기 전에 초등학교 동창의 알선으로 수도권에 소재해 있는 정부산하 연수원에 특강을 나가게 되었다. 당시만 하더라도 통상적으로 특강이 끝나면 강의료를 주는데, 강의를 끝내고 사무실에서 한참을 기다렸는데도 강의료를 줄 생각도 하지 않았고 물어보기도 쑥스러워서 그냥 나올 수밖에 없었다. 며칠 후, 연수원의 경리를 담당하는 직원이 집으로 전화를 하였고 와이프는 자기가 관리하는 통장의 계좌번호를 불러 주었으며, 당시 강사료치고는 꽤나 많은 금액이 입금되었기에 굉장히 좋아했었다. 아내 입장에서는 꿈에도 생각하지 못한 공돈(?)이 생겼으니 좋아하는 것은 너무나 당연한 일이었겠지만 필자는 비상금이 통째로 날아가 버려 내심 억울해 하였던 기억이 있다.

　뿐만 아니라 자녀들이 방학하는 날 성적표를 받아본 부모는 자신의 기대에 미치지 못할 때, "도대체 성적이 왜 이 모양이냐?"면서 꾸짖거나 아니면 적어도 섭섭함을 느끼는 것은 지극히 당연하며, 교환이론의 관점에서 설명이 가능하다. 이를테면 부모의 입장에서는 남부럽지 않게 입혀주고, 먹여주고, 재워주고, 거기다가 적잖은 돈을 들여 학원비와 과외까지 시켰으니 좋은 성적으로 부모를 기쁘게 해 주는 것은 부모에 대한 자식의 도리라고 생각하는 것은 지극히 당연하다. 결코 남남이 아닌 하늘이 맺어 준 부자지간도 부모가 자녀에게 물질을 제공하면, 자녀는 부모에게 정신적으로 기쁨을 주어야 좋은 관계가 성립된다. 따라서 혈연지간이 아닌 타인들과의 인간관계는 철저히 '주고받는 관계'로 성립된다고 해도 결코 지나친 표현은 아니다. 상대가 아내든, 남편이든, 자식이든, 그 누구든 간에 좋은 관계를 지속적으로 유지하기를 진정으로 원한다면, 받는 것보다 주는 것을 상대적으로 많이 해야 할 것은 너무나 자명한 사실이다.

꼭 • 알 • 아 • 두 • 기

● 교환이론(exchange theory) → 인간의 사회적 행위를 주고받는 교환행위를 보고 정립한 이론인데, 조지 호만스(George Homans)가 이 이론의 대표적인 학자이다. 그는 경제학적인 개념에 입각하여 인간이란 이윤을 추구하는 존재로서 자신이 지출한 원가나 투자액에 비하여 반드시 이윤이 있다고 판단되어야 행동을 취하는 것이며, 일반적으로 최대한의 이익(maximum profit)을 기대하고 행동을 한다는 것이다.

호만스는 여기에다 학습이론을 도입하여 학습자가 과거에 보상을 받은 경험이 있는 활동은 반복할 가능성이 크다고 주장한다.

오늘의 교환이론은 개인과 개인의 관계뿐만 아니라 사회적 상호작용의 한 형태로 이해되고 있다. 개인 간의 관계에서도 물질적이거나 정신적인 보상을 기대하고 관계한다고 보고 있으며, 개인과 집단, 집단과 집단의 관계에서도 어떤 보상, 즉 물질적인 것뿐만 아니라 권력·명예·지위 등을 얻으려는 기대 때문에 교환관계가 성립된다고 할 수 있다.

이 이론은 타인과의 관계는 물론 사회조직 속에서 흥정과 타협을 통하여 서로 주고받게 되어야 관계의 균형이 유지된다는 것을 시사하고 있다. 그러나 교환이론은 인간을 지나치게 단순하게 취급한다는 비판도 받고 있다.

● 인간관계를 주고받는 관계로 잘 설명하는 것은 로버트 치알디니(Robert Cialdini)의 『설득심리학』에서 사람들의 마음을 사로잡는 6가지 불변의 법칙 가운데 '상호성의 법칙'이다. 미국 애리조나 주립대학 심리학 교수 로버트 치알디니가 1984년에 출간한 『영향: 설득의 심리학(Influence: The Psychology of Persuasion)』은 200만 부가 넘게 판매되고 26개국 언어로 번역된 베스트셀러가 되었다(교재용으로 다시 출간된 이 책의 제목은 『Influence: Science and Practice』다).

치알디니는 이 책을 쓰기 위해 3년간 '잠입 취재'라는 아주 독특한 연구방법을 적용했다. 그는 자동차 판매소, 기금 모집 조직, 텔레마케팅 회사 등에 '위장 취업'해 현장에서 일하면서 설득의 현장을 생생히 관찰했다. 그리고 여기에 각종 사회심리학 이론을 접목했다. 이런 연구방법론에 대해 「하버드 비즈니스 리뷰」는 "오늘날의 비즈니스 아젠다를 위한 파격적인 아이디어"라고 호평했다.

이 책의 핵심적인 내용은 '상호성의 법칙(law of reciprocality)'이다. 쉽게 말해, '오는 정이 있어야 가는 정이 있다'는 것이다.

1985년 멕시코 지진 때 극빈국인 에티오피아가 5,000달러 상당의 구호금을 보내 세상을 놀랍게 만들었다. 그 이유는 1935년 이탈리아의 침공 때 멕시코가 에티오피아 편을 들어준 것에 대한 보답이었다. 즉, 사람들은 개인이든 집단이든 자신에게 호의를 베풀면 빚을 졌다고 생각하고 반드시 갚아야 한다는 강박관념을 갖게 된다는 것이다.

상호성의 법칙은 호감뿐만 아니라 거부감에도 적용되기 때문에 비극적인 결과를 초래할 수도 있다. 이를테면 인사하는 것을 깜빡해서 상대방에게 불쾌감을 주면 상대방 역시 똑같은 방식으로 대응할 것이기에 둘의 사이는 악화될 수도 있다. "저 사람이 나를 우습게 보는 거였어? 그럼 나도 우습게 봐야지!" 하는 악순환이 일어나는 것이다.

실·천·사·항

- 부모와 자식 관계도 엄연히 주고받는 관계로 성립된다. 그러므로 자녀를 진정으로 사랑하라. 그러면 자녀도 부모를 진정으로 사랑하게 된다. 부모로서의 가장 중요한 역할인 자녀를 진정으로 사랑하자.

- 인간은 누구나 타인(他人)으로부터 인정받기를 원한다. 타인으로부터 인정받기 위해서는 먼저 상대를 인정해주어야 한다. 자녀도 마찬가지이다. 그러므로 자녀를 믿고 먼저 인정하자.

부모로부터 혜택 받지 못한 자녀가 오히려 더 효도한다

지금은 꽤나 고급 아파트촌으로 변신하였지만 삼십 여 년 전에는 산꼭대기에 위치해, 달하고 가까운 동네라고 하여 일명 '달동네'라 불리는 그곳의 한 개인주택에서 전세를 살았던 적이 있었다. 집 대문 바로 앞에 가로등이 있는 관계로 어둠이 깔린 뒤에는 달동네 아이들이 가로등 밑에서 옹기종기 모여 앉아 놀이를 한다. 늘 와자지껄하게 싸우기도 하면서 일 나간 아이들의 엄마가 돌아올 때까지 그렇게 마냥 논다. 아파트촌에 사는 아이들은 가족과 저녁식사를 마친 후, 단란한 한때를 보낸다든지 아니면 자기 공부방에서 숙제를 하는 시간이다. 그러나 달동네 아이들은 자신들을 돌봐 줄 어른들이 일터에서 돌아오지 않았기에 또래들과 함께 방과 후 낮 시간부터 계속해서 놀이에 여념이 없다. 그러다 엄마가 일터에서 돌아와 늦은 저녁밥을 준비한 후 애들에게 밥 먹으라는 소리를 지르면 그때야 각자 집을 향해 뿔뿔이 흩어진다. 비로소 달동네의 고요한 밤이 시작된다.

아이들이 곤하게 깊이 잠든 뒤 적막을 깨는 소리가 들려온다. 아마 일터에서 막노동을 끝낸 아이의 아버지는 언제나 그랬듯이 곧장 집으로 돌아오는 법이 없다. 참새가 방앗간을 그냥 지나치지 않듯이 단골 싸구려 술집에 들려서 일당 중 절반 정도는 술값으로 날린다. 그리고 한 잔 술에 거나하게 취해, 무사히 집으로 돌아왔다는 사실을 알리기라도 하듯이 남자의 악쓰는 소리와 아이의 울음소리가 뒤

섞여 달동네의 고요함과 쓸쓸함을 순식간에 날려버린다.

적막을 깨버린 긴박한 상황도 곧 끝나게 되지만 그 사연을 당사자도 아닌 필자가 어떻게 세세하게 알 수 있겠느냐마는 나름대로 유추해 본다. 아이의 아버지가 화가 나 소리치는 것은 가족들을 먹여 살리기 위해서 하루 종일 막노동 작업현장에서 작업반장에게 인격적인 모멸감을 당해 가면서까지 고생하고 돌아왔는데 자식이라고는 기다리지도 않고 먼저 자는 데에 대한 서운함을 감내하지 못한 것도 한 몫 하였으리라. 아니면 아이의 아버지가 단칸방에서 자기 자리로 들어가다가 피곤해서 쓰러져 자고 있는 아이의 발이나 신체 일부를 밟았기에 아파서 자지러지게 울자, 화가 머리끝까지 치민 아이의 아버지는 악을 쓸 수도 있다는 생각이 든다. 아무튼 달동네 아이들과 아파트촌에 사는 아이들의 생활수준은 요즘 말로 표현하면 양극화의 극치라고 해도 지나치지 않으리라고 본다.

사회학자들은 가정의 사회화를 '참여적 사회화'와 '억압적 사회화'로 구분한다. 참여적 사회화는 중상류 가정에서 이루어지는 사회화인 반면, 억압적 사회화는 주로 하류계층 가정에서 이루어지는 사회화를 말한다. 중상류계층에서 이루어지는 참여적 사회화는 자녀의 의사가 타당성이 있을 때는 그것을 수용하고 그렇지 않을 경우에는 거절하기도 한다. 이를테면 외식을 할 때, 아이들의 의사를 타진해서 타당성이 있을 때는 받아들인다. 자녀 중 한 아이가 생일일 경우, 무엇을 먹을 것인지 자녀들 간에 합의를 보지 못했을 때는 생일의 주인공이 원하는 메뉴를 선택하도록 하는 등 합리적인 방법으로 해결한다. 그러나 억압적 사회화의 가정에서는 모처럼 외식을 할 경우 아이들에게 무엇을 먹고 싶은지 의사 타진은커녕 어른들이 일방적으로 결정한다. 한 예로 오랜만에 가족이 중국집에 들러서 외식을 할 때도 가장인 아버지가 가족구성원의 의사를 물어보지도 않고 일방적으로 "여기 자장면 곱빼기 둘, 보통 둘"하고 주문한다. 그때 한 아이가 "아빠, 난 우동 먹고 싶은데요."라고 하면, 애 아빠는 당장 "먹기 싫으면 먹지 마!"하면서 호통 친다.

이처럼 경제적으로 부유한 가정에서 자란 아이들은 하류계층의 자녀에 비하여 상대적으로 부모로부터 혜택을 많이 받고 자란다. 혜택을 많이 받은 자녀들이 나중에 부모들의 경제력이 약화되었을 때 부모를 잘 모시느냐? 하면, 그렇지 않다. 부모로부터 받은 혜택과 봉양은 별개라는 사실을 우리는 주위에서 얼마든지 볼 수 있다. 그러나 부모로부터 혜택이라고는 별로 못 받고, 갖은 서러움을 받으면서 자란 아이들이 성인이 되어 오히려 부모를 잘 모시는 경우를 심심찮게 볼 수 있다.

옛말에 '명산은 잡목이 지킨다.'는 말이 있다. 이 말은 아무리 명산이라 하여도 재목감으로 잘 자란 상품 가치가 있는 나무는 인간들이 그냥 두지 않기 때문에 다 잘려 나가고 결국 남아 있는 것은 잡목뿐이며, 이 잡목이 명산을 명산답게 만든다는 의미가 내포되어 있다. 인간도 명산과 마찬가지일 거라는 생각이 든다. 시골 출신 자녀들 가운데 똑똑한 자녀들은 도회지로 다 빠져나가고, 형제들 가운데 가장 못난 형제만 고향에 남아 늙은 부모를 정성껏 봉양한다. 그것도 모자라 부모가 세상을 떠난 뒤에도 끝끝내 선산을 지키는 경우도 우린 얼마든지 볼 수 있다. 이처럼 부모에게 끝까지 효도하는 자식은 - 별 쓸모없는 잡목이 명산을 지키듯이 - 잘난 자식이 아니라 자식 중에 가장 못난 자식이라는 것이다. 그러므로 이 나라 부모들도 나이 들어 외롭지 않으려면 자녀교육을 어떻게 하는 것이 좋은지에 대해 깊이 고민해 보는 게 어떨까라는 생각을 해본다.

꼭 · 알 · 아 · 두 · 기

- 가정의 사회화 ➜ 참여적 사회화와 억압적 사회화로 나눈다. 참여적 사회화는 중상류 가정에서 이루어지는 사회화로서, 자녀의 의사가 타당성이 있을 때는 그것을 수용하고 그렇지 않을 경우에는 거절하기도 한다. 반면에 억압적 사회화는 주로 하류계층 가정에서 이루어지는 사회화로서, 자녀의 의사는 아예 무시한 채 결정할 일이 생기면 거의 모든 것을 가장(家長)인 아버지가 결정한다.

- 경제적으로 부유한 가정에서 자란 아이들은 하류계층의 자녀에 비하여 상대적으로 부모로부터 혜택을 많이 받는다. 혜택을 많이 받은 자녀들이 나중에 부모들의 경제력이 약화되었을 때 부모를 잘 모시는 것은 결코 아니다. 부모로부터 받은 혜택과 봉양은 별개라는 사실을 우리는 주위에서 얼마든지 볼 수 있다. 그러나 부모로부터 혜택이라고는 별로 못 받고, 갖은 서러움을 받으

면서 자란 아이들이 성인이 되어 오히려 부모를 잘 모시는 경우도 얼마든지 있다.

● 집안의 사소한 일이라도 온 가족이 함께 의논하여 결정함으로써 자녀의 민주주의 의식이 성숙해지고 민주주의에 익숙해지는 법이다. 민주주의는 하나의 삶의 방식으로써 국민이 주인인 정치적 이데올로기를 말한다. 즉, (국)민주(인)주의는 국민이 주인인 정치적 이념 또는 신념이라는 의미이다.

실·천·사·항

● 가정의 사회화를 '참여적 사회화'로 실천하여 가정을 민주적인 분위기로 만들자.

● 당신의 자녀도 한 가족의 구성원이라는 사실을 어렸을 적부터 몸에 배이도록 하고 모든 결정은 가족구성원들의 합의에 의해서 이루어진다는 것을 보여주어야 한다. 그러므로 가족회의에서 자녀들의 의사를 반드시 반영하자.

한번 부모는 영원한 부모
- 해병대스타일 부모관 -

간혹 출근시간 복잡한 대로변을 지나가노라면 오리지널 얼룩무늬 예비군 군복을 차려입고 호각소리 높이며, 제대로 숙달된 해병대 출신 예비역의 절도 있는 교통정리 안내를 받는 시민들은 좋은 하루를 예약이나 한 것처럼 몹시 즐거워한다.

국가적인 행사 때마다 빨강색 바탕에 노란색 글씨로 새겨진 '한번 해병은 영원한 해병'이란 플래카드는 언제부터인지는 몰라도 이 땅의 단골 메뉴가 되어버렸다. 어디 이뿐인가. 우리의 자랑스러운 해병대는 6.25동란, 월남전 등 조국과 민족 그리고 더 나아가서 세계 평화를 위해서 필요로 하는 곳이면 어디에서나 목숨 걸고 싸워 온 이 지구상에서 가장 용맹스러운 군인상이 되었다. 그래서 '귀신 잡는 해병'이라는 닉네임까지 얻은 군인 중의 군인이 바로 해병대이다.

이러한 해병대와 우리나라 부모와는 공통점이 하나가 있다. 그래서 필자는 해병대의 영원한 구호인 '한번 해병은 영원한 해병'을 우리나라의 부모관에 적용시켜 '한번 부모는 영원한 부모'라는 신조어를 만들어 보려고 한다. 여기서 '한번 부모는 영원한 부모'라는 말은 전우애로 똘똘 뭉쳐진 '한번 해병은 영원한 해병'과는 그 본질이 전혀 다르다. 뿐만 아니라 교육적으로 볼 때, 바람직스럽지 못하다는 사실을 미리 밝혀둔다.

우리나라 부모들은 부모라는 죄 때문에 낳아줘, 먹여줘, 재워줘, 교육시켜줘, 시집장가 보내줘, 주거마련까지 해줘, 그것도 모자라 죽을 때는 평생 아까워서 안 입고, 안 먹고, 안 쓰고 악착같이 모은 전 재산을 자식에게 물려주기까지 한다. 이를 두고 '한번 부모는 영원한 부모'라 하지 않고 무어라 하겠는가.

필자가 교육사회학을 강의할 때면 학생들에게 어김없이 하는 질문 하나가 있다. 즉, '인간이면 누구나 갖고 싶어 하는 가장 공통된 분모, 즉 돈·명예·권력 가운데 어떤 것을 가장 갖고 싶으며, 그 이유가 무엇인지'에 대해 설명하라는 것이다. 재미있는 현상은 하나의 경향성을 나타내보였다. 그것은 학생들이 해를 거듭할수록 명예와 권력보다는 돈을 더 갖고 싶어 한다는 사실이다. 그래서 필자가 사람들이 명예나 권력보다 돈을 더 좋아하는 이유를 나름대로 분석해보면, 명예와 권력은 대물림하지 못하지만 돈은 쓰고 남은 것이 있으면 유산으로 물려주고 받을 수 있다는 데 그 원인이 있는 것 같다.

아이들은 영악스럽게도 이 나라 부모들이 '해병대 스타일'로 평생 자신들을 책임진다는 사실을 너무나 잘 알고 있다. 실제로 우리나라 대부분의 부모들은 미국인들과는 달리 자식들에게 유산을 물려준다. 굳이 이유를 찾자면, 특히 우리나라 아버지들은 열심히 사회생활 하느라고 가정생활에 충실하지 못하는 경우가 많다. 그것도 젊을 때는 더욱 바삐, 열심히 살아간다. 그러다보니 아이들이 어렸을 때, 아빠 얼굴 본지도 오래되었다는 아이의 넋두리도 충분히 이해가 가는 대목이다. 돌이켜 보면 필자도 애들이 어렸을 적에는 대학원 박사과정 공부하면서 가족들을 부양하느라고 너무나 바쁜 시절을 보냈다. 당시 지인(知人)이 인사치레로 애들 많이 컸냐고 물어오면 양팔을 좌우로 적당히 벌리며, "이만 하나, 아니 이만 할까?"라는 말끝에 키는 높낮이로 재는 것이라는 말을 듣고, 아이들에게 진실로 미안한 생각을 한 적이 있었다. 그럴 수밖에 없는 이유는 주로 잠자는 아이들의 모습만 보았기 때문이다.

이처럼 대한민국 아버지들은 잘살아보려고 젊은 시절에 사회생활을 열심히 하다 보니 반대급부로 가정에 소홀하게 되었고, 그러기에 가족에게 늘 미안한 맘을 갖게 된다. 가족에게 미안함에 대한 보상으로 애써 모은 재산을 자녀에게 물려주는 것이 부모로서의 도리라고 여기게 된 것 같다.

미국인의 경우는 유산을 자식들에게 물려주지 않고 주로 자기 출신학교나 자선단체에 기증하는 경우가 많다. 그 이유는 우리나라 부모와는 달리 모든 생활이 가족 중심으로 이루어지다보니, 젊을 때부터 줄곧 가족에게 봉사하면서 늘 함께 지냈기에 가족에게만은 특별히 빚진 것도 없기 때문이 아닌가싶다. 뿐만 아니라 자신의 부(富)도 결국 사회를 통해서 축적할 수 있었기에, 쓰고 남은 재산도 사회로 환원해야 된다는 우리나라와는 다른, 그들의 독특한 사고방식과 가치관에서 그 원인을 찾을 수 있을 것 같다.

언제부터인지 몰라도 대한민국의 젊은 부모들은 사회생활이나 취미생활보다는 가정생활에 우선을 두고 있다. 그래서 그들은 선배

세대들처럼 가족에게 빚진 것도 별로 없다. 그리고 줄곧 가족을 위해 봉사하는 삶을 인생의 모토로 삼고 있으므로 그들의 자녀에 대한 부모관은 기존의 해병대 스타일 부모관보다는 아메리칸 스타일 부모관을 더 추구하리라 믿어 의심치 않는다. 그러다 보면 머잖아 이나라 부모들도 해병대 스타일 부모관의 멍에에서 벗어나 자신의 진정한 행복을 찾는 삶을 추구할 수 있을 것이다. 자신이 행복해야 자녀들도 행복하다는 사실을 명심해야 할 것이다.

꼭 • 알 • 아 • 두 • 기

● 부모가 변화해야 자녀도 변한다 ➜ 교육은 바람직한 행동의 변화를 일으키는 활동이다. 현명하지 못한 부모들은 아이의 그릇된 말, 잘못된 행동과 습관을 변화시키려 한다. 그러나 아이는 부모들이 원하는 대로 변하지 않는다. 아이들의 바람직한 변화를 위해서는 부모가 먼저 변화해야 한다. 사람들이 쉽게 변화하지 못하는 이유 가운데 하나는 스트레스를 동반하기 때문이다. 누구나 변화를 싫어한다. 가장 좋은 방법은 자신은 변하지 않고 자신을 둘러싸고 있는 모든 사람들이 자신의 의도대로 변해주었으면 얼마나 좋겠는가. 단언컨대 그런 기적은 일어나지 않는다. 그러므로 자신이 먼저 변해야한다.

　　예를 들면 자녀가 공부를 열심히 하기를 원한다면 자녀에게 '공부하라'는 백 마디 말보다는 도서관에 가서 다른 아이들이 공부하는 모습을 보여주라(百聞而不如一見 = 백문이불여일견). 이 방법은 고대 중국의 맹자 어머니의 자녀교육방법이다. 그보다 더 중요한 것은 다른 아이들이 공부하는 모습을 보여주는 것보다는 부모들이 직접 독서하는 것을 행동으로 보여주라(百見而不如一行 = 백견이불여일행). 이는 조선시대 서예가 한석봉 어머니의 자녀교육방법이다. 당신의 자녀가 무엇을 보고 배우겠는가. 그것은 다름 아닌 부모의 언행(言行)을 보고 배운다. 부모가 좋은 모습으로 변하면 아이도 그 모습을 보고 변화하게 된다.

- 자녀의 진정한 행복을 위해서는 자신이 행복해야 한다. 부모가 불행한데 어찌 자녀가 행복할 수 있겠는가.

- 부모가 행복해야 자녀도 행복하다 → 부모는 자녀들이 행복하게 살 수 있는 정신적 풍요로움을 결정짓는 가장 중요한 존재이다. 그렇다고 자녀의 행복을 위해서 자녀를 통제하는 것은 절대 금물이다. 부모들은 자녀의 행복을 생각하는 것만큼 자신의 행복도 중요하다. 자녀들의 행복을 위해서 자신을 희생하는 삶, 이 또한 바람직하지 않다. 자녀의 행복을 위해서 자신은 불행을 감소할 수 있다는 잘못된 희생정신은 자신도 자녀도 다 불행하게 만든다. 부모가 행복해야 자녀도 행복하게 된다. 행복도 전염된다. 한 예로 영국의 경우, 엄마들은 아이의 행복만큼이나 자신의 행복을 중요하게 생각한다고 한다. 이러한 영국 엄마들의 지혜를 배웠으면 한다. 그들은 둘 다의 행복을 위해 통제하는 양육법에서 벗어나 매사 남보다 '먼저', 남보다 '빨리'를 자녀교육에 적

용하는 우리나라 어머니와는 달리 느긋하고 단순하게 양육한다고 한다. 이제 우리나라도 경제적으로는 선진국이다. 그러므로 선진국의 자녀양육방식을 새겨듣고 실천해야 할 것이다.

- 부모는 아이를 통해 자신이 못다 이룬 꿈을 실현하고자 하면, 그것은 분명 바람직한 자녀교육하고는 거리가 먼 것이다. 설령 부모가 원하는 직업을 얻어 성공했다하더라도 자녀는 행복해지지 않는다. 부모가 자녀를 위해 해야 할 일은 자녀가 행복해질 수 있도록 행복한 기억을 만들어주어야 한다. 우리나라 대부분의 부모들은 자녀가 성공만 하면 행복은 그저 따라오는 하나의 보상(reward) 쯤으로 생각한다. 그러나 많은 성공한 이들 가운데 진정으로 행복하다고 느끼는 사람은 그리 많지 않다고 한다. 미국 하버드대학교 의과대학 정신건강학과 조지 베일런트(George Vallant) 교수가 "행복하려고 노력하라, 그러면 불행보다 행복을 한층 더 좋아하게 될 것이다"라고 한 데에서 분명한 것은 행복은 성공의 산물, 성공하면 저절로 따라오는 보상이 아니라는 사실이다. 늦은 감은 있지만 이제부터라도 행복해지기 위해서 반드시 노력해야할 것이다.

- 부모가 되기는 쉬워도 부모의 역할을 제대로 수행하는 것은 결코 만만하지 않다. 자녀교육에는 왕도가 없다. 단언컨대 우리나라 부모들 가운데 자기 자녀들이 잘되지 않기를 바라는 이들은 단 한 사람도 없다. 그러나 자녀교육에 실패하는 경우는 부모들의 의지와는 달리 우리 주변에서 흔히 볼 수 있다. 자녀교육의 성

패는 인성교육에 달려있다는 사실을 명심하자.

● 자녀에게 부모 공경하는 방법을 가르쳐주자 → 오늘날 부모들은 자녀를 사랑만 했지 자녀에게 부모에 대한 공경을 가르치지 않는다. 우리 조상들은 예로부터 부모를 공경하는 행동을 소홀히 하지 않았다. 가정 또는 가문에서 가장 소중하게 여겨 혼사문제도 부모의 공경을 그 준거로 삼았다하여도 과언이 아니다. 그래서 부모를 공경하는 마음과 행동을 표현할 때, 효(孝)는 백 가지 인간행동의 근원으로 여겼다. 즉, 부모를 공경하는 마음과 행동은 곧 친구, 선생님, 이웃, 사회, 국가, 더 나아가 온 인류를 사랑하는 마음과 행동의 근본이라는 것이다.

실 • 천 • 사 • 항

● 자녀를 해병대처럼 강하게 키우자. 그러나 해병대 스타일처럼 한번 부모는 영원한 부모는 되지 말자.

● 내 행복을 자녀의 행복보다 우선으로 삼고 반드시 실천하자.

● 자녀는 부모의 소유물이 아니라 하나의 인격체이다. 이는 곧 자녀를 하나의 인격체로 인정하라는 의미이다. 미국의 경험주의 철학자 존 듀이(John Dewey)도 "어린이는 어른의 축소판이 아니다"라고 하지 않았든가. 이 순간부터 자녀를 하나의 소중한 인격체로 인정하자.

● 기독교문화권에서는 자녀에 대한 관념을 하느님의 선물로 여긴
다. 이는 자녀에 대해 너무 집착하지 말라는 의미이기도 하다.
그러므로 자녀에게 집착하고 부담 주는 언행을 삼가 하자.

이제는 행복의 지혜가 필요할 때

재물이 많을수록 더 갖고
싶어 하는 것이 인간의 본성 중 하나가 아닌가싶다. 재산이 아무리
많더라도 만족할 수 없는 까닭은 인간의 욕심 때문이다. 이러한 인
간의 욕심을 잘 드러내는 고사성어 가운데 '동가숙서가식'(東家宿西
家食)이 있다. 이는 옛날 중국의 한 고을에서 유래한다.

이 고을에는 굉장한 부자의 무남독녀로 태어나 곱게 자란 처자
가 있었다. 결혼 적령기에 들어서자 여기저기에서 부모의 구미를 당
기는 혼처가 무척 많이 들어 왔다고 한다. 그러자 식구들은 머리를
맞대고 신중을 기하여 신랑감을 골랐다. 마지막에 두 청년을 두고
선택의 딜레마에 빠지게 되었다.

이유인 즉, 동쪽의 혼처는 일등 신랑감으로 장래가 몹시 촉망될
뿐만 아니라 외모도 준수하였다. 한 가지 흠이 있다면 집안 살림이
넉넉지 못하였다. 반면 서쪽의 혼처는 그야말로 어마어마한 부자였
으나 장래성과 외모는 동쪽 청년에 비해 열등하였기 때문이었다. 그

래서 양친은 고민 끝에 최종 선택권을 딸에게 일임하였다.

처자는 몇 날을 두문불출하며 식음을 전폐하고 고민을 거듭하였다. 아버지가 딸에게 결정하였냐고 묻자, 딸은 '동가숙서가식'이라 대답하였다. '잠자리는 동쪽의 멋진 신랑과 하고 밥은 서쪽의 부잣집에서 좋은 반찬에 먹겠다'는 한없이 황당하고 무계하지만 인간의 원초적 욕심을 그려 낸듯한 이야기이다.

인간의 욕심을 묘사한 또 다른 고사성어로 득롱망촉(得隴望蜀)이 있다. 이는 중국 역사상 최초로 통일을 이룬 진나라의 시황제에 이어 두 번째로 통일을 이룬 후한(後漢)의 광무제가 전선의 사령관인 잠팽(岑彭)이 촉나라를 공격할 때, 그에게 보낸 편지에 "사람은 만족할 줄 못하기 때문에 괴로워한다. 이미 농을 얻었는데도 만족하지 못하고 다시금 촉을 얻기를 바라고 있다. 군대를 동원할 때마다 이로 인하여 머리카락이 희어진다."라고 한 것에서 유래한다. 동가숙서가식과 같이 인간의 끝없는 욕망을 잘 드러내 보여주고 있다.

이러한 욕망은 과연 인간만의 전유물일까. 아프리카에서는 전통적인 방법으로 원숭이를 사냥할 때 나무상자 안에 원숭이들이 좋아하는 먹이를 잔뜩 넣어 놓고 원숭이의 앞발이 겨우 들어갈 정도로 좁은 구멍을 뚫어 나무에 매달아 둔다고 한다.

원숭이는 나무상자 속에 있는 먹이를 발견하고 이게 웬 떡인가 하며 작은 구멍에 앞발을 넣고 먹이를 쥐고 꺼내려 한다. 하지만 아무리 애를 써도 주먹은 빠지지 않는다. 물론 먹이를 포기하면 앞발을 빼서 목숨을 건질 수 있지만 결국 먹이에 대한 탐욕과 집착으로 인해 인간들의 먹이가 된다.

부를 많이 축적한 사람들 중에서도 행복하지 않다고 느끼는 이들을 얼마든지 볼 수 있다. 그들의 공통점은 돈을 많이 벌면 행복할 줄 알았는데, 막상 부자가 되어 보니 그렇지 않다는 것이다. 『행복의 조건』의 저자 하버드대학교 의과대학 조지 베일런트(George Vaillant) 교수는 인간이 살아가는데 필요한 기본적인 의식주만 해결되면 부(富)가 행복에 미치는 영향은 미미하다고 한다.

그럼에도 불구하고 많은 이들은 돈을 많이 벌어 성공하면 저절로 행복해지는 줄 알고 있다. 행복도 노력의 산물이라는 것을 자각하지 못하고 오직 부를 축적하는 일에 자신의 행복을 담보하는 어리석은 삶을 사는 것이다.

혹자는 행복은 진리의 그림자이기에 진리를 찾으면 바로 그 옆에 행복이 있다고 하였다. 이에 따르면 행복을 찾기 위해서는 진리를 탐구해야 하는 것이 마땅하다. 진리는 그냥 얻어지는 것이 아니므로 그만큼 자신이 투자를 하고 노력을 하지 않으면 안 된다. 지금이 자신의 소중한 행복을 위해 얼마만큼 노력했는가의 성찰이 행복의 지혜를 얻는 단초임을 인식할 적기(適期)이다.

꼭 • 알 • 아 • 두 • 기

- '동가숙서가식'(東家宿西家食) ➜ 옛날 예쁜 처녀 하나가 살고 있었다. 그런데 어느 날 두 집안에서 동시에 청혼이 들어왔다.

한 사람은 부자인데 인물이 별 볼일 없었고, 다른 사람은 인물이 좋았으나 가난했다. 그러자 처녀의 부모가 물었다. "네 뜻을 알아보아야겠구나. 동쪽 총각이 좋으면 오른손, 서쪽 총각이 좋으면 왼손을 들어라." 잠시 머뭇거리던 처녀는 두 손을 다 들었다. "아니 어쩌겠다는 말이냐, 두 손을 다 들다니!" 처녀가 대답했다. "동쪽 총각네 가서 잠을 자고, 서쪽 총각네 가서 밥을 먹으면 안 될까요?"

한손에 사과를 들고 다른 한손에 배를 들고, 아이에게 둘 가운데 하나를 택하라고 했을 때 둘 다 먹겠다고 떼쓰는 아이의 욕심도 '동가숙서가식'과 무엇이 다르겠는가.

- '득롱망촉'(得隴望蜀) → 중국 역사상 최초로 통일을 이룬 진나라의 시황제에 이어 두 번째로 통일을 이룬 후한(後漢)의 광무제가 전선의 사령관인 잠팽(岑彭)이 촉나라를 공격할 때, 그에게 보낸 편지에 "사람은 만족할 줄 못하기 때문에 괴로워한다. 이미 농을 얻었는데도 만족하지 못하고 다시금 촉을 얻기를 바라고 있다. 군대를 동원할 때마다 이로 인하여 머리카락이 희어진다." 라고 한 것에서 유래하였다.

- 조지 베일런트 교수는 그의 저서 『행복의 조건』에서 행복에 영향을 미치는 변인을 성숙한 방어기제, 결혼, 교육, 금연, 금주, 운동 그리고 적당한 체중 등 7가지로 들고 있다. 그는 위의 결과를 종단연구(longitudinal study)를 통해서 얻었는데, 7가지 변인 가운데 50대에 4-5개를 충족시키면, 80대가 되어도 행복하

다는 사실을 알아냈다. 다시 한 번 언급하지만 "행복하려고 노력하라, 그러면 불행보다 행복을 한층 더 좋아하게 될 것이다."라는 조지 베일런트 교수의 말은 성공만 하면 행복은 부수적으로 따라오는 보상으로 인식하는 우리들에게 시사하는 바가 크다고 하겠다.

실 • 천 • 사 • 항

- 부모가 자녀에게 유산을 물려주는 것이 과연 자녀를 위해 바람직한 처신인지 깊이 생각해보자.

- 행복은 저절로 찾아오지 않는다. 그래서 행복해지기 위해서는 노력해야 한다. 행복은 생각보다 거창하거나 특별한 것이 아니라 일상의 기쁨 또는 즐거움이다. 그러므로 온 가족 구성원들은 제각기 순간순간을 행복해지려고 노력하자.

한번 형성된 성격은
무덤까지 간다

흔히들 사람의 성격은 유전적인 영향보다는 후천적인 환경의 영향을 훨씬 많이 받으며, 한번 형성된 성격은 무덤까지 간다는 말이 있다. 태어날 때 불과 몇 분 차이로 출생순위를 달리하는 일란성 쌍둥이조차도 성격이 다르다는 사실은 이를 잘 뒷받침해 주고 있다.

정신분석학자 지그문드 프로이드(Sigmund Freud)의 성격발달 이론에 의하면 성격형성에 가장 중요한 시기는 구강기와 항문기이다. 이 두 시기는 유아가 태어나서부터 2, 3세에 해당되는 연령인데, 이 시기에 형성된 성격이 무덤까지 간다는 것이다. 이 두 시기에 있어서 유아(乳兒)에게 주어진 중요한 과업은 수유(授乳, 젖 먹이기)와 이유(離乳, 젖떼기) 그리고 대소변훈련이다. 즉, 구강기에 있어서 유아의 과업은 수유와 이유이며, 항문기에는 대소변훈련이다.

유아의 성격형성은 수유기에 모유를 먹고 자랐느냐 아니면 우유를 먹고 자랐느냐에 따라서 판이하다. 모유를 먹고 자란 아이들이 우유를 먹고 자란 아이들에 비하여 원만한 성격의 소유자가 될 가능성이 높다. 어느 심리학자가 같은 한배 새끼 세 마리의 고릴라를 대상으로 실험한 연구에서 위와 같은 사실을 입증해 보였다. 한 녀석에게는 모유를 먹고 자라게 하였으며, 다른 한 마리에게는 모형 어미(가짜 어미)로부터 수유하게 하였으며, 또 다른 한 마리는 철사에 우유병을 고정시켜 놓은 후, 배고플 때마다 자신이 알아서 먹게끔 통제하였다. 그 결과, 모유를 먹고 자란 고릴라 새끼는 형제들 가운데 가장 온순하고 협동적인 성격으로 형성되었으며, 철사에 고정시켜 놓은 우유를 먹고 자란 녀석은 세 형제 가운데 가장 공격적이고 비협조적이었다. 그리고 온기가 있는 모형 어미로부터 수유하고 자란 녀석은 모유를 먹고 자란 녀석보다는 더 공격적인 성향을 보인 반면, 철사에 고정시켜 놓은 우유를 먹고 자란 녀석보다는 덜 공격적이고 상대적으로 양순한 성향을 보였다.

이처럼 고릴라 실험을 통해 수유를 달리한 한배 새끼의 성격도 서로 다르다고 밝힌 사실에 비추어 볼 때 성격형성은 환경의 영향을 절대적으로 받고 있음을 알 수 있다. 이 나라 모든 어머니들은 자녀들의 원만한 성격형성을 위해서 그들이 적어도 수유기에 모유를 먹고 자랄 수 있도록 노력해야 할 것이다. 이 세상에 아무리 못된 어머니라 할지라도 자기 아이에게 수유하면서 "왜 태어났니?", "정말 지겨워 죽겠어"라고 막말하는 경우는 없을 것이다. 그보다는 오히려 "아이고 착한 내 새끼, 엄마 찌찌 많이많이 먹고 무럭무럭 자라서 훌륭한 사람이 되어라"는 소통과 스킨십(피부접촉)을 통해 애정을 전달함으로써 아이는 심리적으로 안정감을 갖게 되며 원만한 성격으로 발달된다는 것은 자명한 사실이다.

엄마의 직장생활로 인하여 모유를 수유할 수 없는 부득이한 경우에도 대리모가 아기를 곱게 안고 우유를 먹이면 얼마든지 애정 전달이 가능하며, 성격형성에 있어서 모유를 먹고 자란 아이와 별반 차이가 없다는 것이다. 그러나 대리모가 우유병을 아기에게 건네주고, 아기는 이를 전달받아 먹고살기 위해 서투른 걸음마로 젖 먹을 적절한 장소를 찾는다. 자신의 애착 이불위에 드러눕다가 정조준에 실패하여 맨땅에 '쿵'하는 소리와 함께 한바탕 자지러지게 운다. 그러면서도 자신의 생명줄인 우유병을 붙들고 정신없이 젖병을 빨아대는 아기더러 원만한 성격의 소유자가 되어주기를 바란다. 그러나 이러한 바람은 부모의 지나친 욕심이 아니겠는가.

이처럼 수유(授乳)도 중요하지만 이유(離乳)를 언제 실시하느냐 또한 성격형성에 중대한 영향을 미친다. 영·유아기에 모유를 충분히 수유하지 못하고 자란 경우, 성인이 되어 남부럽지 않게 사회·경제적으로 성공한 고위공직자들이 직위를 이용하여 불법으로 공금을 횡령하고 뇌물을 수수한 죄로 형무소에 수감되는 경우를 심심찮게 볼 수 있다. 성격 심리학자들과 범죄 심리학자들에 의하면 이들의 경우는 평범한 사람들에 비하여 이유기가 상대적으로 빠르고, 수유기에 모유나 우유를 충분히 섭취하지 못한 데에서 그 원인이 있다고 한다.

이러한 유아의 수유와 이유 못지않게 성격형성에 지대한 영향을 미치는 것은 배변훈련인데, 언제·누구로부터 훈련을 받느냐에 따라서 성격형성이 달라진다. 이를테면 시집 못가 안달한 백수인 히스테리 노처녀 고모에게 대소변훈련을 받은 아이는 결벽증환자가 될 가능성이 높을 수밖에 없다. 위의 악조건을 완벽하게 갖춘 고모일 경우, 아이들이 배변을 할 때마다 짜증스런 얼굴로 "넌 밥만 먹고 똥만 싸냐?"는 막말을 듣고 자란다면 아이는 배변할 때마다 배설의 쾌감은커녕 배설의 고통만을 느끼게 될 것이 분명하기 때문이다. 반면에 정이 넘쳐나는 할머니에게 대소변훈련을 받은 아이는 지나치리만큼 배설의 쾌감을 충분히 느끼면서 적당한 체온이 실린 부드러운 촉감의 자신의 유일한 작품을 만지작거려도 야단맞지 않는다. 이런 아이들은 훗날 성장해서도 자신의 공부방을 정리정돈하기는커녕 자신의 소지품도 제대로 챙기지 못할 것이 뻔하다. 뿐만 아니라 학습태도와 집중력이 떨어진다든지, 시간약속을 잘 지키지 않는 등 끊고 맺는 것과는 거리가 먼 우유부단한 성격의 소유자가 될 가능성이 높다.

따라서 성격심리학자들은 아이의 대소변훈련은 어머니가 하는 것이 가장 바람직하다고 입을 모은다. 아이의 대소변훈련을 사려 깊지 않은 고모와 마냥 허용적인 할머니에게서 받는 것보다는 정상적인 배설을 할 때는 칭찬을, 그리고 자신의 작품을 가지고 장난칠 때는 야단으로 적절히 대처하는 어머니로부터 대소변훈련을 받은 아이가 분명 원만한 성격형성의 가장 큰 수혜자가 될 것이 분명하다.

이 지구상에서 대소변훈련을 가장 빨리 하고 엄격하게 실시하는 나라 가운데 하나가 일본인데, 그 이유는 지진이 잦은 지형과 고온다습한 기후관계로 우리나라 주택의 온돌 바닥과는 달리 다다미 바닥이므로 아이들이 그 위에 대소변을 하게 되면 스며들기 때문이라고 한다. 그 결과, 일본의 많은 국민들은 결벽증에 가까우며, 남을 불신한다는 것이다. 일본은 세계 2차 대전을 일으킨 장본인으로서 강력한 군사력을 가진 미국을 상대로 선전포고도 없이 진주만을 폭격한 것도 자국(自國)이 미국을 침공하지 않으면 언젠가는 미국이 그들을 침략할 것이라는 불신에서 기인된 것으로 미국의 문화인류학자들이나 심리학자들은 분석하고 있다.

이처럼 아이들의 성격형성은 수유와 이유 그리고 대소변훈련에 절대적인 영향을 받는다. 그리고 이러한 개개 아이들의 성격형성이 국민성으로 확대된다는 사실을 감안할 때 양질의 민족성을 형성하기 위해서 이 나라 부모들은 자녀의 원만한 성격형성에 관심의 끈을 놓아서는 결코 안 될 것이다.

꼭 • 알 • 아 • 두 • 기

- 프로이드의 성격발달 단계 → 구강기(0-1세) - 항문기(1-3세) - 남근기(3-6세) - 잠복기(6-12세) - 생식기(12세 이후) 등 5단계로 나눈다.

- 성격형성의 가장 중요한 두 시기 → 이유기에는 리비도(libido)가 입과 구강 부위에 집중되는 시기로서 주된 성감대는 구강(입, 혀, 입술 등)으로 젖을 빨아 욕구를 충족하며, 자신에게 쾌감을 주는 대상에 애착한다. 그리고 항문기는 리비도가 항문에 집중되는 시기로서 배설물을 보유하고 배설을 통해 욕구를 충족한다. 이 시기의 성격형성은 본능적 충동인 배설과 외부적 현실인 배변훈련과 관련되어 결정된다. 이 시기에 행해지는 배변훈련은 아이가 경험하게 되는 최초의 사회적 제지가 되며, 이 과정에서 자아는 원초아(id, 원초적 본능)로부터 발달하기 시작한다. 여기서 리비도는 성적에너지(sexual energy)를 말한다.

실 • 천 • 사 • 항

- 아이들의 대소변훈련을 강압적 또는 너무 느슨하게 실시하는 것

은 금물이므로 대소변훈련은 가능하면 부모가 하는 것이 가장 좋다. 자녀들의 원만한 성격형성을 위해 부모가 직접 대소변을 훈련시키자.

● 이유기의 영양공급은 아이의 지능발달에 큰 영향을 미친다. 그러므로 이 시기에 아이들의 고른 영양 섭취를 위해 영양분이 골고루 들어있는 이유식(음식)을 먹이도록 하자.

긍정적인 자아개념을 갖게 하라

사람들은 물을 마실 때, 물컵에 들어있는 물의 절반을 마시고 남아 있는 것에 대해 어떤 사람은 아직도 반 컵이나 남았다고 생각하는 사람이 있는가 하면, 어떤 이들은 이제 물이 반밖에 남지 않았다고 생각한다. 이를 두고 전자의 사람은 긍정적으로 사고하는 긍정적 자아개념을 가지고 있는 반면, 후자는 부정적 자아개념을 가진 사람이라고 말할 수 있다. 이처럼 인간들은 마시고 남은 동일한 양의 물을 가지고도 서로 다르게 생각한다. 심리학자들에 의하면 이러한 자아개념은 어렸을 때부터 형성되며, 자기 스스로 형성하는 것이 아니라 다른 사람이 자기를 어떻게 보느냐 또는 평가하느냐에 따라서 긍정적인 자아개념이 형성될 수도 있고 부정적인 자아개념이 형성될 수도 있다.

다시 말하면 아이를 둘러싸고 있는 주변 사람들, 즉 부모, 형제, 자매, 할아버지, 할머니, 삼촌, 고모, 이모, 교사 등등 아이와 가까운 사람들(주요한 他者)은 아이에게 있어서 거울이 된다. 아이는 거울 없이는 자신의 모습을 볼 수 없기 때문에 아이의 주요한 타인들은 거울 역할을 하게 된다. 그래서 아이와 가까운 이들로부터 "이 녀석, 정말 장군감이야" 또는 "넌, 분명 훌륭한 사람이 될 수 있어"처럼 긍정적인 기대와 격려를 받고 자란 아이들은 긍정적인 자아개념이 형성된다는 것은 너무나 당연하다. 반면에 아이의 주변 사람들이 "쟤는 왜 저 모양이야"라든지 "너 같은 녀석이 무슨 놈의 공부냐, 집어치워!"처럼 조롱과 멸시를 받고 자란 아이들은 부정적인 자아개념이 형성된다. 이처럼 아이의 부정적 자아개념은 주변 사람들이 아이를 부정적으로 생각하고 평가함으로써 부정적인 자아개념이 형성된다.

특히 어떤 교육심리학자는 학문적 자아개념은 학업성적을 예언하는 데에 있어 가장 강력한 정의적 측정치라고 주장한다. 이를테면 공부를 잘하는 아이들은 공부에 관한 한 성공을 많이 경험함으로써 자기 자신을 긍정적인 관점으로 보게 되고 자기효능감이 높아지는 반면, 공부를 못하는 아이들은 공부에 관한 한 반복적인 실패를 경험함으로써 자기 자신을 부정적으로 보게 되고 자기효능감이 낮아지게 된다. 또한 자아개념과 학업성취와의 상관관계를 실증적으로 연구한 보고서들을 종합하여 분석해 보아도 학업성적이 우수한 아이들의 자아개념은 긍정적이어서 자기 자신을 가치 있고 바람직하고 능력 있는 사람으로 지각하는데 반하여 학업성적이 나쁜 학생들은 부정적인 자아개념으로 인하여 매사 열등감에 사로잡혀 자신감이 없고 타인이 자기를 인정해주지 않고 무시한다고 생각하게 된다.

자아개념의 형성기인 유아기(幼兒期)에 주변 사람들이 은연중에 하는 말 한마디가 아이의 자아개념에 긍정적인 영향을 미칠 수도 있고 부정적인 영향을 미칠 수도 있다. 그리고 학령기에 접어들면 아이의 담임선생님이 아이를 어떻게 보고 평가하느냐가 아이의 인성과 학업성취에 많은 영향을 미친다는 것은 너무나 당연한 사실이다. 이처럼 공부를 잘하는 아이와 공부를 못하는 아이의 차이는 공부에 관한 한 성공과 실패의 경험에서 기인되므로 교사의 역할은 클 수밖에 없다. 왜냐하면 공부를 못하는 아이, 즉 실패를 많이 경험한 아이에게 성공을 경험할 수 있도록 하는 것도 교사가 해야 할 역할이기 때문이다. 이런 경우에 교사는 공부를 못하는 아이에게 아주 쉬운 질문을 하여 성공을 경험하게 하면서 보상으로 칭찬을 많이 하여 아이로 하여금 자신감을 갖게 해야 한다. 그리고 교사의 쉬운 질문과 아이의 답변이 거듭됨에 따라 성공을 여러 번 경험함으로써 아이의 자신감이 배가 되어 자기 스스로 공부를 잘하는 아이로 지각하게 됨과 동시에 다른 급우들도 공부 잘하는 아이로 인정함으로써 좋은 성적을 얻을 수 있게 된다.

이 나라 모든 부모들과 어른들은 아이들의 밝은 미래를 위해서도 그리고 무한경쟁 시대에서 살아남게 하기 위해서도 아이들의 자아개념이 긍정적으로 형성될 수 있도록 도와주어야 할 의무가 있다.

● 자아개념(self-concept) ➔ 자아개념의 형성기인 유아기(幼兒期)에 주변 사람들이 은연중에 하는 말 한마디가 아이의 자아개념에 긍정적인 영향을 미칠 수도 있고 부정적인 영향을 미칠 수도 있다. 그리고 학령기에 접어들면 아이의 담임선생님이 아이를 어떻게 보고 평가하느냐가 아이의 인성과 학업성취에 많은 영향을 미친다.

● 자아개념의 형성은 남이 나를 어떻게 보고, 평가하느냐에 따라 긍정적인 자아개념이 형성될 수도 있고 부정적인 자아개념이 형성될 수도 있다. 그러므로 어른들은 아이가 긍정적인 자아개념을 가질 수 있도록 도와주어야 한다.

● 자기효능감(self-efficacy) ➔ '나는 할 수 있다'라는 자신의 능력에 대한 확신 또는 믿음을 말한다. 최근에 와서 이러한 자기효능감이 아이들의 학업성적과 상관이 높은 것으로 검증되고 있다.

● 가능하면 자녀의 장점을 찾아 칭찬을 많이 하자.

● 실패보다는 성공적인 경험을 자주 느낄 수 있도록 도와주자. 유태인들은 자녀에게 공부하라는 말을 절대하지 않는다. 그 대신에 자녀들이 공부할 수 있는 좋은 교육적 환경을 제공한다는 사

실을 다시 한 번 상기하면서 거실의 가장 명당자리에 위치해 있는 TV를 당장 큰방(안방)으로 옮기자. 그것이 당신의 자녀에게 좋은 교육환경을 마련하기 위한 시작이다.

엄마 나도 동생 하나 갖게 해 줘

아주 오래전의 – 외아들을 가진 초등학교 여교사가 투고한 칼럼을 읽은 지 30여 년이 지났지만 – 어렴풋한 기억을 되살려 소개할까 한다. 맞벌이 부부지만 아이를 맡길 만한 곳이 마땅치 않아 옆집에 같은 나이 또래 아이를 친할머니가 돌봐주는 집에 맡겼다고 한다. 그런데 옆집 아이에게는 어느 날 동생이 생겼다. 옆집 할머니가 무척이나 좋아하는 것을 보고 너무 부럽기도 해서 엄마께 자기도 동생을 갖게 해 달라고 졸라댔다. 아이 엄마는 영문도 모르고 "얘가 왜 이럴까?" 하면서도 별 생각 없이 지냈다. 제법 많은 날들이 지났는데도 아이는 엄마로부터 동생을 갖게 해 준다는 말이 없자, 옆집 할머니께 어떻게 하면 자기도 예쁜 동생을 갖게 되느냐고 물어본 것이었다. 그래서 할머니는 동생을 가지려면 네 엄마가 배가 아주 많이 불러야 된다고 일러주었다.

그 말을 들은 후부터 엄마만 보면 "엄마, 밥 많이 먹고 나도 예쁜 동생 갖게 해 줘"라면서 막무가내로 떼를 썼다. 그래도 효과가 없자,

아이는 엄마가 동생을 낳아 주지 않으면 자기라도 낳아야겠다고 생각한 나머지, 그날부터 평소 때보다 밥을 훨씬 많이 먹더라는 것이다. 엄마 입장에서 볼 때, 아이가 과식한다는 생각을 가졌지만 크려고 많이 먹는 것으로 생각하고 내심 좋아했다. 그런데 웬걸 며칠 지난 뒤 엄마는 아이의 배를 유심히 보게 되었고 배는 터질듯이 부풀어 있었다. 그래서 엄마는 아이더러 화장실에 안 갔느냐고 물어보았고, 아이는 엄마가 동생을 낳아 주지 않아서 자기가 대신 낳겠다고 하였다. 아이의 엄마는 당장 아이를 병원으로 데려갔고, 한동안 정신건강과 치료를 받은 뒤에 아이는 정상적으로 돌아왔다. 혼자라서 너무 외로워 동생을 갖고자 몸부림친 유아(幼兒)에 관한 이 이야기는 먼 나라의 전설 속에 나오는 이야기가 아니라 우리 주위의 평범한 아이에게 일어난 이야기이다.

옆집 할머니의 별 생각 없이 던진 말 한마디가 어린 아이에게 돌이킬 수 없는 심신의 병을 안겨줄 뻔 한 사례라고 할 수 있겠다. 더욱이 교직에 몸담고 있는 아이의 엄마도 아이의 출생에 대한 성적 호기심을 무시해 버리는 실수를 범했으니, 전문적인 지식이 없는 엄마들이 이런 경우를 경험하였더라면 이 아이의 엄마보다는 훨씬 더 당황하였으리라 사료된다. 하도 많은 세월이 흘렀기에 정확한 기억은 없지만, 교직에 몸담았던 아이의 엄마는 그 사건을 계기로 사직서를 내고 둘째 아이가 태어나기를 기다리면서 투고한 글을 읽은 것으로 기억된다.

프로이드에 의하면 서너 살 때 성적 호기심이 생겨나는 시기이다. 옛날 우리나라 전통적인 어머니들의 자녀 성교육 하나를 소개해 보려고 한다. 이 나이 때는 여자 아이의 경우 엄마와 같이 목욕탕에 가서 남자 아이의 성기를 보고 왜 자기는 없냐고 궁금해서 질문했을 때, 별 생각 없이 너는 엄마 말을 안 들어 고양이가 물고 갔다고 하였다. 여자 아이는 엄마의 말을 사실로 받아들이게 되고, 이를 계기로 해서 여자 아이는 남자 아이에 비해 열등감을 갖게 된다. 그러므로 아이들에게 어렸을 때부터 올바른 성교육이 필요하다는 것은 아무리 강조해도 지나치지 않을 것 같다.

성폭력 사건이 날이 갈수록 사회적 문제로 대두되고 있는 실정이다. 성폭력 피해자는 다른 사건의 피해자와는 달리 본인은 물론 가족들까지 정신적인 피해를 받게 된다. 성폭력 피해자가 어릴수록 가족들이 받는 정신적인 고통은 그만큼 클 수밖에 없다. 어린 아이들의 성추행과 성폭력 피해의 상당 부분이 잘 아는 사람, 즉 면식범에 의해서 이루어진다고 보고되고 있다. 그러기에 성교육은 전문가에 의해 가능한 한 조기에 실시할수록 성폭력 피해를 줄일 수 있음은 주지의 사실이다.

꼭 • 알 • 아 • 두 • 기

- 어린 아이들의 성추행과 성폭력 피해의 상당 부분이 잘 아는 사람, 즉 면식범에 의해서 이루어진다. 그러기에 성교육은 전문가에 의해 가능한 한 조기에 실시할수록 성폭력 피해를 줄일 수 있

다는 사실을 명심하자.

- 성교육은 아이가 궁금해서 질문할 때면 정확하게(사실대로) 답변해야 한다. 성교육은 그 시기가 빠를수록 좋다.

- 유아(幼兒)의 성추행은 몰라서 당하는 경우가 많으므로 성교육에는 조기교육이 필요하다.

- 얼마 전 어느 일간지 기사 ➜ 「"부끄러운 놀이할래?"...서초구 사립유치원서 또래 성추행 유치원 측, 일 커질까 '쉬쉬', 유·아동 성 문제, 제도는 무방비, "엄마, '부끄러운 놀이'가 뭔지 알아?"」에서 짐작할 수 있듯이 유아(幼兒)들은 성추행 자체를 몰라서 당하는 경우가 많다. 여기서 성추행 하는 유아는 어른들의 부끄러운 행동을 훔쳐보고 호기심에 또래 유아에게 흉내 내는 것이 아닌가싶다. 따라서 어른들은 언행(言行) 하나하나에 조심을 기해야할 것이다.

실·천·사·항

- 또래들과 소꿉놀이를 통해서 아빠, 엄마의 역할수행(role-taking)이 무엇인지 알게 된다. 그러므로 또래들과 소꿉놀이를 할 수 있는 건전한 교육적 환경을 제공해주자.

- 출산은 한 가정에 있어서 크나큰 축복이자 국가의 미래를 보장하는 희망이다. 그럼에도 불구하고 우리나라는 OECD 국가 가

운데 출산율이 가장 낮다. 더욱이 유엔보고서에 의하면 지구상에서 우리나라가 가장 먼저 사라지는 나라(2750년경에 우리 민족은 멸종하는 것으로 보고됨)가 된다고 예측하고 있다. 그러기에 인구절벽을 막고, 출산의 기쁨과 함께 행복지수를 높일 수 있도록 출산장려를 적극적으로 홍보하고 실천하자.

누가 우리 식이를 그랬니?

우리나라 국민들은 잘 되면 자기 탓, 잘못 되면 조상 탓 혹은 남의 탓으로 돌린다. 이는 곧 자기의 실패를 남의 탓으로 돌리며, 변명으로 정당화하는 아주 비겁한 행태를 단적으로 표현한 것이다. 이러한 비겁한 행태는 유아기에 부모의 잘못된 자식 사랑에서 기인된다. 아직 신체적 발육이 덜된 어린 아이가 혼자 걷겠다고 하여 내버려 두었다가 길바닥에 넘어졌을 때, 아이는 큰 울음을 터뜨린다. 이때 아이의 엄마가 "아니 우리 식이를 누가 그랬니?"라는 말에 아이는 울면서 땅을 가리킨다. 그러면 아이의 엄마가 '댓찌댓찌' 하면서 세차게 땅을 여러 번 밟아주면, 그제야 아이는 울음을 그친다.

그러나 이 아이가 혼자서 걷기에 성공하게 되면 엄마로부터 칭찬을 받게 된다. 이때 아이의 엄마 입장에서 땅이 자신의 아이를 방해하지 않았기에 아이가 걷기에 성공할 수 있었다고는 전혀 생각하지 않는다. 물론 인지발달이 이루어지지 않은 어린 아이는 자신이 왜 넘어졌는지 그 이유를 알지도 못하고 단지 무릎의 타박 때문에 아파서 운다. 그런데 아이의 엄마는 별 생각 없이 넘어져 우는 아이에게 누가 그랬느냐고 묻자, 아이는 엉겁결에 땅을 가리켰고 엄마는 '땅'이 아이를 넘어뜨렸다고 하면서 야단친다. 이런 일련의 과정에서 일어나는 모자간(모녀간)의 행위는 인과관계(因果關係)가 전혀 성립되지 않을 뿐만 아니라, 엄마의 비논리적이고 비합리적인 행태가 나중에 아이의 심리적 적응기제에 미치는 영향은 생각보다는 훨씬 크다.

결국 이런 경험을 한 식이(아이)는 자신의 실수를 남의 탓으로 돌리는 초기 경험으로 훗날 잘못을 저지르고도, 그 잘못에 대해 뉘우치기는커녕 남의 탓으로 돌리게 되며, 양심의 가책은커녕 자신을 정당화·합리화시키는 단초가 된다. 한 예로 똑같은 불륜을 저지르고도 내가 하면 '로맨스'이고 남이 하면 '불륜', 즉 '내로남불'이라 치부하는 못된 인간성도 "누가 우리 식이를……"에서 시작된다는 것을 알 수 있다.

이 아이와 똑같은 경험을 했을 때, 미국의 어머니들은 넘어진 아이를 일으켜 주지도 않고 아이 스스로 엄마 있는 곳까지 걸어오도록 한 후, 넘어진 것이 너의 부주의 탓이니까 다시는 넘어지지 않도록 조심하라고 타이른다. 반면에 일본의 어머니들은 아이에게 다가가 넘어져 있는 아이를 일으켜 세우면서 아이에게 조용조용하게 자신의 부주의로 인하여 넘어졌다는 사실을 각인시켜 다시는 똑같은 실수를 범하지 않도록 교육시킨다. 여기서 소개한 미국과 일본의 어머니들이나 우리나라 어머니들이나 자식을 아끼고 사랑하는 마음과 그 목적은 조금도 다르지 않다. 그러나 자식을 사랑하는 방법에서는 분명 차이가 있다. 어느 나라 부모의 자녀를 사랑하는 방법이 가장 합리적이고 바람직한 것인가를 판단하여 실천에 옮길 것인가는 이제 독자 여러분들의 몫이다.

정신분석학자 프로이드는 그의 이론에서 본능적 에너지의 표출이 좌절되어 심리구조의 심층에 억압되면 그 억압된 에너지가 표현될 때 일어나는 불안을 해소하기 위하여 채택하는 심리적 기제를 '방어기제'라고 한다. 대표적인 방어기제로는 '보상·합리화·동일시·투사·승화' 등이 있는데, 우리 국민들에게 가장 많이 표출되는 방어기제는 합리화가 아닌가싶다. 여기서 '합리화'란 자기 잘못에 대해서 시인하지 않고 그럴 듯한 변명을 둘러대어 정서적인 불안이나 난처한 입장·결점 등을 은폐함으로써 사회적으로 용인 받으려는 행동을 말한다. 합리화가 정당화되는 사회는 부패와 비리가 난무하게 될 것이며, 급기야는 사회 존속과 유지도 어렵게 될지 모른다.

맹목적인 어머니들의 잘못된 자식 사랑이 이 나라 온 국민을 분열시키는 '네 탓이요, 네 탓이요.'의 국민성을 만든 것이 아닌가라는 생각을 지울 수가 없다. 진실로 자녀들을 사랑한다면 자녀들이 사소한 실수를 저지르더라도 '제 탓이요, 제 탓이요, 저의 큰 탓이옵니다.'라고 스스로 실수를 인정하게 하고, 향후 똑같은 실수를 범하지

않도록 타이르고 격려하는 자녀교육이 더 바람직한 자녀 사랑의 실
천방안이 아닐까?

꼭·알·아·두·기

- 아이들의 롤 모델 만들기 ➜ 어렸을 적에는 부모가 아이의 모델
  이 된다. 즉, 남자 아이는 아빠가 모델이 되고 여자 아이는 엄마
  가 모델이 된다. 학교에 입학하면 선생님이 모델이 된다. 우리
  속담 '애들 앞에서는 찬물도 못 마신다.'에서도 알 수 있듯이 아
  이들은 어른들의 행동을 모방하면서 하나하나 일상의 일들을 학
  습해나간다. 어른들이 하는 행동 하나하나가 그들에게 있어서는
  공부다. 아이들은 좋은 행위인지 나쁜 행위인지 구별할 수 있는
  변별력과 도덕적 가치에 대해 전무하기 때문에 어른들이 보여주
  는 행동 자체를 무조건 따라하면서 배운다.

- 자녀에게 실수를 했을 때, 반드시 미안하다고 진솔하게 표현하
  라 ➜ 부모가 자녀에게 잘못을 해놓고도 사과하지 않는 경우가
  다반사다. 지금은 어른이 되어 아이를 키우는 어머니를 대상으
  로 조사해보면 어린 시절에 부모로부터 상처받은 이들이 의외로
  많다. 아이들은 타인으로부터 상처받는 것보다는 가족으로부터
  상처받는 경험이 더 많으며, 더 오래 기억한다고 한다. 아이들의
  입장에서 사과 받지 못해 생긴 마음의 상처는 완전히 아물지 않
  고 계속 남아있다는 것이다. 부모들은 자신의 잘못에 대해 사과

하지 않으면서 아이의 잘못을 강요한다면 아이는 심한 굴욕감을 느끼게 될 것이 분명하다.

실 • 천 • 사 • 항

- 비겁한 사람은 자기가 져야할 책임을 지지 않고 남에게 책임을 전가하는 자이다. 그러므로 특히 자녀들이 보는 앞에서 남에게 책임전가 시키기는 일은 절대 하지 말자.

- 아이가 넘어졌을 때, 자신의 부주의한 실수로 인한 결과임을 인식시키자.

공부해라!, 숙제했니?

언젠가 일본 고베에서 큰 지진이 일어난 적이 있었다. 필자의 초등학교 동창으로부터 들은 이야기인데, 이야기인즉 자기의 친척 중에 한 조카가 연말연초 휴가차 자기 처가(妻家)가 있는 고베에 갔었다. 친구의 조카가 고베에 도착한 그날 밤늦도록 처가 식구들과 오랜만에 회포를 풀고 있는데, 갑자기 천지가 개벽하는 사건으로 인하여 순식간에 집이 내려앉았다. 그리고 불행 중 다행으로 그 가족들은 가까스로 탈출하여 목숨을 구할 수 있었다. 날이 밝으면서 고베 지진의 대참사 소식은 우리나라에도 알려졌다. 매스컴을 통해서 지진 현장의 생생한 모습을 볼 수 있었지만, 위에서 언급한 친구로부터 간접적으로나마 고베 지진 현장에 있었던 그의 조카에게 들은 얘기를 전해 듣고 얼마나 끔찍한 사건이었나를 온몸으로 느낄 수 있었다.

매스컴과 간접적으로 전해들은 소식들 가운데 가장 인상 깊었던 것이 있다. 하룻밤 사이에 엄청난 재난을 당한 사람들이 편의점 앞에 줄을 서서 차례를 기다리며 생필품을 구매하는 모습인데, 상상을 초월할 만큼 질서정연하였다. 그리고 이 사건을 통해서 우리나라의 많은 사람들은 고베 시민들이 질서를 지켜가면서 한정된 생필품을 다 같이 이용할 수 있도록 가족이 한 끼만 먹을 식품을 구매하는, 남을 진정으로 배려할 줄 아는, 즉 역지사지(易地思之)의 시민의식에 깊은 감동을 받았으리라 믿는다. 필자는 만일 '우리나라 같았으면 어떻게 했겠느냐'는 가상된 생각을 해보는 것만으로도 정신이 아찔해진다.

고베 지진 사건이 일어난 지 불과 몇 달 뒤에, 당시 남북정상 회담을 열기로 합의하고 얼마 뒤에 김일성이 갑자기 사망하였다. 그러자, 무슨 영문인지는 몰라도 한반도에 전쟁이 일어난다는 소문이 순식간에 나돈 적이 있었다. 필자 아내의 친구로부터 전쟁이 일어난다는 소문을 듣고, 부랴부랴 동네 가게로 비상시 사용하려고 부탄가스와 라면을 사러 갔으나 이미 동난 뒤였다. 거룩한 단군의 자손이라고 언급하기엔 너무나 부끄러운 이야기지만 국가적 위기 상황에서 자신들만을 위해 사재기한 지 사반세기가 훌쩍 넘은 지금까지도 그때 그 부탄가스의 재고(在庫)로 인하여 스트레스를 받고 있는 가정이 있을지도 모를 일이다. 남이야 어떻게 되든 나만 잘살면 된다는 얄팍한 이기주의가 아직 이등 국민으로 붙들어 매고 있는 것 같아 기분이 몹시도 씁쓸하다.

일본은 역사적으로 우리나라와는 앙숙이지만 그들이 큰 재앙 앞에서 보인 성숙된 시민의식은 사재기의 추태를 보인 우리들과는 너무나 대조적이어서 솔직히 부끄러움을 느꼈다. 양 국가 간의 이러한 본질적인 차이는 자녀들의 가정교육에서 기인된 것이 아닌가싶다. 이를테면 우리나라 가정에서는 부모들이 자녀들에게 가장 많이 하는 말은 "공부해라!"와 "숙제했니?"인 반면에 일본의 경우는 "남에게 신세지지 마라!" 또는 "남에게 피해 주지 마라!"는 것이다. 이처럼 자녀들의 가정교육이 그 나라 국민들의 의식수준에 엄청난 영향을 미친다는 사실을 짐작할 수 있다.

우리나라와 가장 우방국가인 미국의 가정에서 부모들이 자녀들에게 가장 많이 하는 말은 "정직하라!"라는 것이다. 필자의 상식으로는 미국은 이 지구상에서 가장 많은 인종과 민족을 가진 나라임에도 불구하고, 존속되고 유지되는 것은 바로 '정직'을 토대로 하여 보다 성숙한 사회로 발전시켰기에 가능하였다.

우리나라 부모들의 자녀교육과 미국과 일본의 그것과는 사뭇 다르며, 이러한 차이점이 보다 성숙된 선진 사회와 구성원들끼리 서로 불신하는 병든 사회로 갈라놓은 것이 아닌가싶다. 남에게 피해를 주더라도 그리고 남을 속이더라도 나만 잘살고 잘 되면 된다고 생각하는 사람들이 많은 사회는 앞으로 희망이 없는 것은 너무나 당연하다 할 것이다. 안타깝게도 우리 사회가 희망이 없는 사회로 가고 있는 것 같아 가슴이 아프다.

연일 매스컴에서는 '적폐청산'으로 온 나라가 떠들썩하다. 이게 정상적인 나라인가. 분명한 것은 우리나라는 비정상적인 국가이다. 많은 국민들은 우리나라는 법치국가가 아니라고 말한다. 그 이유는 대한민국이라는 나라는 되는 일도 없고, 안 되는 일도 없다는 것이 보편화 되어있기 때문이다. 진정한 법치국가라면 되는 것은 누가 하더라도 되어야 하고, 안 되는 것은 그 누구든지, 대통령 할아버지가 하더라도 되어서는 안 된다. '이게 정상적인 나라인가'라는 말은 우리나라의 법이 잘못되어 있음을 단적으로 보여주고 있다. 이를테면 우리나라 공무원들에게는 너무나 많은 재량권이 주어졌기 때문에 브로커가 끼게 되어 있고, 비리 공무원들이 많이 생겨날 수밖에 없는 구조적 문제를 갖고 있기에 부패공화국이 될 수밖에 없는 것이다.

대한민국의 부모들은 개인의 행복과 자아실현도 우리 사회가 건강해야 가능하다는 사실을 깨닫고 가정에서 자녀교육의 우선순위를 공부, 즉 인지교육보다는 '정직'과 '남에게 피해 주지 않는 생활 실천', 즉 인성교육에 두어야 개인의 행복과 좋은 사회(good society)의 건설이 가능하다는 사실을 깊이 깨달아야 할 것이다.

● 좋은 사회(good society)란? → 나도 잘살고, 다른 사람(내 이웃)도 잘사는 사회이다. 그럼에도 불구하고 우리 사회는 남의 불행은 곧 나의 행복이라고 생각하는 어리석은 사람들이 너무 많은 것 같다. 남이 불행함으로써 내 자신이 더 잘나 보인다는 비뚤어진 인성(마음)을 가진 사람이 많다는 것은 우리사회가 병든 사회(sicked society)임을 방증하는 것이다. 작금의 우리 사회는 '촛불'과 '태극기'로 나눠져 있다. 조금만 합리적으로 생각해보면 무엇이 잘못되어 이 지경까지 왔는지 알 수 있다. 우리 모든 국민들은 피해자이다.

　우리 국민들을 이 지경으로 몰아넣은, 책임져야 할 사람들은 오히려 혜택을 본 자들이지만 정녕 우리 일반 국민들은 하나 같이 피해자들이다. 그 누구도 혜택을 본 국민은 없다. 그런데 왜 피해자들끼리 둘로 나누어 끝없는 싸움을 하고 있는지 모르겠다. 이전의 부모들은 자녀를 합리적으로 판단하는 능력을 기르는데 실패한 것이다. 이는 곧 비합리적인 자녀교육 방법이 낳은 부산물인 흑백논리가 지배한 결과이다. 물론 흑백논리에 익숙한 주요 원인은 분단된 조국도 그 영향이 크겠지만 아이가 말을 배우기 시작할 무렵에 "엄마가 좋으니, 아빠가 좋으니, 누가 더 좋으니?"에 막무가내로 답하라는 어른들의 장난기가 아이의 흑백논리의 비합리적인 사고로 길들이는데 한 몫 한 것이 아닌가 싶다.

- 우리나라의 공무원들에게는 너무나 많은 재량권이 주어졌기 때문에 브로커가 끼게 되어 있고, 비리 공무원들이 많이 생겨날 수밖에 없는 구조적 문제를 갖고 있기에 부패공화국이 될 수밖에 없는 것이다.

실 · 천 · 사 · 항

- 자녀에게 공부하라고 강요하지 말자, 그보다 자녀들이 스스로 공부할 수 있는 교육환경을 제공해주자.

- 일주일에 한번 씩이라도 가족들이 함께 식사하면서 하나의 주제를 가지고 토론하는 것을 정례화하자.

- 합리적인 사고 기르기와 토론의 기술을 습득하자.

'미운 세 살'…
'때려주고 싶은 일곱 살'

어른들의 말귀를 제법 알아듣는 아이들도 어찌된 영문인지 일곱 살만 되면 천방지축 청개구리처럼 행동한다. 그래서 '미운 일곱 살'이란 말이 생긴 게 아닌가싶다. 그런데 미운 일곱 살도 옛말이 돼버렸다. 미운 일곱 살 대신 '미운 세 살', '때려주고 싶은 일곱 살'이라는 말이 통용되고 있으니 그냥 웃고 넘기기에는 무언가 찝찝한 느낌이다.

아주 오래전 서울의 한 달동네에 살던 시절 강의를 끝내고 전철에서 내려 집으로 향해 걸어가는 데, 제법 경사진 언덕길에서 어느 낯선(처음 보는) 할머니와 손자가 실랑이를 벌이고 있었다. 대여섯 살쯤으로 보이는 아이는 할머니의 달램에도 아랑곳하지 않고 필사적으로 길바닥에 드러누워 억지를 부리고 있었고, 그 때 막 옆을 지나가는데 할머니가 쪼그린 자세로 필자를 쳐다보면서 "할아버지가 이놈 하신다!"라고 말해 상당한 충격을 받았다.

그 이름 모를 할머니는 필자의 머리카락 색깔만 쳐다본 것이었다. 허리를 꼬부린 할머니는 서른이 갓 넘은 젊은이에게 할아버지라고 말한 것에 대해 미안했던지, 묻지도 않았는데 당시 상황과 자초지종을 얘기해주었다.

얘기인즉, 동네 문구점을 지나치면서 아이는 갖고 싶은 장난감을 보고 사달라고 떼를 썼고, 할머니는 돈을 갖고 있지 않아 나중에 애 엄마가 직장에서 돌아오면 사주겠노라고 약속했는데도 아이가 막무가내라는 것이었다. 그러면서 할머니는 "요즘 애들이 말을 안들어서 큰일"이라고 했다.

그 사건이 있은 지 어느덧 삼십 여년이 훌쩍 지나버렸다. 그 때만 해도 일곱 살을 초등학교 입학 직전의 억지와 고집으로 똘똘 뭉친 나이라 하여 '미운 일곱 살'이라고 불렀다. 그런데 근래에 와서는 옛날의 고집불통 일곱 살이 더욱 조숙해져서 '미운 세 살' 또는 '때려주고 싶은 일곱 살'이라고들 얘기한다.

이런 천방지축의 때려주고 싶은 일곱 살짜리가 초등학교에 입학하게 되면 언제 그랬느냐는 듯이 말귀를 제법 잘 알아듣는다는 것을 아이를 키우는 부모는 누구나 경험하게 된다. 교육의 힘이 정말 대단하다는 사실을 실감케 하는 대목이다. 초등학교 저학년의 학부모들은 고삐 풀린 망아지 같은 아이를 양순한 아이로 바꿔놓은 선생님께 감사하게 되는 시기도 이즈음이다.

천방지축의 어린 녀석들은 학교교육을 통해서 본격적인 사회화가 시작된다. 사회화(socialization)란 사회구성원이면 누구나 알고 지켜야할 사회적 규범, 이를테면 모국어, 협동심, 예의범절 등을 내면화(internalization)하는 일련의 과정을 의미한다. 인간은 태어날 때부터 악한 존재라고 주장하는 '성악설'도 교육의 힘 앞에서는 그 설득력을 잃게 된다. 고집불통의 아이를 말 잘 듣는 아이로 변화시키는 교육의 힘이야말로 찬사를 받아 마땅하다.

아이의 습관이나 버릇은 대부분 유유아기(乳幼兒期) 때 가정에서 형성된다. 그래서 좋은 습관일수록 어렸을 때부터 길러야 한다. OECD 가입국가 가운데 출산율이 가장 낮은 우리나라에서는 일찍이 볼 수 없었던 아이의 위상이 적어도 가정에서는 상전(上典)이 된 지 꽤나 오래다.

옛 어른들은 귀한 자식일수록 엄하게 키웠다. 집안의 대를 이어가는 어른들의 입장에서 본다면 외아들은 무척이나 소중한 존재였음에 틀림없다. 더욱이 유교적인 색채가 강한 집안일수록 거기다가 경제적인 형편이 나을수록 외아들은 금지옥엽(金枝玉葉)으로 키웠을 것으로 짐작되지만 도리어 그 반대였다.

부모의 자식 사랑은 예나 지금이나 다를 바 없겠지만 옛날 다산시절(多産時節)의 외아들과 오늘날 외아들은 존재 가치적인 측면에서 분명 차이가 있다. 의학이 발달되지 않아 유아 사망률이 높았던 시대에 귀한 자녀가 혹시라도 잘못될까 노심초사하였을 텐데도 오히려 엄하게, 그리고 반듯하게 키웠던 어른들의 자녀교육에 대한 지혜를 엿볼 수 있는 대목이다. 잘은 몰라도 유교가 지배했던 전통 사회에서는 '미운 일곱 살'이라는 말이 존재하진 않았을 것으로 추정된다.

여러 이유로 단산(單産)하는 오늘날 우리사회는 더욱 버릇없는 아이가 많아질 것이 분명하다. 더욱이 경쟁이 몸에 배어있는 요즘 세태에 마치 남의 자식이 잘못되어야 내 아이가 반사적으로 이익을 볼 수 있다는 비뚤어진 부모의 자녀관이 버릇없는 아이를 양산하는 데 일조하는 것은 아닌지 모르겠다. '남의 자식이 잘되어야 내 자식도 잘 된다'는 유태인의 자녀교육관을 깊이 생각하며 성찰의 계기로 삼았으면 한다.

과거와 달리 지적교육에 매달려 인성교육을 소홀히 하는 오늘날 우리나라 부모들의 자녀교육이 버릇없는 아이를 양산하는 것은 아닌지 안타깝다. 버릇없는 아이가 어른이 되면 잘못된 자녀교육이 결국 부메랑이 되어 돌아오지 않는다고 누가 보장한단 말인가.

● 옛 어른들은 귀한 자식일수록 엄하게 키웠다. 집안의 대를 이어 가는 어른들의 입장에서 본다면 외아들은 세상의 그 무엇과도 바꿀 수 없는 무척이나 소중한 존재였음에 틀림없다. 더욱이 유교적인 색채가 강한 집안일수록 거기다가 경제적인 형편이 나을수록 외아들은 금지옥엽(金枝玉葉)으로 키웠을 것으로 짐작되지만 도리어 그 반대였다. 즉, 귀한 자식일수록 엄하게 키웠던 우리 조상들의 지혜를 배워 자녀교육에 적용하자.

● 금지옥엽(金枝玉葉) → 금으로 만든 가지와 옥으로 만든 잎처럼 세상에 둘도 없이 귀한 자손을 가리키는 말이다.

● 더불어 사는 사회는 사회적 약자와도 공감하고 그들을 배려하는 사회를 말한다. 가까운 거리는 혼자 갈 수 있어도, 멀고 험한 길은 함께 가야 가능하다.

● 좋은 습관은 어릴 때 길들일수록 그 효과가 크다. 유태인은 아이를 어릴 적부터 독서중독자로 만든다. 공부하라는 잔소리 대신에 자녀들에게 좋은 독서습관을 길러주자.

● 아이를 키우는 것은 수행하는 것이나 다름없다. 그러므로 자녀의 크고 작은 잘못에 대해 야단치는 것보다는 설득을 택하자. 자녀가 버릇없이 굴 때도 인내하며 설득하자.

'갑질'과
자녀교육

　　　　　　　　2014년 연말부터 을미년 벽두까지 끊이지 않고 들려오는 '갑질' 때문에 국민들이 분노하고 있다. 갑을관계의 '갑'에 어떤 행동을 뜻하는 접미사인 '질'을 붙여 만든 말인 '갑질'은 권력의 우위에 놓여 있는 갑이 권력관계에서 상대적 약자인 '을'에게 행하는 부당행위를 통칭하는 개념이다. 갑질의 뿌리는 농경사회와 그 맥을 같이 한다. 이러한 갑질은 불평등한 사회를 규정짓는 영향력 있는 준거이자 변인이라고 보아도 무방하다. 자유민주주의를 표방하는 우리나라의 구석구석에까지 이러한 갑질이 만연하다는 점에서 지금 이 사회는 불평등한 사회라고 할 수 있겠다.

　　일명 '땅콩회항'으로 잘 알려진 슈퍼 갑질 사건은 국제적으로 화제(話題)를 일으키며 이목을 끌었다. 이 사건이 아날로그 시대에 일어났다면 큰 문제없이 덮였을 것이라고 말하는 이들도 더러 있다. 하지만 스마트 폰 보급률 세계 1위 국가답게 SNS의 가공할 위력에 힘입어 사건의 전말이 삽시간에 퍼져나가 우리나라가 국제적으로 망신을 톡톡히 샀다. 특히 사건의 진상을 밝히는 과정에서 반성은커녕 조직적으로 상대적 약자인 피해자에게 돌이킬 수 없는 상처를 입힌 갑의 횡포, 즉 갑질에 대해 온 국민은 분노하고 있다. 그것도 주식회사에서 일어난 사건이기에 국민의 공분을 사기에 충분했다. 기업의 주인은 주주임이 당연할진데 창업자의 직계가족이라는 핑계로 오너의 권위를 부여받고 그에 따른 온갖 횡포를 부린 점에서 더 그러하다.

이것으로 끝난 것이 아니다. 국민의 녹을 먹고 사는 국토교통부 공직자들이 조사과정에서 가해자의 편에 서서 피해자를 오히려 윽박지르기까지 했다는 뉴스를 접한 이 나라 국민들은 할 말을 잃었을 것이다. 공명정대해야 할 공직자의 행태는 그냥 덮어서는 안 된다. 전 세계가 주시하고 있는데도 불구하고 갑질의 횡포를 정당화하는 데 공권력까지 남용하였으니 힘없는 피해자들이 억울하게 당하고도 화제조차 되지 않고 아예 묻혀버린 사건들이 부지기수였을 것이라는 사실에 더욱 화가 난다. 전근대 사회의 미개국에서나 있을 법한 갑질의 횡포가 21세기인 지금에 와서도 횡행하고 있다. 이러한 갑질의 적폐가 존재하는 한 이 나라 국민들은 계층 간의 갈등이 더욱 심화되어 결국 국가발전을 가로막게 될 것이다.

'절망의 나라의 행복한 젊은이들'의 저자인 후루이치 노리토시는 이렇게 말한다. "오늘보다 내일이 더 나아질 것이라고 믿는 이들은 당장은 불행하지만 언제가 행복해질 것이라는 희망을 가진 자들"이라고. 바꾸어 말하면 지금 이 순간이 행복하다고 말하는 사람은 앞으로 이보다 더 행복해질 수 없을 것이라고 믿는 사람이라고 할 수 있겠다. 만약 후루이치 노리토시의 말을 수긍한다면 이 땅의 숱한 '을'들이 힘들고 고달픈 오늘을 살아갈지언정 이 사회에 희망이 있다고 믿는다면 그들은 힘들고 고달픈 이 순간도 충분히 가치 있는 삶이라고 느낄 것이다.

자고로 장자(莊子)는 자신의 몸가짐을 물처럼 낮춰야 행복하다고 하였고, 어느 큰 스님은 자신이 특별하다고 생각하는 그 순간부터 불행하다고 하였다. 사회적 명망이 높고 많이 가진 자일수록 자신을 낮추면 세상 사람들로부터 존경을 받는다는 것은 너무나 당연한 이치이다. 더욱이 조상의 은덕으로 잘사는 자들일수록 더욱 겸손하여야 할 것이다. 바로 이러한 겸손이 갑질을 예방할 수 있는 백신(vaccine)이 아닌가싶다. 탈무드의 가르침으로 내적 성숙을 이룬 유태인들은 자신의 유산을 자녀에게 물려주지 않고 오히려 자녀들이 행복하게 살아갈 수 있는 좋은 세상을 건설하기 위해 사회에 환원한다고 한다. 우리도 탈무드의 지혜를 실천한다면 적어도 자신은 물론이고 가문의 망신, 더 나아가 나라까지 망신시키는 일은 없을 것이 분명하다.

꼭 • 알 • 아 • 두 • 기

- 장자(莊子)는 자신의 몸가짐을 물처럼 낮춰야 행복하다고 하였고, 어느 큰 스님은 자신이 특별하다고 생각하는 그 순간부터 불행하게 된다고 하였다. 사회적 명망이 높고 많이 가진 자일수록 자신을 낮추면 세상 사람들로부터 존경을 받는다는 것은 너무나 당연한 이치이다. 그러나 요즈음 철없는 재벌 3세를 보노라면 저 기업이 언제까지 지탱될 수 있을까 심히 걱정스러워하는 국민들이 날로 늘어나고 있음은 주지의 사실이다.

- 탈무드의 가르침 → 내적 성숙을 이룬 유태인들은 자신의 유산

을 자녀에게 물려주지 않고 오히려 자녀들이 행복하게 살아갈 수 있는 좋은 세상을 건설하기 위해 사회에 환원한다고 한다. 우리 사회도 없었던 것은 아니다. 우리나라 기업인들 가운데 가장 존경받는 유한양행을 창업한 유일한 박사 같은 분은 기업윤리를 실천한 대표적인 기업가로 자신의 핏줄에게는 최소한 유산만 물려주고 자신이 소유한 유한양행 주식 전부를 재단법인 한국사회 및 교육신탁기금에 기증하여 사회사업과 교육사업에 쓰이도록 하였다.

실·천·사·항

● 어른들은 아이의 거울이다. 이는 곧 아이들은 자신들의 눈에 비친 어른들의 행동을 보고 똑같이 따라하면서 학습한다. 그러므로 자녀들이 보는 앞에서 상대방의 신분여하를 막론하고 상대를 폄훼하는 갑질을 삼가자.

● 스스로 낮추는 겸손의 미덕을 자녀에게 행동(행실)으로 보여주자.

어디 말만한
처녀가

전통적인 대가족제도하에서 우리나라 아이들은 어렸을 때, 잘못을 저질러도 상당히 너그러웠다. 아이의 엄마가 아이의 잘못에 대해 체벌을 가하려고 할 때, 인정 많은 할머니는 아직도 어린 것이 몰라서 저지른 일을 가지고 야단친다고 되레 아이의 엄마인 며느리를 나무랐다. 며느리가 자신의 어린 손자를 너그럽게 받아주지 못하고 야단치는 것이 너무 가혹하다고 생각하는 것도, 할머니의 손자에 대한 크나 큰 사랑에서 비롯된 것이다. 그러나 이러한 할머니의 손자에 대한 사랑이 자칫 버릇없는 아이로 만드는데 일조하는 것은 아닌가.

모든 교육이 다 마찬가지겠지만 특히 인성교육은 빠르면 빠를수록 좋다는 것은 아무리 강조하여도 지나치지 않다. 인성은 한번 형성되면 무덤까지 간다는 학설이 보편화되어 있다. 대소변훈련을 빨리 시키는 것으로 정평이 나 있는 일본의 경우, 예절교육을 취학하기 훨씬 전인 4세 때부터 시키는데 그것도 아주 엄격하게 실시함으로써 교육적 효과가 그만큼 크다는 평을 받고 있다. 그러나 우리나라는 자녀가 어렸을 때는 매사 관용적이다가도 자녀가 성장할수록 간섭도 많아져 행동에 대한 제약을 많이 받게 된다. 우리나라는 예절교육도 일본과는 판이하게, 고등학교 1학년 때 그것도 여학생들만을 대상으로 실시한다.

성장한 자녀가 외출했다가 평상시보다 조금 늦게 귀가하는 날이면 아들은 그래도 관용적이지만 딸은 이유 불문하고 심하게 야단을 맞는다. "말(馬) 만한 딸애가 밤늦게 싸돌아다니면 되느냐?"고 하면서 야단치는 부모의 일방적이고 독단적이며, 감정이 개입된 언행을 딸아이 입장에서는 이성적(理性的)으로 받아들이지 못하고 말대꾸를 하게 된다. 이렇게 함으로써 부모와 자녀와의 상호작용은 거리감이 생길 수밖에 없다. 옛말에 '품 안의 자식'이란 말이 있듯이 자녀가 웬만큼 성장하면 통제가 불가능하므로 아예 매사를 자신이 알아서 하도록 통제 대상에서 제외시키는 것이 좋은 자녀교육 방법이 아닌가싶다.

오래전에 우리 아이들이 어렸을 때, 지인 중의 한 분이 사춘기의 아들 녀석보다 자신이 키우는 애완견을 훨씬 더 좋아한다는, 무심코 하는 얘기를 듣고 매우 충격적으로 받아들인 적이 있다. 가끔씩 신문지상을 통하여 접하는 뉴스 가운데 끔찍한 존속살해 사건만도 연간 300여 건이 넘는다고 하지만 교육학자인 그분이 어떻게 자기 자식의 존재가치를 개만도 못한 것으로 폄훼하는지 솔직히 이해할 수 없었다. 그러나 많은 세월이 흐른 지금은 그때 그분이 왜 그런 말을 했었는지를 이해할 수 있을 것 같다. 간혹 주변 사람들로부터 "자식이 아니라 원수다."라는 말을 들을 때면, 자기 자식을 집에서 키우는 강아지보다 못한 존재로 여겼던 그분을 떠올리곤 한다. 이러한 사례를 통해서 알 수 있듯이 이 나라의 많은 부모들은, 말은 하지 않지만 자식들로 인해 속을 썩이는 분들이 의외로 많다는 것을 미루어 짐작할 수 있다.

그렇다면 천륜지간을 부정하는 사례들이 왜 생겨나는 것인가. 이 지구상에 우리나라 부모만큼 헌신적으로 자녀를 보살펴 주는 민족이 어디 있는가. 아무리 생각해도 자녀에 대한 부모의 지나친 사랑으로 인하여 가정에서 자녀가 어렸을 때 엄격하게 해야 할 예의범절 교육에 소홀한 데에서 기인한 것이 아닌가싶다. 그렇다고 우리나라 가정이 외국의 그것에 비하여 크게 잘못된 것은 아니라 하더라도, 그 시기와 순서가 잘못된 것으로 보인다. 옛말에 '재목감은 떡잎부터 알 수 있다.'라든지 '건방진 녀석은 엉덩이에서 뿔난다.'고 하지 않았던가. 이는 곧 어렸을 때의 교육, 즉 조기교육의 중요성을 대변하는 말일지언데.

옛날 부모들은 그래도 자식 농사를 많이 지었으니까 그중에 부모 속을 썩이는 자식도 있었지만, 또 효자도 있었기에 그럭저럭 살아가는 데는 크게 지장 받지 않았을 것이다. 그러나 요즘 하나 아니면 둘밖에 두지 않은 자식이 속을 썩이면, 세상살 맛 안 난다는 부모의 말도 충분히 이해가 가는 대목이다.

자식은 적을수록 엄하게 키워야 된다는 교훈을 동물학자들의 고양이 실험을 통해서 시사 받을 수 있다. 고양이는 통상 한배에 새끼를 대여섯 마리 정도 낳는다고 한다. 보통 많이 낳는 경우보다 적게 낳는 경우, 어미가 새끼에게 더 많은 젖을 주고 잘 보살펴 줌으로써 더 튼튼하게 키울 것이라고 생각하겠지만 실제로는 그렇지 않았다. 고양이가 한두 마리의 새끼를 낳았을 때가 대여섯 마리 새끼를 낳았을 때보다 새끼고양이의 사망률이 높았다고 한다. 그 이유는 어미고양이가 새끼고양이를 사랑하는 방법은 새끼고양이의 전신을 핥아주는 것인데, 새끼를 적게 낳았을 경우 너무 많이 핥아주기 때문이라고 한다. 이처럼 새끼를 적게 낳은 어미고양이의 지나친 새끼 사랑이 오히려 사망률을 높인다는 사실은, 자녀를 적게 출산함으로써 자녀를 맹목적으로 사랑하게 되고 그로 인하여 오히려 버릇없는 아이로 키우는 이 나라 어머니들께 교훈이 될 법도 하다.

어린 자녀에 대한 예절교육이 너무 엄격하다고 생각할지 몰라도 나중에 버릇없는 자녀로 키워 천륜지간을 부정하는 것보다 훨씬 낫다고 여겨진다. 자녀에 대한 예절교육만큼은 어렸을 때는 보다 엄격하게 실시하다가 성장해 갈수록 관용적(寬容的)으로 대함으로써 적어도 당신의 자녀가 사춘기에 접어들면 때로는 다정한 친구처럼 여겨질 수 있게끔 자유를 많이 부여하는 것이 현명한 자녀교육의 방법이 아니겠는가.

꼭 • 알 • 아 • 두 • 기

● 자녀의 인성교육과 예절교육은 어릴수록 그 효과가 크다. 일본의 경우, 예절교육을 취학 훨씬 전인 4세 때부터 시키는데 그것도 아주 엄격하게 실시함으로써 교육적 효과가 그만큼 크다는 평가를 받고 있다. 우리나라 아이들은 어렸을 때에는 버릇이 없어도 용서 받다가 성장할수록 간섭을 더 많이 받고 행동의 제약도 더 많이 받는다. 우리나라 청소년들의 일탈행위(가출 등)도

성장할수록 부모의 지나친 간섭과 무관하지 않다. 지나친 간섭과 개입은 무관심보다 못하다.

- 아이에게 또래집단이 중요한 것은 아이는 사회적 접촉 또는 사회적 상호작용을 통해서 사회성이 발달하게 된다. 또한 또래들과 상호작용을 통해서 행동규범을 배우고 자신만의 고유한 가치를 가지게 된다. 아이들은 학년(연령)이 올라갈수록 또래와의 상호작용도 더욱 많아지고 부모와 교사와의 관계보다 더 큰 의미를 가진다. 또한 아이의 또래집단이 정체성(identity) 확립에도 영향을 미치게 된다. 우리말에 '친구 따라 강남 간다'는 것은 또래집단의 영향력이 크다는 것을 잘 나타내주고 있다.

  아이가 성장할수록 부모, 특히 엄마와 지내는 시간이 줄어드는 반면에 또래들과 지내는 시간은 늘어난다. 아이에게 있어서 어린이집, 유아원, 유치원, 학교나 학원은 그동안 지내온 집과는 환경이 전혀 다르다. 처음에는 낯선 곳이라 스트레스를 받지만 아이들은 적응력이 크므로 쉽게 적응할 수 있다. 새로운 교육환경은 많은 또래들을 만나 끊임없는 상호작용을 통해서 어울리고 부딪히면서 규범을 익히며 사회성이 발달하게 된다. 또한 또래와의 소속감과 또래들과의 상호작용을 통한 경험은 자존감을 높이는 좋은 기회가 되기도 한다. 반면에 또래로부터 소외감을 느끼는 등 불만족스런 경험은 오히려 낮은 자존감의 원인이 되기도 한다.

- 자녀에 대한 과잉보호와 과잉사랑은 오히려 해(害)가 된다. 고양

이는 한배에 새끼를 대여섯 마리 정도 낳는다고 한다. 보통 많이 낳는 경우보다 적게 낳는 경우, 어미가 새끼에게 더 많은 젖을 주고 잘 보살펴 줌으로써 더 튼튼하게 키울 것이라고 생각하겠지만 실제로는 그렇지 않았다. 고양이가 한두 마리의 새끼를 낳았을 때가 대여섯 마리 새끼를 낳았을 때보다 새끼고양이의 사망률이 높았다고 한다. 그 이유는 어미고양이가 새끼고양이를 사랑하는 방법은 새끼고양이의 전신을 핥아주는 것인데, 새끼를 적게 낳았을 경우 너무 많이 핥아주기 때문이라고 한다. 이처럼 새끼를 적게 낳은 어미고양이의 지나친 새끼 사랑이 오히려 사망률을 높인다는 것이다. 2018년부터 인구절벽 현상을 맞고 있는 우리나라의 호모 사피엔스들이 새겨들을만한 충분한 가치가 있다고 보아도 될 것 같다.

실 • 천 • 사 • 항

- 예절교육은 어릴수록 그 교육적 효과가 크다. 그러므로 자녀로 하여금 경어(敬語)를 사용하게 하기 위해서는 유아기(幼兒期)에 말을 처음 배우기 시작할 때부터 아이로 하여금 경어를 사용하도록 하자.

- 자녀를 진정으로 사랑한다면 자녀가 어릴수록 자녀가 적을수록, 또 귀한 자식일수록 특히 한명일 경우는 더 엄하게(예의바르게) 키우자.

우분트(UBUNTU)를 실현하는 공감교육

'우분트(Ubuntu)'는 동아프리카에 사는 반투족의 말로 '네가 있기에 내가 있다(I am because you are.)'는 의미이다. 이 말이 세상 밖으로 알려지게 된 계기가 있다. 한 인류학자가 반투족의 아이들에게 게임을 제안하였다. 그는 근처 나무에 아이들이 좋아하는 음식을 메달아 놓고 먼저 도착한 아이가 그것을 먹을 수 있다는 규칙을 정한 후 "시작!"이라는 큰 소리와 함께 게임을 시작하였다. 그런데 아이들은 경쟁적으로 뛰지 않고 모두 함께 손을 잡고 가서 음식을 다 같이 나누어 먹었다. 인류학자는 의아한 나머지 아이들에게 "일등을 하면 혼자서 먹을 수 있을 텐데, 왜 함께 뛰었지?"라고 묻자, 아이들은 한 목소리로 "우분트!"라고 외치며, "혼자 먹는다면 다른 사람이 모두 슬픈데 어떻게 혼자만 행복해질 수 있나요?"라고 한 데에서 비롯되었다. 그리고 남아공 넬슨 만델라 전 대통령이 이를 즐겨 인용하면서 세상에 널리 알려지게 되었다.

이러한 '우분트'는 지식과 정보 그리고 기술이 지배하는 21세기 지식기반사회의 구성원으로 살아가는 이들로 하여금 많은 것을 느끼게 한다. 즉, 협동보다는 경쟁을 집단과 조직의 이익보다는 개인의 이익을 추구하며, 남의 불행이 곧 자신의 행복인양 행복을 비교우위적 개념으로 착각하며 살아가는 이들에게 '우분트'는 신선한 충격을 주기에 충분하다. 오늘날 우리 사회는 지혜롭지 못한 사람들이 자신만의 이익을 추구하는 근시안적인 사고로 살아가며, '슬픔은 나누면 반감되고 기쁨은 나누면 배가 되어 돌아온다'는 평범한 진리조차 깨닫지 못한 자들로 넘쳐나고 있다. 경쟁적 분위기를 조성하면서 일등만을 추구하는 탐욕스런 개인이나 조직은 언젠가는 파멸을 가져다오게 된다.

해를 거듭할수록 우리 사회는 개인 간의 갈등, 집단 간의 갈등, 계층 간의 갈등, 세대 간의 갈등이 심화되어 가고 있다. 그러기에 학교교육을 통해서 '우분트'를 실천함으로써 더불어 사는 공동체를 실현하는 것도 갈등해소의 좋은 방안 중 하나가 될 수 있을 것이다. 심리학자들이 말하길 공감은 친사회적 행동의 동기를 유발하여 결과적으로 남에게 이익을 주는 자발적이고 의도적인 행동으로 나타난다고 한다. 비록 늦은 감이 있지만 이제라도 일선 학교교육에서 체계적인 공감교육이 이루어져야 할 것이다.

우리나라 국민들 사이에 학교교육이 입시위주의 지적교육보다는 인성교육을 지향해야 한다는 공감대가 형성될 때 교육은 제 방향으로 나아갈 수 있다. 우리나라 국민이면 누구나 공교육이 중요하다는 것에 대해 이견(異見)을 제기하는 이들은 없다. 즉, 누구나 바람직한 교육이 어떤 것인지를 느끼고 인식한다. 그러나 자신의 자녀가 다른 아이들에 비해서 더 나은 학교에 진학해야 된다는 욕심 때문에 인성교육보다는 오히려 입시공부에 열중하게 하며, 공교육을 불신한 나머지 학원을 보낸다든지 불법 고액과외도 마다하지 않는다. 그래서 진정한 공감교육이 이루어지지 않는다. 진정한 공감교육이 이루어지기 위해서는 남을 이해하는 역지사지(易地思之) 정신, 남을 배려하는 태도, 자녀에 대한 집착 내려놓기, 무엇보다도 더불어 살아가는 전통적인 두레정신 등이 우리 사회구성원들에게 물들어야 하며, 비로소 지금보다 더 나은 사회로 거듭나게 될 것이 분명하다.

우리나라에서 공감교육의 실현은 당장 쉽지 않아 보인다. 그러면 이러한 것은 어떠한 이유에서 일까? 경제 선진 유럽국가가 농경사회에서 산업사회로, 그리고 산업사회에서 탈산업사회로 전환하면서 수세기에 걸쳐 획득한 경제적 경쟁의 산물을 우리나라는 반세기 남짓한 기간 동안 최빈국에서 세계 10위권 안에 드는 경제대국으로 발돋움하였다. 바로 그 원동력이 다름 아닌 경쟁적인 풍토였다는 사실에 대해서는 누구나 공감하는 부분이다. 그 결과, 짧은 기간 동안에 가난한 나라들의 부러움을 사기에 충분할 만큼 경제적인 성장을 이뤘지만 사회구성원들 간의 갈등이라는 심각한 부작용을 낳기도 하였다. 지금 우리 사회는 그 혹독한 대가를 치려고 있는 중이다. 이처럼 우리 사회의 경쟁적인 풍토가 학교교육에 그대로 이식(移植)되어 소수의 학생만이 인정받는 교육적 환경으로 인하여 어떤 학교 집단이든 소수 학생들은 학교교육에 성공하지만 다수의 패배자를 양산하게 되었다.

국제학업성취도비교평가(PISA)에서 단골 1위를 고수하는 핀란드는 우리나라처럼 경쟁적인 교육풍토와 전혀 다른 교육평등정신을 실현하여 교육 강국의 평판을 얻게 되었다. 핀란드는 모든 국민들이 동등한 교육을 받을 수 있도록 기회를 제공해주기 위해 유치원

단계에서부터 대학원 박사학위 과정에 이르기까지 무상교육을 실시하고 있다. 이러한 교육평등정신은 7세부터 16세까지 10년 동안의 의무교육을 실시하는 종합학교에서는 학생을 능력별에 따른 반편성 대신에 서로 다른 능력과 특성을 가진 학생들이 함께 학습케 함으로써 누구나 일정 이상의 교육수준에 도달하도록 하려는 그들의 교육철학에서도 여실히 드러난다. 즉, 핀란드에서는 학업능력이 뒤떨어지는 학생은 물론 심지어 특수교육이 요구되는 학생들까지도 동일 학습 집단에서 통합적으로 교육해야 한다는 교육철학을 기반으로 하고 있다. 통합교육을 중시하는 이유는 서로 다른 재능과 상이한 흥미와 동기, 학업성적이 좋은 학생과 뒤지는 학생간의 인격적인 소통을 중히 여기는 인성교육이 지적교육보다 더 중요하다는 교육철학적 관점이 깔려있다. 이처럼 핀란드의 교육평등정신에 바탕을 두고 있는 교육제도와 반투족의 구성원 모두가 함께하는 '우분트 정신'과 그 본질은 동일한 것으로 보아도 무방할 것 같다.

물론 우리의 전통사회에서도 반투족의 '우분트'처럼 이웃과 음식을 나누어먹는다든지 기쁨과 슬픔을 이웃과 함께하는 미풍양속이 분명 존재했다. 그러나 우리 민족의 아름다운 풍속이 사라진 그 자리에 국적 불명의 경쟁적 풍토가 자리 잡게 되었다. 반세기 전만 해도 이 지구상에서 가장 가난한 국가 가운데 하나였던 우리나라가 유례없는 짧은 기간에 명실상부한 10위권 내의 경제대국으로 진입하는데 경쟁적인 사회적 풍토가 순기능을 한 것은 명백한 사실이다. 그러나 부작용 또한 그만큼 컸다. 그래서 하나를 얻으려면 하나를 놓아야한다는 의미를 가진 염일방일(拈一放一)이라는 고사는 우리에게 시사하는 바가 크다 하겠다.

공감은 이타적인 행동을 할 수 있도록 하며 상호간의 이해를 높여 좋은 인간관계를 형성하도록 도움을 주며 바람직한 인격형성에 필요하다. 따라서 공감능력을 향상시키기 위해서는 공감교육이 반드시 필요하다. 특히 초등학교 시기는 공감능력이 형성되고 사회성이 현저히 발달하는 시기이므로 이때 체계적인 공감교육이 이루어져야 할 것이다.

우리 어른들은 미래의 주인공인 아이들에게 행복한 삶을 누릴 수 있도록 좋은 사회적 환경을 물려줘야 한다. 그래서 지금부터라도 가난하고 소외된 사람들도 우리의 소중한 이웃이라는 인식과 함께 도움을 필요로 하는 그들과 함께 나누며 더불어 사는 법을 가르치는 것이 교육자에게 있어 진정한 우분트를 실현하는 것이 아닐까.

꼭 • 알 • 아 • 두 • 기

- '우분트(Ubuntu)' → 동아프리카에 사는 반투족의 말로 '네가 있기에 내가 있다(I am because you are.)'는 의미이다. 협동보다는 경쟁을, 집단과 조직의 이익보다는 개인의 이익을 추구하며, 남의 불행이 곧 자신의 행복인양 행복을 비교 우위적 개념으로 착각하며 살아가는 이들에게 '우분트'는 신선한 충격을 주기에 충분하다. 오늘날 우리 사회는 지혜롭지 못한 사람들이 자

신만의 이익을 추구하는 근시안적인 사고로 살아가며, '슬픔은 나누면 반감되고 기쁨은 나누면 배가 되어 돌아온다'는 평범한 진리조차 깨닫지 못한 자들로 넘쳐나고 있다. 경쟁적 분위기를 조성하면서 일등만을 추구하는 탐욕스런 개인이나 조직은 언젠가는 파멸을 가져다오게 된다.

● 염일방일(拈一放一) → 하나를 쥐고 있는 상태에서 또 하나를 쥐려고 하면 이미 손에 쥐고 있는 것까지 모두 잃게 된다는 고사성어이다. 염일방일의 고사는 중국 송나라 때 정치가였던 사마광의 어렸을 적에 있었던 일 때문에 전해진 것이다. 어느 날 큰 물독에 어린아이가 빠졌는데 이 아이들 구출하기 위해서 주변의 어른들은 사다리와 밧줄을 가져왔지만 여의치 않아 그 아이는 허우적거리며 죽을 지경에 놓였다. 이때 어린 사마광은 돌멩이를 가져와 장독을 깨트려서 아이를 구해냈다. 고귀한 생명을 구하기 위해서는 장독쯤은 깨트려 버려도 되는 작은 것에 불과하다는 생각을 한 것이다. 큰 것을 얻기 위해서는 작은 것을 버리는 지혜가 필요하다는 교훈을 준다.

● 핀란드의 교육제도 → 핀란드는 우리나라처럼 경쟁적인 교육풍토와 전혀 다른 교육평등정신을 실현하여 교육 강국의 평판을 얻게 되었다. 핀란드는 모든 국민들이 동등한 교육을 받을 수 있도록 기회를 제공해주기 위해 유치원단계에서부터 대학원 박사학위 과정에 이르기까지 무상교육을 실시하고 있다. 이러한 교육평등정신은 7세부터 16세까지 10년 동안의 의무교육을 실시

하는 종합학교에서는 학생을 능력별에 따른 반 편성 대신에 서로 다른 능력과 특성을 가진 학생들이 함께 학습케 함으로써 누구나 일정 이상의 교육수준에 도달하도록 하려는 그들의 교육철학에서도 여실히 드러난다. 즉, 핀란드에서는 학업능력이 뒤떨어지는 학생은 물론 심지어 특수교육이 요구되는 학생들까지도 동일 학습 집단에서 통합적으로 교육해야 한다는 교육철학을 기반으로 하고 있다.

실 • 천 • 사 • 항

● 공감은 이타적인 행동을 할 수 있도록 하며, 상호간의 이해를 높여 좋은 인간관계를 형성하도록 도움을 주며 바람직한 인격형성에 필요하다. 그러므로 자녀로 하여금 어릴 적부터 공감능력을 키울 수 있도록 도와주자.

● 경쟁적인 가정의 분위기보다는 함께하는 분위기(요리하기, 텃밭 가꾸기, 집안청소, 설거지 등)를 조성하여 자녀의 인성을 더욱 성숙시키자.

황제 펭귄으로부터
종족유지의 지혜를 배우자

황제펭귄은 남극에만 서식한다. 지구상에 생존하는 펭귄 가운데 가장 키가 크고 체중이 많이 나간다. 어미 황제펭귄들은 짝짓기를 통해 한 해 한 개의 알을 낳는다. 수컷은 암컷이 바다로 가서 먹이를 충분히 먹고 돌아올 때까지, 영하 60℃ 혹한의 1개월을 포함해 약 4개월간 알을 발등에 올려놓고 품는다. 알이 부화하면 수컷은 4개월간 위 속에 간직했던 물고기를 새끼에게 먹인다.

암컷이 돌아오면 서로 역할교대를 해 수컷이 바다로 사냥을 나가고 암컷이 새끼를 돌본다. 이처럼 암수가 교대로 새끼를 일 년 동안 돌본다. 여름에 새끼가 먹는 물고기의 양이 많아지면 혼자서 먹이를 감당하지 못하므로 암수가 함께 사냥을 한다. 그러다가 새끼는 부화한지 일 년이 지나면 독립을 하게 된다. 혹시 어미가 천적인 물곰에게 잡아먹히기라도 하면 어린 새끼는 굶어 죽게 된다.

펭귄은 여느 조류처럼 여러 개의 알을 품지 않고 하나만 품어 새끼가 성장할 때까지 먹여주고 보호해준다. 그 이유는 황제펭귄이 몸집이 커 많이 먹으므로 여러 마리를 키우는 것이 불가능하기 때문이다. 이러한 황제펭귄의 종족번식을 위한 눈물겨운 노력을 하찮은 동물의 본능적인 행위에 불과한 것으로 평가 절하할 수도 있다. 그러나 그들의 종족번식은 OECD 국가 중 출산율이 가장 낮은 우리에게 주는 시사점은 크다.

우리나라 출산율이 유독 낮은 까닭은 높은 자녀양육비와 교육비에 있다. 젊은 부부들이 한 명이상 낳기를 꺼려한다. 비록 늦은 감은 있지만 지금부터라도 인구문제에 대한 관점도 달라져야 할 것이다. 인구(人口)는 곧 사람의 입이다. 입이 많으면 식량의 소비도 그만큼 많아질 수밖에 없다. 궁핍했던 시절 가난으로부터 해방되는 가장 손쉬운 방법은 입을 줄이는 것이었다. '산아제한' 정책이 가장 빠른 기간에 실효를 거뒀다고 평가할지 몰라도 오늘날 시각에서는 결코 환영받지 못할 정책이었음은 분명하다.

경제 강국 필수요건 중 하나는 인구 1억 명이다. 경제학자들의 공통된 견해다. 경제가 활성화되려면 수출도 중요하지만 내수(內需)도 뒷받침 돼야 한다. 얼마 전까지도 중국은 인구 외에는 그다지 주목받지 못했다. 그러나 13억의 막강한 인구에 힘입어 경제대국으로 거듭나고 있다. 이제 중국을 무시하는 나라는 한 군데도 없다.

우리나라는 5000만 명을 정점으로 인구가 점점 줄어들 것으로 예측하고 있다. 급기야 21세기가 끝날 쯤에는 소수민족으로 전락하다가 그로부터 수백 년 뒤에 우리민족이 멸종한다는 불안한 예측까지 거론되고 있다.

이젠 우리의 미래를 위해 '산아무한(産兒無限)' 정책을 수립해야 할 때다. "아들 딸 구별 말고 많이 낳아 잘 기르자!"는 캐처프레이즈를 내걸고서라도 인구정책을 과감히 손질해야 할 때가 왔다. 자녀양육비와 교육비 때문에 출산을 주저하는 젊은 부부들로 하여금 안심하고 출산할 수 있는 제도적 장치가 마련돼야 한다. 그것도 여의치 않으면 이민정책을 시행하더라도 인구절벽현상을 막고 인구의 확산을 강구해야 할 것이다.

미국이 초강대국이 된 것도 이민정책에 성공했기 때문이 아닌가. 미국의 이민정책을 모델로 삼을 만하다. 한낱 황제펭귄도 자신의 종족 번식을 위해 사력을 다하는데 하물며 만물의 영장이라는 인간들이 자신만의 영달과 이기심으로 과오를 범하는 근시안에서 벗어나야 한다. 지금이라도 인구문제에 관심을 가질 때다. 그렇지 않으면 우리의 미래는 없다. 이는 명명백백한 사실이다.

꼭 · 알 · 아 · 두 · 기

- 황제펭귄은 여느 조류처럼 여러 개의 알을 품지 않고 하나만 품어 새끼가 성장할 때까지 먹여주고 보호해준다. 그 이유는 황제펭귄이 몸집이 커 많이 먹으므로 여러 마리를 키우는 것이 불가능하기 때문이다. 이러한 황제펭귄의 종족번식을 위한 눈물겨운 노력을 하찮은 동물의 본능적인 행위에 불과한 것으로 평가 절하할 수도 있다. 그러나 그들의 종족번식은 OECD 국가 중 출산율이 가장 낮은 우리에게 주는 시사점은 크다. 인구절벽은 우리 민족에게 큰 화(禍)가 될 것이기에 해결방안이 시급하다. 가정의 종족번식의 기능을 결코 소홀히 해서는 안 된다.

- 미국이 초강대국이 된 것도 이민정책에 성공했기에 가능하였다고 하여도 지나친 표현은 아니다. 미국의 이민정책을 모델로 삼

을 만하다. 하찮은 황제펭귄도 자신의 종족 번식을 위해 사력을 다하는데 하물며 만물의 영장이라는 인간들이 자신만의 영달과 이기심으로 과오를 범하는 근시안에서 하루 속히 벗어나야 한다. 지금이라도 인구절벽에 관심을 가져야 할 때이다.

- 경제 강국 필수요건 중 하나는 인구 1억 명은 되어야 한다는 것이 경제학자들의 공통된 견해다. 경제가 활성화되려면 수출도 중요하지만 내수도 뒷받침 돼야 한다. 얼마 전까지도 중국은 인구 외에는 그다지 주목받지 못했다. 그러나 13억의 막강한 인구에 힘입어 경제대국으로 거듭나고 있다. 이제 중국을 무시하는 나라는 한 군데도 없다.

실 • 천 • 사 • 항

- 비록 늦은 감은 있지만 지금부터라도 인구문제에 관심을 갖고 그동안 '산아제한'의 관점을 달리하자.

- 이젠 우리의 미래를 위해 '산아무한(産兒無限)' 정책을 수립해야 할 때다. "아들 딸 구별 말고 많이 낳아 잘 기르자!"라는 캐처프레이즈를 내걸고서라도 국가 인구정책을 홍보하고 따르도록 노력하자.

더불어 살아가는 방법, 기러기에게 배우자

기러기는 이동할 때 V자(字) 대형(隊形)으로 날아간다. 그 이유는 공기저항을 줄여 에너지를 축적하여 멀리까지 날기 위해서다. 새들이 혼자 날아가는 것보다 V자 대형으로 날 때 심장박동과 날갯짓 회수가 11-14퍼센트가 감소하는 것으로 밝혀졌다. 비행기도 편대비행을 하면 연료 소모가 최대 18퍼센트까지 줄어든다고 한다. 새들이 구체적으로 어떤 공기역학적 원리를 이용해 V자 비행을 하는지는 알려지지 않았다. 기러기들이 V자 비행을 할 때 가장 선두에 위치하여 날아가는 기러기는 경험이 가장 많아서도 아니고 힘이 제일 세서도 아니며 희생정신이 가장 강해서도 아니라고 한다. 날개 짓을 하다가 지치면 오른쪽 제일 뒤로 간다. 그리고는 한 칸씩 밀려 올라간다. 그러다 또 지치면 왼쪽 제일 뒤로 간다. 그리고 한 칸씩 밀려 올라간다. 그렇게 목지지로 향하여 수천 km를 날아간다. 기러기는 '기럭기럭'하고 운다고 기러기라고 한다. 우는 데에는 두 가지 목적이 있다. 하나는 선두에 있는 기러기에게 응원가를 불러주는 것이고, 다른 하나는 자신이 낙오하지 않고 잘 따라가고 있음을 알리는 것이란다.

이러한 한낱 미물에 불과한 기러기가 매사 이기심을 버리지 못하고 탐욕스럽게 살아가는 만물의 영장인 인간에게 일침을 가한다. 얼마 전 서울시 강서구에서 발생한 특수학교 건설 문제로 지역주민들이 격렬하게 반대하고 나섰다. 특수학교 건립을 반대하는 이유는 학교가 자기 지역에 들어오면 집값이 떨어진다는 것이다. 천박하기 그지없다. 특수학교를 혐오시설로 치부한 것이다. 산업혁명 이후 줄곧 우리 사회를 지배해온 자본주의가 모든 것을 경제적 논리로 환산하고 평가하는 것에 대해 이해하지 못하는 바는 아니지만 집값하락을 이유로 학교 건립을 반대하는 처사는 납득하기 힘들다. 엄연히 학교부지로 지정된 장소에 학교를 건립하는데 집값 하락을 내세워 반대한다는 것은 명분도 염치도 없는 억지행동으로 밖에 볼 수 없다. 이 사건에서 드러난 분명한 사실 하나는 지역주민들의 이기심으로 인하여 장애학생과 가족들은 큰 상처를 입었다는 것이다.

특수학교가 설립될 때마다 지역주민들은 반대의 명분으로 하나같이 집값하락을 내세웠다. 하지만 교육부에 따르면 전국 167개 특수학교 인접지역의 2006-2016년 부동산 가격을 조사한 결과, 특수학교 인접 1km 이내 주택표준공시지가는 매년 평균 4.34퍼센트 올랐다. 비인접지역(1-2km)의 4.29퍼센트와 별반 차이가 없었다. 울산과 경남의 일부 특수학교 인접지역은 오히려 비인접지역보다 땅값 상승률이 높았던 것으로 드러났다.

노인의 천국이라고 하는 일본에서도 평균수명이 늘어나 노인이 급증하자, 공공노인요양시설이 부족하여 웬만한 요양원에 들어가기 위해서 평균대기 기간은 4-5년이며, 길게는 14년을 기다려야 할 정도로 요양시설이 턱없이 부족한 실정이다. 평균수명이 너무 길어져 가족의 힘만으로 부모를 부양하기 힘들어지자, 새로운 방안을 모색하여 실행하는 곳이 있는데, 그곳이 바로 이시카와 현에 위치한 셰어 가나자와 시이다. 그것은 새로운 형태의 '마을 공동체'이다. '한데 어울리는 게 좋다'는 콘셉트(concept)로 세워진 이 공동체는 남녀노소, 장애인과 비장애인, 집과 가게, 셰어 가나자와 시의 외부 사람들이 모두 어우러져 상부상조하면서 살아가는 마을 공동체를 꾸려가고 있다고 한다. 이 마을에서는 90세를 훌쩍 넘은 노인도, 대학생도, 청소년층 장애인도 서로 의지하고 봉사하고 어울리며 살아간다. 특히 경제력이 있는 노인들은 상대적으로 가난한 대학생들을 위해 월세를 저렴하게 받는 대신 학생들은 장애인이나 고령자를 위해 월 30시간을 봉사한다.

남의 딱한 사정을 아랑곳하지 않고 자신의 이익만을 추구하는 탐욕스런 우리 인간들은 한낱 미물에 불과한 기러기에게 '더불어 살아가는 방법'을 배워야할 것 같다. 아울러 일본의 이시카와 현에 위치한 셰어 가나자와 시의 새로운 마을 공동체 안에서 서로 다른 사람들이 의지하고 상부상조하는 삶의 방식을 귀감으로 삼았으면 한다.

꼭 · 알 · 아 · 두 · 기

- 기러기들이 V자 비행을 할 때 가장 선두에 위치하여 날아가는 기러기는 경험이 가장 많아서도 아니고 힘이 제일 세서도 아니며 희생정신이 가장 강해서도 아니라고 한다. 날개 짓을 하다가 지치면 오른쪽 제일 뒤로 간다. 그리고는 한 칸씩 밀려 올라간다. 그러다 지치면 왼쪽 제일 뒤로 간다. 그리고 한 칸씩 밀려 올라간다.

그렇게 목지지로 향하여 수천 km를 날아간다. 먼 여정은 함께 해야 가능하다는 지혜를 기러기로부터 배워야할 것 같다.

- 특수학교 건립을 반대하는 이유는 학교가 자기 지역에 들어오면 집값이 떨어진다는 것이다. 천박하기 그지없다. 특수학교를 혐오시설로 치부한 것이다. 산업혁명 이후 줄곧 우리 사회를 지배해온 자본주의가 모든 것을 경제적 논리로 환산하고 평가하는 것에 대해 이해하지 못하는 바는 아니지만 집값하락을 이유로 학교 건립을 반대하는 처사는 납득하기 힘들다. 엄연히 학교부지로 지정된 장소에 학교를 건립하는데 집값 하락을 내세워 반대한다는 것은 명분도 염치도 없는 억지행동으로 밖에 볼 수 없다. 이 사건에서 드러난 분명한 사실 하나는 지역주민들의 이기심으로 인하여 장애학생과 가족들은 큰 상처를 입었다.

실 · 천 · 사 · 항

- 가난하고 소외되어 따뜻한 손길을 원하는 사람들을 돕기 위한 후원회에 가입하여 자녀와 함께 조그만 정성을 보태자.

- 집단이기주의로 인하여 상처받고 눈물 흘리는 소외집단의 눈물의 진정한 의미를 자녀와 함께 이해하자.

거짓말 vs. 정직한 말:
거짓말을 밥 먹듯이 하는 민족

거짓말을 악의의 거짓말과 선의의 거짓말로 구분할 수 있는데, 악의의 거짓말은 상대에게 심각한 피해를 준다. 이를테면 감언이설로 상대를 속여 재산상에 큰 손실을 가져다주기도 하고, 상대방을 중상모략 하여 명예를 크게 훼손시키고 상대방으로 하여금 사회생활에 엄청난 타격을 주기도 한다. 반면에 선의의 거짓말은 당장 남에게 직접적으로 피해를 주지 않는다는 면에서 악의의 거짓말과는 엄청난 차이가 있다. 우리 사회에서 지위가 높은 사람 주위에는 혜택을 받으려고 하는 사람들이 항상 꼬이게 마련이다. 많은 인간들은 힘 있는 자에게 잘 보이려고 서로 경쟁적으로 아첨하려고 온갖 노력을 다한다. 아첨을 받는 사람의 입장에서는 상대가 거짓말을 한다는 사실을 잘 알면서도 기분 좋게 받아넘긴다. 아첨을 받는 사람이나 아첨을 하는 사람도 자주하면 습관화되고 급기야는 그것이 거짓말인지조차도 모르게 되는 지경에 이른다. 다시 말하면 멀쩡한 사람도 아부로 인하여 판단력이 흐리게 된다. 지도자가 무엇이 옳고 무엇이 그른지 판단할 수 있는 비판적 사고능력, 즉 시시비비를 가릴 수 있는 판단능력을 상실하거나, 시시비비를 가릴 만한 능력이 결여되면 그 조직은 언젠가는 붕괴하게 되는 것이다. 단지 그 시기가 다를 뿐이다.

역사적으로 독재자로 명성을 떨친 자들도 처음부터 독재자가 되는 것이 아니라, 권력 주변의 아첨꾼들로 인하여 차츰 비판적 사고능력을 상실하여 결국은 비명횡사하게 되는 것을 보아 오지 않았던가. 이처럼 악의의 거짓말도, 선의의 거짓말도 결국은 남을 망치게 하든지, 자신을 망치게 하여 급기야는 병든 사회를 만드는데 일조하게 되는 것이다.

그런데 문제의 심각성은 우리나라 국민들은 이 사회를 병들게 하는 몇 안 되는 주범 중의 하나인 거짓말에 대해서 칭찬보다 더 관용적이라는 데 있다. 우리말에 '거짓말을 밥 먹듯이 한다.'는 말이 있다. 이는 곧 우리나라 사람은 거짓말을 하루 평균 세 번씩은 한다는 말이 아닌가. 명절에 가까운 친척이나 지인들끼리 재미삼아 고스톱을 치고 난 후에도 분명 돈을 잃은 사람이 있는 데도 딴 사람은 한 사람도 없다고들 한다. 누군가가 거짓말을 하고 있음이 분명하다.

어디 이뿐인가. 대한민국의 대통령까지 지낸 분이 현직 시절에 국민들 앞에서 "본인은 단 한 푼의 뇌물도 받은 적이 없습니다."라고 해놓고 나중에 사과상자 수백 개인지 수십 개인지, 정확하게는 기억이 나지 않지만 어쨌든 부정 축재한 것이 밝혀져 구속된 적이 있었던 것을 보더라도 거짓말을 잘하는 민족이라 해도 할 말이 없다.

또한 고위 공직자들의 뇌물수수, 기업인의 공금횡령 등 수없이 많은 범법 행위자들 가운데 누구 하나 검찰청사 포토라인에서 자신의 범죄 행위를 시인하는 인간을 단 한명이라도 본 적이 있는가. 범법자들마다 하늘에 맹세코 자신은 결백하다고 또 한 번 거짓말을 하고, 집으로 돌아가는 대신에 감옥으로 가는 모습을 TV를 통해서 보노라면 '거짓말을 해도 참 잘 한다.'는 생각을 하게 된다. 그리고 저렇게 거짓말을 잘해야 높은 자리까지 올라갈 수 있는 것이 아닌가 싶어 씁쓰레한 맘 금할 길 없었던 적이 수도 없이 많았다.

우스갯소리로 우리나라 사람들은 '장사가 밑지고 판다.'고 하는 것, '처녀가 시집 안 간다.'는 소리 그리고 '늙으신 분들이 죽어야지' 하는 말은 새빨간 거짓말이라고 하여, 이를 3대 거짓말이라고 한다. 이런 거짓말은 남에게 전혀 해(害)나 나쁜 영향을 미치지 않지만 국정을 운영하고 이 나라 온 백성에게 모범을 보여야 할 고위 공직자들이 불법·비리에 연루되면, 그것이 결국은 국민이 낸 혈세를 가지고 사기행각을 벌였다고 밖에 볼 수 없다. 이를테면 기업인들이 공무원들에게 뇌물을 주었다면 그것은 소비자인 국민들이 피해를 보는 것이나 다름없기 때문이다.

서로가 서로를 믿지 못하는 불신풍조가 만연한 시대를 살아가고 있는 현대인들이 갖춰야 하는 덕목은 다름 아닌 '정직'인 것이다. 그럼에도 우리는 가정에서나 학교에서 그럴 듯하게 변명하고 정당화하고 합리화하는 아이들을 똘똘하다고 칭찬하며, "거 참 영리한 아이로구나"라고 내심 좋아하는 어처구니없는 풍조가 되어버린 것 같아 마음이 착잡하다.

거짓말이 용서받는 것은 두 말할 나위도 없고, 도리어 정당화되는 사회는 미래와 희망이 없는 사회가 아니겠는가. 더구나 자기와 직접적인 이해관계가 없을 때 누가 거짓말을 한들 대수롭지 않게 생각하는 일종의 도덕불감증이 우리 사회를 병든 사회(sicked society)로 만드는 가장 큰 병폐가 아니겠는가. 왜냐하면 모든 범죄행위는 거짓말에서 출발하기 때문이다.

언젠가 심리학자가 쓴 칼럼에서 우리나라 사람들은 신문에 난 대형 사건도 49일만 지나면 망각한다는 것이다. 대형 사건의 주범들은 무엇보다도 언론을 두려워한다. 하지만 일단 언론에 알려지면 49일만 버티면 세인(世人)의 기억에서 사라지게 되고, 그렇게 되면 용서받는 것으로 착각하고 또 다른 범행을 계획하고 있을지도 모를 일이다.

범죄가 없는 좋은 사회를 건설하려면 아이들의 사소한 거짓말도 바로잡는 그러한 인성교육이 선행되어야 가능하지 않을까 싶다.

꼭·알·아·두·기

- 버블(bubble)은 반드시 붕괴되듯이 거짓말쟁이도 언젠가는 들통 나게 되어 있다. 그 시기가 언제인가만 다를 뿐이다. 이는 폭탄 돌리기 게임과도 같은 것이다. 결국 거짓말은 '자신을 망치고', '사회를 망치고', '나라를 망친다.'

- 역사적으로 독재자로 명성을 떨친 자들도 처음부터 독재자가 되는 것이 아니다. 권력 주변의 아첨꾼들로 인하여 차츰 비판적 사고능력을 상실하여 결국은 비명횡사하게 되는 것을 보아 왔다. 악의의 거짓말도, 선의의 거짓말도 결국은 남을 망치게 하든지, 자신을 망치게 하여 병든 사회를 만드는데 일조한다.

- 미국의 부모들이 가정에서 자녀에게 가장 많이 하는 말은 '공부해라!', '숙제했니?'가 아니라 '정직하라'이다. 우리나라가 진정한 일등 국민이 되기를 원한다면 '정직'을 인성교육의 최우선에 두어야 할 덕목이다. 그러므로 다른 것은 몰라도 '거짓말'만은 못하게 해야 할 것이다. 그러려면 부모가 모범을 보여야 한다. 온 가족이 바람직한 생활(약속 잘 지키기, 성찰하기)을 하도록 하자.

- 자녀와 대화를 나눌 때, 감정적인 표현은 삼가고 합리적이고 논리적으로 표현하도록 노력하자.

선의의 거짓말 vs. 악의적인 거짓말

거짓말에는 선의의 거짓말과 악의적인 거짓말이 있다. 거짓말이라고 하여 다 나쁜 것만은 아니다. 선의의 거짓말이 때로는 상대방을 유쾌하게 하는 활력소가 되기도 한다. 특히나 어렸을 적 친척이나 지인 등 주요한 타인들로부터 들은 칭찬 한마디는 평생 동안 잊지 못하는 금언(金言)이 되기도 한다. 초등학교 미술시간에 담임선생님이 한 아이의 상식에 크게 어긋난 그림을 보고 어이가 없어 그만 교사로서 해서는 안 될 비아냥거림으로 "너 커서 아주 훌륭한 화가가 되겠다."라고 하였는데, 그 말이 아이에게는 난생 처음 들어보는 칭찬이었다. 그것도 담임선생님의 칭찬이었기에 너무나 기쁜 나머지 아이는 부모님께 미술시간에 있었던 일을 자랑하였다. 그 이야기를 들은 부모님은 의아했지만 칭찬해주었으며 그 일이 있었던 후로는 틈만 나면 그림그리기에 매달렸다. 아이의 그림솜씨는 꾸준히 향상되어 노력의 결실을 보게 되었다. 이 아이는 훗날 이름을 떨치는 화가가 되었다. 초등학교 담임선생님의 비아냥거림이 한 아이를 유명 화가로 만드는데 결정적인 영향을 미쳤다. 이처럼 거짓말은 한 인간의 삶에 지대한 영향을 주는 긍정적인 동력이 되기도 한다.

그러나 악의적인 거짓말은 사람들에게 피해를 준다. 같은 거짓말도 누가 하느냐에 따라서 그 피해의 대상과 범위는 확연히 달라진다. 보통 악의적인 거짓말은 그 누가 하더라도 피해자를 양산하기 마련이지만, 사회적인 명사나 고위공직자가 악의적인 거짓말을 했을 때 그가 속한 집단과 구성원에게 미치는 파급력은 이와 비교할 수 없다. 2007년 어느 대학교수의 학력위조 사건이 널리 알려져 해당 대학과 구성원은 물론이거니와 국제적으로도 망신을 사 국격(國格)을 실추시킨 적이 있었다. 뒤이어 저명인사와 유명 연예인들, 심지어 대학 이사장에 이르기까지 학력위조 사실이 줄줄이 세상에 알려져 해당 학교들과 그 구성원들, 심지어 졸업생의 명예까지도 크게 손상시킨 사건이 있었다.

그러면 이러한 악의적인 거짓말의 원인은 무엇일까. 대체적으로 두 가지를 들 수 있다. 하나는 인간의 지나친 탐욕에 그 원인을 찾을 수 있으며, 다른 하나는 정신질환에서 기인한 것으로 본다. 우선 전자의 원인은 탐욕스러운 한 개인이 타인과 사회로부터 자신의 능력에 비해 과다한 인정을 받으려고 하는 데에서 비롯된다. 인간의 탐욕은 무한하다. 그러기에 악의적인 거짓말은 또 다른 거짓말을 낳게 되어 그 빈도와 강도는 날이 갈수록 높아질 뿐만 아니라 거짓말을 하는 사람 자신도 대범해져 결국 세상 사람들에게 들통나게 된다. 거짓으로 남의 자리와 지위를 가로채어 혜택을 누리는 행위는 남에게 피해가 될 뿐만 아니라 사회적 자본인 신뢰를 훼손하는 명백한 불법행위이자 비도덕적이고 반사회적인 행위이므로 비난받아 마땅하다.

후자는 악의적인 거짓말이 정신적인 질병에서 기인된 것으로 보는 관점인데, 이를 리플리 증후군(Ripley syndrome)이라고 한다. 이는 1955년에 미국의 여류 작가 패트리샤 하이스미스(Patricia Highsmith)가 쓴 범죄 소설, 『리플리(The Talented Mr. Ripley)』에 나오는 주인공의 이름에서 유래되었다. 우리나라에서도 리플리 증후군을 다룬 영화 「멜리스」가 있는데, 이는 2004년 온 나라를 경악하게 했던 실화 '거여동 여고 동창 살인사건'을 소재로 하였다. '리플리 증후군'이란 자신의 현실을 부정하며 마음속으로 꿈꾸는 허구의 세계를 진실이라고 믿고 거짓된 말과 행동을 반복하게 되는 반사회적 인격 장애를 뜻하는 용어이다. 리플리 증후군은 거짓이 탄로 날까 불안해하는 악의적인 거짓말쟁이와는 달리 자신이 한 말을 완전한 진실로 믿는다.

어쩌면 우리 주위에도 리플리 증후군 환자들을 단순히 악의적인 거짓말쟁이로 인식한 나머지 사회로부터 격리·치료를 하지 않아 피해자를 양산하고 있는지도 모른다. 리플리 증후군 환자들이 현재의 지위를 유지한다면 또 다른 피해자를 양산하게 될 것임은 자명하다. 온 나라를 충격의 도가니로 빠트린 일명 '거여동 여고 동창 살인 사건'과 허위학력으로 대학당국을 기망하여 교수로 채용됨으로서 자격 있는 누군가가 누려야 할 지위를 리플리 증후군 환자들이 가로채는 일이 다시는 발생하지 않도록 하는 강력한 제도적 장치의 마련이 시급하다 할 것이다.

꼭·알·아·두·기

● 선의의 거짓말은 아주 가끔씩은 한 인간의 삶에 지대한 영향을 주는 긍정적인 동력이 되기도 한다.

● 리플리 증후군 ➡ 현실 세계를 부정하고 허구의 세계만을 진실로 믿으며 상습적으로 거짓된 말과 행동을 일삼는 반사회적 인격 장애를 말한다. 거짓이 탄로 날까 봐 불안해하는 단순 거짓말쟁이와 달리 리플리 증후군을 보이는 사람은 자신이 한 거짓말을 완전한 진실로 믿는다. 리플리 증후군은 1955년에 미국의 여류 작가 패트리샤 하이스미스(Patricia Highsmith)가 쓴 범죄

소설, 『리플리(The Talented Mr. Ripley)』에 나오는 주인공의
이름에서 유래되었다.

● 사기진작을 위해서 자녀에게 "아주 잘 했어", "어쩌면 그렇게 잘
  할 수 있니?"라는 칭찬을 가능하면 많이 하자.

● 자녀의 장점을 하루에 하나씩 찾아내어 칭찬해주고 격려하자.

교육은 인간의 나쁜 본성을 잠재우는 처방약이다

인간의 본성에
대한 학문적 연구는 끊임없이 활발하게 행해져 왔다. 고대 그리스시
대의 철학자들이나 소피스트들(sophists)에 의해서도 이루어졌으
며 인류 역사상 과학이 가장 발달된 지식기반사회에도 그 연구는 계
속되고 있지만 여태껏 그 해답을 찾지 못했다. 어쩌면 영원히 밝히
지 못할지도 모를 일이다. 그렇지만 인간의 본성에 대한 연구를 통
해서 얻은 성과도 적지 않다. 그동안 인간의 본성에 대한 연구의 결
과를 대체적으로 세 가지 학설로 설명할 수 있다. 즉, 성선설, 성악
설 그리고 백지설(tabula rasa)이 그것이다.

일찍이 중국의 맹자는 성선설을 주장하였다. 맹자에 따르면 인간의 본성은 태어날 때부터 덕성을 높일 수 있는 능력을 갖추고 있다. 그 덕성은 측은, 수오, 사양, 시비 등의 마음이 4단이며 그것은 각각 인·의·예·지의 근원을 이룬다고 하였다. 이에 반하여 순자는 성악설을 주장하였다. 순자에 의하면 성악설은 사람이 태어나면서부터 가지고 있는 감성적인 욕망에 주목하고, 그것을 방임해 두면 사회가 혼란스러워지기 때문에 악이라는 것이다. 따라서 수양은 사람에게 잠재해 있는 능력을 기르는 것이 아니라 외부의 가르침이나 예의에 의하여 후천적으로 쌓아올려야 한다고 하여 교육의 중요성을 강조하였다.

한편 영국의 존 로크(John Locke)는 백지설을 주장하고 있다. 그는 인간의 마음이 선천적으로 갖춘 본유관념을 부정하고 관념이나 지식은 모두가 감각과 반성이라는 두 가지 경험의 통로를 거쳐서 후천적으로 얻어지는 것이라고 하였다. 또한 정신분석학자 프로이드(Freud)는 인간의 마음에는 본인이 의식하지 못하는 과정, 즉 무의식이 존재한다고 주장하였다. 이는 최근의 『히든 브레인(Hidden Brian)』의 저자 샹커 베단텀(Shankar Vadanttam)의 인간의 뇌는 좋은 뇌와 나쁜 뇌가 있다는 주장과도 맥을 같이 한다.

과학자들은 인간의 본성을 유전자(DNA)로 설명하기도 한다. 이 또한 서로 상이한 주장을 하고 있다. 그 대표적인 것이 '이기적 유전자'와 '이타적 유전자'이다. 리처드 도킨스(R. Dawkins)는 그의 저서 『이기적 유전자(The Selfish Gene)』에서 인간을 비롯한 모든 동물은 이기적인 유전자들을 맹목적으로 보존하도록 프로그램화되어 있는 기계에 불과하며 자연선택에 의해 진화된 모든 것은 이기적이라고 주장한다. 이타적이라고 보이는 행위도 실제로는 모양만 바꾼 이기주의에 불과하다는 것이다. 이에 반해 매트 리들리(M. Ridley)는 그의 저서 『이타적 유전자(The Origins of Virtue)』에서 인간의 정신은 이기적인 유전에 의해 만들어졌음에도 불구하고 사회성과 협동성을 지향하며, 인간의 내면에는 협동, 희생, 이타적 행위, 친절, 배려 등과 같은 미덕이 자리 잡고 있다고 역설하고 있다.

더 나아가 최근에는 인간의 본능에 대한 독특한 이론을 설파하고 있는데, 그것은 바로 아지트 바르키(Ajit Varki)와 대니 브라워(Danny Brower)의 마음의 이론(Theory of Mind)이다. 이들이 공동 저술한 『부정본능(Denial)』에서 인간만이 가지는 마음의 이론을 통해서 자기이해는 물론이고 타인의 마음도 헤아리는 유일한 존재이기에 먹이사슬의 최상위를 차지할 수 있었다고 한다. 여기서 마음의 이론이라는 개념을 아지트 바르키와 대니 브라워는 대략적으로 한 개인이 자신의 개체성과 의도성(intentionality)을 인식할 뿐만 아니라 다른 개체들도 자기 인식이 가능하기에 독립적인 '의도적 행위자'임을 안다는 의미이다. 또한 인간은 현실을 부정하고 심지어 필멸성조차도 부정한다. 즉, 자신의 죽음조차도 부정함으로써 죽음에 대한 두려움과 공포로부터 벗어나 자기발달과 자기실현을 이룬다고 주장한다. 이처럼 인간의 본성에 대한 꾸준한 연구로 인하여 인간에 대한 많은 베일이 벗겨지고 있지만 아직까지 명확한 해답을 얻어내지 못하고 있다. 하지만 분명한 것은 인간이 선한 존재만은 아닌 것 같다.

갓 태어난 아기는 천진무구하며 귀엽고 사랑스럽기 그지없다. 그런 아기가 성장하여 세 살이 되면 미운짓거리를 찾아다니며 하고 급기야 일곱 살이 되면 고집불통의 막무가내가 된다. 이전에는 흔히들 '고운 세 살 미운 일곱 살'이라고 하였지만 요즘에는 '미운 세 살 때려주고 싶은 일곱 살'이라는 말도 있지 않는가. 일곱 살이 되어 초등학교에 입학하면 고집불통 말썽꾸러기가 말귀도 꽤 알아듣고 심부름도 제법 한다. 교육이 아이들의 바람직한 변화에 분명히 영향을 미치지만 인간의 본성을 개조하지는 못한다. 단지 교육은 악한 본성을 한시적으로 잠재우는 기능을 할 뿐이다. 아이들이 성장하여 사춘기가 되면 청개구리로 변한다. 하라면 안 하고, 하지 말라면 하는 '심리적 반발(psychological reactance)'이 극에 달한다.

인간의 본성을 개조할 수 있는 특별한 처방약은 존재하지 않는다. 그러기에 인간의 나쁜 본성이 발현되지 못하도록 잠재우는 데 아직까지 교육만큼 효과가 있는 처방약은 없는 것 같다. 만일 인간의 본성이 악하다면 한시적으로나마 잠재워주는 것은 교육뿐일 것이기 때문이다. 그러나 교육도 교육 나름이다. 나쁜 본성을 잠재우는 수면제 효과는 지적교육보다는 인성교육이 더 클 것이다. 왜냐하면 무한경쟁 사회에서 수단과 방법을 가리지 않고 쟁취하려는 탐욕스러운 인간들은 대체적으로 지적교육을 상대적으로 많이 받은 자

(者)들이기 때문이다. 인성교육이 뒷받침되었을 때 지적교육도 그 본디 목적을 올바르게 달성할 수 있지 않을까?

꼭·알·아·두·기

- 성선설 ➜ 맹자에 따르면 인간의 본성은 태어날 때부터 덕성을 높일 수 있는 능력을 갖추고 있다. 그 덕성은 측은, 수오, 사양, 시비 등의 마음이 4단이며 그것은 각각 인·의·예·지의 근원을 이룬다고 하였다.

- 성악설 ➜ 순자에 의하면 성악설은 사람이 태어나면서부터 가지고 있는 감성적인 욕망에 주목하고, 그것을 방임해 두면 사회가 혼란스러워지기 때문에 악이라는 것이다. 따라서 수양은 사람에게 잠재해 있는 능력을 기르는 것이 아니라 외부의 가르침이나 예의에 의하여 후천적으로 쌓아올려야 한다고 하여 교육의 중요성을 강조하였다.

- 백지설(tabula rasa) ➜ 영국의 존 로크(John Locke)는 백지설을 주장하였는데, 그는 인간의 마음이 선천적으로 갖춘 본유관념을 부정하고 관념이나 지식은 모두가 감각과 반성이라는 두 가지 경험의 통로를 거쳐서 후천적으로 얻어지는 것이라고 하였다.

- 최근의 『히든 브레인(Hidden Brian)』의 저자 샹커 베단텀(Shankar Vadanttam)은 인간의 뇌는 좋은 뇌와 나쁜 뇌가 있

다는 주장하고 있다.

- 심리적 반발(psychological reactance) → 아이들이 성장하여 사춘기가 되면 청개구리(?)로 변한다. 하라면 안 하고, 하지 말라면 하는 언행(言行)을 말한다.

실 • 천 • 사 • 항

- 나쁜 본성을 잠재우는 수면제 효과는 지적교육보다는 인성교육이 더 클 것이다. 그러므로 인성교육을 지적교육보다 우선시하자.

- 인성교육으로 인간의 나쁜 본성을 잠재우자.

부모와 자녀 간 관계의 마법 같은 해답

대화가 원만히 이루어지기 위해서는 상대방의 입장을 이해하여야 한다. 어린 아이들은 그날그날 일상에서 겪은 일들을 그들의 부모님께 낱낱이 이야기 한다. 마치 그들의 친구들에게 이야기 하듯이 거리낌 없이 말한다. 왜 아이들은 옆집 아저씨나 앞집 아주머니보다 자신의 부모와 더 많은 대화를 나눌까? 또한 아버지보다는 어머니와 대화하기를 더 좋아하고 더 많은 대화를 나눌까? 이러한 질문의 답변은 간단하다. 이웃의 아저씨나 아주머니보다는 자신의 부모가, 아이의 아버지보다는 어머니가 아이의 입장에서 아이를 이해하고 아이의 말을 상대적으로 잘 들어주기 때문이다. 흔치는 않지만 아이가 엄마보다 아빠를 더 따르고 좋아하는 경우는 분명 아이의 아빠가 엄마보다 아이를 더 잘 이해하고 자상하게 아이의 말을 더 잘 들어주기 때문이다.

아이들뿐만 아니라 어른들도 마찬가지로 자기와 친하게 지내는 이들과 상대적으로 더 많은 대화를 나누는 것도 서로가 서로를 많이 이해해 주고 상대의 말을 다른 이들에 비하여 상대적으로 잘 들어주기 때문이다. 그러나 가정에서 실제로 이루어지는 어머니와 아이와의 대화는 어떠한가. 아이는 학교에서 일어난 모든 일에 대해서 어머니에게 시시콜콜 이야기한다. 봄 소풍에 다녀온 아이는 집에 들어서자마자, 평소 때보다도 더 많은 이야기를 쏟아낸다. 아이의 엄마는 관심이 없다는 듯이 "얘야, 밖에서 들어오면 손부터 깨끗이 씻어야지?" 아니면 "숨 넘어 가겠다, 나중에 아버지 돌아오시면 그때 얘기 하려무나", 이 말은 곧 아이와 대화를 하지 않겠다는 의사표명이 아닌가?

반면에 아이는 동창회모임이나 계모임에 참석했다가 돌아온 엄마를 보자마자, 궁금한 듯 말을 건네기 시작한다. "엄마, 정숙이 아줌마 나왔어?, 우근이 형 잘 지내고 있대?", "민자 아줌마, 전보다 더 예뻐졌어?" 아이에게는 궁금한 것들이 한두 가지가 아니라서 엄마께 이것저것 물어보면서 대화하기를 원한다. 그때 대부분의 엄마들은 아이의 질문에는 아랑곳하지 않고 쓸데없는 말을 한다고 아이에게 면박을 주거나 민망스럽게 만든다. 이런 경우가 단 몇 번만 되풀이되면 아이는 부모와 대화 나누기를 점점 싫어하게 된다. 반면에 친구들과의 대화는 늘어난다. 특히 사춘기가 되면 이러한 현상은 더욱 심해져 가족과는 거의 대화 없이 지내는 날이 다반사다.

고등학교에 다니는 아들을 둔 어느 의과대학 교수가 TV프로그램에 출연하여, 어느 날 소파에서 깜빡 잠이 들었다가 눈을 뜬 후 컴퓨터에 열중하고 있는 아들에게 "거식아!"라는 한 마디에 아들은 "예, 알았습니다."라고 지극히 짧은 대답을 하고 자기 방으로 황급히 들어가는 모습을 보고서, 더 이상 대화를 나눌 수가 없었다며 푸념하는 장면을 보았을 때 바로 그게 우리나라 부자지간의 대화방식을 대변하고 있는 것 같아 씁쓸한 생각을 지을 수가 없었다. 아주 부드럽게 "거식아, 지금 몇 시니?"라고 물어보려고 했을 뿐인데, 아들은 지금이 몇 시인데 공부는 안 하고 컴퓨터만 하고 있느냐며, 잔소리를 늘어놓을 것을 예상한 나머지 "예 아빠, 알았어요."라고 대답하고는 컴퓨터를 얼른 끄고 도망치듯 자신의 방으로 들어간 것이다. 이를 두고 우리나라 부자지간의 대표적인 대화방식이라고 말하면 너무 지나친 표현인가.

대화가 단절된 데에는 아이들보다는 부모들의 책임이 더 크다. 우리나라 자녀교육과 대조를 이루는 이스라엘의 경우는 가정교육에서 '대화'를 가장 중요하게 여긴다. 물론 아이들은 아버지보다는 어머니와 대화할 기회가 상대적으로 많다. 그래서인지는 몰라도 이스라엘 가정에서는 아버지가 퇴근해 오면 어머니는 아이들을 불러

모아 일상에서 있었던 일들을 낱낱이 아버지께 보고하도록 한다. 이스라엘의 부모들은 아이들이 말하는 시시콜콜한 이야기를 인내를 갖고 들어준다. 이러한 대화로 인해 부모와 자식 간의 원활한 상호작용이 늘어남은 더 말할 나위도 없거니와 아이들의 인지발달에도 좋은 영향을 미치니 대화야말로 전인교육에 있어서 일석이조가 아니겠는가. 유태 민족이 전체 노벨상 수상자들 가운데 20% 이상을 배출한 것도 이러한 가정에서의 부모와 자녀와의 일상화되어 있는 '대화'와 무관하지 않다고 보아도 무방할 것 같다.

직장의 상사와 부하직원 사이의 대화는 어떻게 이루어지고 있는가? 물론 다 그런 것은 아닐 테지만 가정에서 어른들이 아이들의 말을 무시하듯이 직장의 대부분의 상사들은 부하 직원을 무시한다든가 함부로 대하는 경향이 있을 것이라는 사실은 불을 보듯 뻔하다. 사장이 해외출장을 다녀왔을 때, 사원들이 잘 다녀왔느냐고 인사말을 건네면 간단하게 대답하는 것으로 끝낸다. 그러나 거꾸로 사원이 해외출장을 다녀오면 어떤가. 그야말로 출장 중에 있었던 모든 사건을 구두로 보고한다던지 아니면 서면으로 보고서를 작성하여 제출하여야 한다. 무엇보다도 원만한 대화가 이루어지기 위해서는 윗사람의 아랫사람에 대한 배려와 자상함이 선행되어야 가능하다. 대화는 상대의 나이고하나 직위고하를 막론하고 상대를 자신과 동등한 인격체로 인정해주지 않으면 성립되기 힘들다. 그리고 자신을 낮추는 겸손한 자세로 임하지 않으면 진솔하고 원만한 대화는 기대하기 어렵다. 이는 곧 자신을 대화 상대의 눈높이에 맞추어 인내하며, 들어주는 배려가 바탕이 되어야 진솔한 대화를 나눌 수 있다는 것을 말한다.

이것이 바로 가족구성원간의 수평적인 관계를 유지하는 중요한 이유다. 이러한 수평적 관계로의 변화, 그리고 이러한 수평적 관계 유지를 위한 노력은 윗사람, 즉 부모의 노력이 선행되지 않고는 불가능하다. 아이들과 눈높이를 맞추려면 부모가 무릎을 굽혀야 한다. 아이들의 고민을 들어보길 원한다면 부모에게도 고민이 있음을 주지시키자. 이러한 방법은 매우 효과적일 게 분명하다.

고민을 공유할 수 있다면 즐거움 또한 공유할 수 있기 마련이다. 부모의 기념일을 가족 모두의 기념일로 만들거나 아이들의 생일을 챙기는 것은 물론, 새로운 기념일을 정하는 것도 하나의 방법이다. 이러한 방법은 모두 대화에 의한 아이에 대한 세심한 관찰과 신뢰에 의해 가능하다. 부모와 자녀 간 관계의 마법 같은 해답은 다름 아닌 '대화'에 있다 하겠다.

꼭 • 알 • 아 • 두 • 기

- 자녀의 인지교육에서 논리적으로 사고할 수 있도록 도와주는 하나의 방법은 자녀와 대화를 할 때 논리적으로 말하는 것이다. 이를테면 자녀를 설득시키려할 때, 주장을 펴야하는 경우에 반드시 자신의 주장에 대해서 논리적으로 설득할 수 있도록 논증을 해야 한다. 논리적으로 사고하는 것은 바람직한 인격과 높은 수

준의 지적 능력 및 도덕성에 필수적인 것이다.

- 자녀와의 대화가 없는 가정에서 올바른 교육이 이루어지겠는가. 자녀의 말을 귀담아 듣는다면 이는 곧 자녀교육의 핵심이 될 것이다.

- 대부분의 가정에서 문제가 되고 있는 자녀와 대화의 단절은 일방적으로 부모의 입장에서 얘기하고 자녀의 입장은 제대로 들어주지 않는 데에서 비롯된다. 자녀의 말을 잘 들어주는 것은 자녀의 삶을 온전히 이해하고 받아들이는 것이며, 자녀의 존재를 인정해주는 것이므로 자녀는 부모를 신뢰하고 따르게 된다. 여기서 분명히 알아야하는 것은 대화는 상대가 있는 것이라는 사실이다. 그러므로 어느 한쪽의 일방적인 대화는 존재할 수 없다.

  유태인들은 밥상토론을 일상화(생활화)하고 있다. 자녀가 어렸을 적부터 식사하면서 자연스럽게 나누는 대화를 말하는데, 밥상토론은 주로 하나의 주제를 가지고 토론을 하는데 자녀가 어릴수록 어른들의 입장에서 본다면 정말 말도 안 되는 말(?)을 하더라도 인내하면서 끝까지 들어준다는 것이다.

실 • 천 • 사 • 항

- 한 인간의 성패는 의사소통의 능력(말하기, 듣기, 읽기, 글짓기)에 달려있다고 하여도 지나친 표현은 아니다. 그러므로 자녀의 의사소통 능력을 신장시키기 위해서 가능한 한 자녀와 대화를

많이 나누자.

● 아이들은 부모와 자연스런 대화를 통해서 언어능력이 길러진다.
그러므로 자녀의 시시콜콜한 말도 인내하며 들어주자.

대화 부재가 낳은 끔찍한 학교폭력의 사례: 학교폭력, 이대로 둘 것인가

얼마 전 학교폭력
으로 인한 피해학생들의 잇단 자살사건은 우리 사회에 큰 충격을 안
겨 주었다. 무엇보다도 학교는 폭력으로부터 가장 안전한 곳이어야
함에도 불구하고 오랜 동안 폭력에 시달리다 끝내 죽음을 택하게 된
어느 중학생의 자살사건이 매스컴을 통해 알려지고부터 많은 국민
들은 안타까워하며 우울해하고 있다하여도 지나친 표현은 아닐 것
이다. 도대체 피해학생이 학교에서 지속적으로 폭력과 협박에 시달
리면서 금품을 갈취당하고 있었을 때, 학교당국과 교사들 그리고 우
리 어른들은 과연 무엇을 했던가? 이는 단순히 학교당국과 교사들
의 책임문제만은 아니기에 학교폭력 사태는 우려했던 것보다 더욱
심각하다고 하겠다. 그 이유는 피해를 당한 학생들의 부모들 역시
심한 자괴감으로 심리적 고통을 당하고 있을 것이 분명하며, 또한
이 나라를 운영하고 국민에게 봉사하는 수많은 공직자들 역시 도의
적 책임을 피해가기는 힘들 것이기 때문이다.

이 같은 학교폭력은 어제 오늘의 일이 아니다. 학교폭력은 교내 또는 학교근처에서 일어나는 신체적 폭력, 금품갈취, 집단따돌림(왕따), 사이버폭력, 언어폭력(욕설, 공갈, 협박), 감금 등 성인이 하는 대부분의 폭력을 그대로 모방하고 있다. 경우에 따라서는 성인들보다 더 잔인하며 10대 청소년들의 범행수법이 해를 거듭할수록 더욱 악랄해지고 있는 실정이다. 그동안 어른들의 무관심 속에서 미래의 새싹이자 희망인 청소년들이 당했던 정신적·육체적인 고통과 모멸감 속에서 보낸 긴 날들을 끝내 견디지 못하고 죽음을 택했다는 사실은 생각만 해도 안타깝고 끔찍하다. 어떤 피해학생은 가족들이 알게 되는 날이면 자신뿐만 아니라 온 가족이 피해를 보게 될 것이라는 두려움 때문에 가해학생들이 요구하는 금품갈취에 순순히 응할 수밖에 없었다고 한다.

일본의 경우는 우리나라의 왕따와 비슷한 집단따돌림을 '이지메'라고 하는데, 이는 그 조직에서 가장 열등한 구성원 한명을 집중적으로 따돌리는 것을 말한다. 이 이지메는 학교뿐만 아니라 성인들의 집단, 즉 직장에서도 흔히 볼 수 있는 현상이다. 그 이유는 열등한 한명의 구성원으로 인하여 조직전체가 불이익을 당하므로 조직의 발전을 위해서 없어지기를 원하기 때문이라는 것이다. 이에 반하여 우리나라의 왕따는 가해자와 피해자가 구분이 안 되기 때문에 이지메보다 훨씬 심각하다. 이를테면 공부 잘한다고 왕따를 받는가하면 공부 못한다고 받고 예뻐서 왕따를 당하는가하면 못생겼다고 당하기도 한다. 언제 자신이 왕따 대상이 될지 모르기 때문에 항상 긴장하고, 언제나 집단따돌림의 가해자들 편에 서기를 원하며, 피해자를 도와주고 싶어도 선 듯 나서지 못하는 이유는 피해자와 같이 자신도 집단적으로 따돌림을 당할 수 있기 때문이다.

또한 대부분의 학생들은 가해를 하고도 아무런 죄책감을 느끼지 않는다는 데 심각성은 클 수밖에 없다. 자신의 그릇된 행동을 수정함에 있어서 먼저 잘못된 행동에 대한 인식이 선행되어야 한다. 그러기에 피해자에게 상처를 주고도 그러한 자신의 행동이 잘못된 것인지조차 모르기에 잘못된 행동을 바로잡는 것은 기대하기 어려울 수밖에 없다. 반면에 가해학생들의 대부분은 집단따돌림을 친구 사이의 단순한 장난으로 생각한다. 우리속담에 "무심코 던진 돌에 개구리는 맞아죽는다."는 말이 있듯이 피해자는 감당하기 어려우리만큼 힘든 고통을 감내해야 한다. 아직 가치판단능력이 미숙한 학생들에게 왕따의 심각성에 대한 지속적인 예방교육의 필요성은 아무리 강조하여도 지나치지 않을 것 같다. 가해학생들의 의사와는 상관없이 피해자가 두려움이나 위협을 느낀다면 이는 명백한 폭력이다.

무엇보다도 학교폭력은 입시위주의 잘못된 교육제도가 존재하는 한 근본적인 학교폭력의 단절을 기대하기는 어려울 것이다. 대부분의 학생들은 상급학교 진학과 더 나은 대학을 진학하기 위한 경쟁 속에서 쌓이는 학업 스트레스를 집단따돌림으로 풀고 있는 듯하다.

얼마 전 보건복지부가 발표한 '2013년 한국 아동종합실태조사'에 따르면 우리나라 아동의 삶의 만족도는 100점 만점에 60.3점으로 경제협력개발기구(OECD) 국가 가운데 꼴찌인 것으로 밝혀졌다. 그리고 삶의 질과 관련하여 아동성장에 필요한 기본조건의 결여 정도를 나타내는 아동결핍지수도 54.8로 OECD 국가 가운데 가장 높은 것으로 드러나 큰 충격을 안겨주었다. 이번 조사를 주관한 관계자의 분석에 의하면 우리나라 아동들의 삶의 만족도가 낮은 이유는 학업 스트레스, 학교폭력, 인터넷 중독 등이 그 원인이라는 것이다. 이처럼 아동의 삶의 만족도가 낮은 것에 비추어보아 청소년들의 삶의 질도 별반 차이가 없을 것이라는 예측이 가능하다. 머잖아 이 나라를 이끌어나갈 주역들인 청소년들이 불행하면 이 나라는 꿈과 미래가 없는 것이다. 그러므로 국가적 차원에서 온 국민이 학교폭력을 이 땅에서 추방하지 않으면 안 될 것이다.

학교폭력 해결을 위한 구체적 방안으로 우선 가정에서는 인성교육 중심의 가정교육이 이루어져야 할 것이다. 그러기 위해서는 자녀에 대한 부모의 사랑과 관심이 필요하다. 인성교육은 부모의 사랑과 관심에서 시작된다. 왜냐하면 아이들은 부모의 사랑과 관심을 먹고 살기 때문이다. 또한 평상시 자녀와의 지속적인 대화가 중요하다. 대화를 통해 아이들이 어떤 고민을 하고 있는지를 미리 파악할 수 있으므로 학교폭력의 간접적인 예방책이 될 것이다.

한편 학교에서는 경쟁보다 협동하는 교육풍토를 조성하는 것이 무엇보다 중요하다. 그러므로 특활활동이나 다양한 학교행사, 체육대회, 등산, 단축마라톤 같은 문화체육행사를 통해서 학생간의 유대관계를 돈독하게 하여 서로 협동할 수 있는 교육적 환경을 조성하는 것도 학교폭력을 예방하는 하나의 해결방안이 될 수 있다.

사회적인 측면에 있어서 학교폭력의 해결방안으로서는 유해업소를 단속함과 동시에 청소년들이 건전한 여가 선용을 할 수 있는 문화적 공간을 마련해 주어야 한다. 우리 사회는 학교 청소년들이 스트레스를 풀 수 있는 문화적 공간이 턱없이 부족하다. 그들의 주위는 온통 유해업소가 지천으로 널려있다. 그러므로 학교폭력추방을 위한 범 캠페인운동과 폭력예방을 위한 프로그램개발 및 상설 강좌를 실시하여야 할 것이다. 무엇보다도 우리의 희망이자 이 나라의 미래의 주역인 청소년들이 학교폭력으로부터 완전히 해방되는 그 날까지 국민적 관심과 예방교육이 반드시 이루어져야할 것이다.

꼭 • 알 • 아 • 두 • 기

- 아이의 인성을 위한 바람직한 대화법
  - 아이의 질문이나 말에 숨어있는 속마음 알아차려주기
  - 설교나 비판으로 아이의 분노를 일으키지 말기
  - 아이의 행동이 아니라 감정에 대응하기
  - 아이를 이해하고 감정이입하기
  - 아이의 죄의식과 불안감 덜어주기
  - 아이가 스스로 감정을 이해할 수 있게 도와주기

- 바람직한 대화법은 아이의 인성발달에 도움을 줌
  - 부모와의 바람직한 대화를 통해 타인과의 소통하는 방법을 배운다.

- 상대에 대한 이해가 바탕이 되는 대화기술을 배운다.
- 자녀를 존중하는 의사소통은 아이의 자존감을 높이고 합리적인 사고를 증진시킨다.

- 명령·지시, 경고·위험, 설교·훈계, 모욕·비난, 논리적으로 따지기, 비교, 감정 부정하기 등으로 인하여 아이는 자신감 상실로 낮은 자존감 형성, 신뢰감 상실, 책임감 회피 또는 전가, 타인에 대한 존중과 이해부족, 공감능력결여 등으로 결국 인성을 해치게 된다.

- 유태인들의 모든 교육과정은 아이들의 인성과 창의성, 지혜를 개발하는 데 중점을 두고 있다. 그들의 교육방법은 대화에서 시작하여 대화로 끝난다고 해도 과언이 아니다.

- 유태인들은 아이들이 의기소침해 있을 때, 기(氣)를 살리기 위해 끊임없이 대화한다.

- TV시청은 아이들의 인지발달에 전혀 도움이 되지 않는다. → 생각할 줄 아는 아이로 키우려면 아이들에게 TV를 덜 보게 하거나 아예 TV를 안 보게 하는 데에서 출발해야 한다. 오죽하면 TV를 바보상자라고 하겠는가. 부모들 중에는 TV시청이 아이들의 교육적 측면에서 효과가 있는 것으로 잘못 알고 있는 이들도 더러 있다. 어른들도 전문가로부터 특강을 들었을 때, 듣는 중에는 다 이해할 것 같지만 돌아서면 잊어버리는 것을 경험하였을 것이다. 교육도 상대가 있어 주고받는(give & take) 대화식 수업

(강의)이 훨씬 효과적이라는 것은 많은 실증적인 연구를 통해서
알려진 사실이다.

- 자녀와 대화 요령 ➡ 자녀와 대화가 없는 가정에서 올바른 자녀
교육은 기대하기 어렵다. 자녀와의 원만한 대화를 위해서는 우
선 자녀의 말을 귀담아 듣고 난 후 감정적으로 대하지 말고 논리
적으로 설득하자. 설득부터 하려고 하면 자녀는 말을 듣기 전에
방어벽부터 치게 될 것이다. 단 자녀와의 대화가 일상화되어 있
다면 걱정할 하등의 이유가 없다.

- 우리나라 가정과 유태인 가정의 차이 ➡ 우리나라 가정에서는
부모와 자녀 간에 대화가 거의 없다. 그러나 유태인 가정에서는
대화가 일상화되어 있다. 유태인 자녀들이라고 해서 사춘기가
없는 것은 아니지만 대화가 일상화 되어 있음으로서 우리나라
청소년들처럼 심한 사춘기의 심리적 갈등을 겪지 않는다. 왜냐
하면 평상시 자녀와의 대화 가운데 고민꺼리를 알아챌 수 있으
며, 사건을 미리 예방할 수 있는 효과를 얻을 수 있기 때문이다.

- 유태인들은 안식일(금요일 해질 무렵에서 토요일 해질 무렵까지
24시간을 말함)에는 밥 먹고 잠자는 시간을 뺀 나머지 시간에는
독서하고 깊이 생각하고 가족들끼리 대화하면서 시간을 보낸다.
우리나라처럼 가족들끼리 대화가 거의 없는 나라의 입장에서 유
태인의 가정은 부럽기 그지없다.

● 자녀와의 대화를 생활화 하자.

● 자녀에게 항상 관심을 갖고 믿음과 사랑으로 대하자.

칭찬 vs.
격려

　　　　　칭찬은 주로 아이들이 어떤 일을 성공적으로 수행했거나 긍정적일 때 하는 것인 반면 격려는 목표달성에 미치지 못했거나 긍정적인 상황이 아니더라도 노력한 점을 높이 사거나 앞으로의 발전을 위해 해주는 말이다. 특히 우리나라 사람들은 다른 나라 사람들에 비하여 칭찬이나 격려에 인색하다. 이는 전통적으로 겸손이 미덕이라는 교육적인 영향으로 보아도 무방할 것 같다. 이제부터라도 칭찬과 격려는 아낌없이 해야 하는 사회·문화적 풍토를 바꿔나가야 할 것이다. 뿐만 아니라 가족들도 서로서로에게 칭찬하고 격려하는 가정의 문화적 환경도 바꿔야 할 것이다.

　　아이들은 부모로부터 칭찬을 듣게 되면 자신이 부모에게 꼭 필요한 가치 있는 존재로 인식하게 된다. 더 나아가 이 세상에 없어서는 안 될 가치 있는 사람이라는 생각을 하게 된다. 그럼으로써 높은 자존감을 갖게 된다. 칭찬에도 인색하지만 격려에는 더욱 더 인색한

문화적 환경을 가지고 있다. 어떤 일을 수행하려 했지만 실패했을 때나 부족한 점에 대해서 격려함으로써 나중에 더 좋은 결과를 가져올 수 있다. 그러므로 아이들이 좋은 결과를 내지 못해 의기소침할 때 더욱 격려하는 분위기 조성이 필요하다. 칭찬과 격려의 궁극적인 목적은 아이들로 하여금 긍정적 자아개념이나 높은 자존감을 가지게 하는 동력이 된다는 사실을 깊이 새겨들어야 할 것 같다.

꼭 • 알 • 아 • 두 • 기

● 미국의 심리학자 제니퍼 헨드롱 코퍼스(Jennifer Henderlong Corpus)와 마크 레퍼(Mark Lepper)는 '칭찬의 효과'에 대해서 30여 년간의 연구들을 통합적 방법으로 분석한 결과, 아이가 스스로 변화시킬 능력에 한해서만 구체적이고 사실적으로 칭찬을 한다면 칭찬이 강력한 동력이 된다는 사실을 밝혔다. 더불어 특정기술을 완벽하게 익힌다는 점에 초점을 맞추도록 격려하기 위해 칭찬을 사용하는 것이 중요하다는 사실을 발견하였다.

그러나 자녀가 쉽게 달성하는 성과나 자신이 좋아서 하는 일에 대해 지나친 칭찬을 해주는 것은 오히려 그 칭찬이 역효과를 가져올 수 있다는 점이다. 또한 지나친 칭찬은 아이들로 하여금 자만심을 부추길 수 있으므로 아이의 캐릭터에 따라 칭찬할 때와 하지 않을 때를 적절히 가려서해야 할 것이다.

● 현명하고 지혜로운 부모는 자녀의 장점을 찾아 칭찬하지만 어리

석은 부모는 아이의 단점을 찾아내어 야단치고 학대한다. 부모가 자녀를 미워하고 학대하면 그 아이를 누가 좋아하겠는가. 부모가 자녀를 거두어주지 않으면 누가 보살펴주겠는가. 부모가 자녀를 좋아해주고 사랑하면 누가 감히 업신여기고 천대하겠는가.

- 칭찬은 노력과 비용에 비하여 훨씬 더 큰 기쁨을 가져다준다. 특히 아이가 어리면 어릴수록 칭찬을 많이 하면 할수록 효과는 비례한다. 심지어 고래도 칭찬하면 춤을 춘다고 하지 않았던가?

- 부모나 친척, 교사 등 중요한 타자(他者)의 칭찬과 격려는 자녀의 자존감과 자기효능감(self-efficacy)을 높이는 데 결정적인 영향을 미친다.

- 칭찬은 행동을 일으키는 효과적인 자극제다.

- 돈 보스코 성인(聖人)에 의하면 칭찬은 정원사가 나무에게 하듯이 아이에게 꽃피게 해주는 효과가 있다고 하였다.

- 칭찬은 직접 할 수도 있으며, 제 3자를 통해서 전달하는 것이기도 하다. → 칭찬은 꼭 내가 하는 것이 아니라 남이 한 칭찬을 전달만 해줘도 직접적인 칭찬의 그 효과보다 두 배 이상의 긍정적인 효과를 가져다준다고 한다. 칭찬을 듣는 사람의 입장에 볼 때 여러 사람들로부터 칭찬받을 때 기쁨은 배가 된다.

- 부모가 자신을 칭찬하고 격려하자.

- 부모가 자녀를 칭찬하고 격려하자.

- 자녀가 자신을 칭찬하도록 격려하자.

- 자녀가 타인을 칭찬하도록 격려하자.

- 가족구성원끼리 서로서로 칭찬하고 격려하여 행복한 가정을 꾸려나가자.

당신의 자녀가 성공하기를 원한다면
자립심을 길러주자

알에서 부화되어 어미에게 모든 것을 의존하던 새끼 새도 웬만큼 자라서 혼자 힘으로 먹이를 구할 수 있을 때가 되면 정든 둥지를 떠나듯이 미국의 중산층 가정의 자녀들은 십칠 팔 세, 즉 고등학교를 졸업하면 부모로부터 독립하게 된다. 정든 가정을 떠날 즈음이면 어머니는 자녀의 성별에 관계없이 자녀에게 음식 만드는 법을 가르쳐주고 아이는 열심히 배운다. 우리나라에서 같은 또래의 자녀를 둔 부모들 가운데 자녀에게 혼자서 밥 짓고 반찬 만드는 법을 가르쳐 준다면 당장에 계모라고 소문나게 될지도 모를 일이다. 심지어 군대를 제대한 청년들이 라면도 제대로 끓이지 못하는 경우가 있다고 하니 한심스럽기 그지없다.

자녀의 자립심은 어렸을 때부터 훈련시켜 나이가 들수록 혼자 힘으로 살아가는 방법을 터득할 수 있도록 도와주는 것이 진정 자녀를 위하는 길임을 우리나라 부모들은 간과하고 있지 않나 라는 생각이 든다. 부모가 언제까지나 자녀의 곁에서 뒷바라지하면서 존재할 수는 없다.

필자가 잘 아는 두 아이를 가진 지혜로운 어느 맞벌이 부부는 자녀들로 하여금 초등학교 취학하기 전부터 전자레인지와 가스 불을 이용하여 음식을 데워먹거나 라면을 끓이고 스스로 생선뼈를 발라 먹게 하였다. 어쩌다 이들 부부가 잠자리에서 늦게 일어나 어쩔 수 없이 아침밥을 거르고 출근하는 날에도 아이들은 라면으로라도 끼니를 건너뛰지 않고 챙겨 먹는다는 것이다. 그뿐만 아니라 초등학교 저학년 때부터 숙제와 준비물 챙기는 일을 도와준 기억이 거의 없었다고 한다. 그렇게 해서 자라 성장한 두 아이는 어엿한 성인이 되어 부모에게 조금도 의지하지 않고 자신의 일은 알아서 척척 수행한다고 한다.

그러나 오늘날 대부분의 어머니들은 어떠한가. 본인의 화장은 못해도 아이의 스케줄은 면밀히 짜준다. 자상한 것까지는 좋은데, 진정 아이를 도와주는 것이 아니라는 사실은, 훗날 세월이 많이 지난 뒤에나 알게 되고 그때는 이미 늦다는 것을 깊이 깨닫게 된다. 옛말에 '세살 버릇이 여든까지 간다.'는 말이 있듯이 어렸을 때부터 부모에게 의존하는 것에 길들여진 아이는 나이가 든다고 해서 달라지는 것은 아니다.

심지어 아이들이 시험에서 좋은 점수를 받아 오는 것도 부모를 위해서라고 생각한다. 왜냐하면 자신과 관련된 모든 스케줄을 엄마가 짜주니, 아이는 로봇처럼 엄마가 시키는 대로 할 따름이라고 여기기 때문이다. 그러다 보면 정녕 혼자서 할 수 있는 일은 아무 것도 없게 된다.

고생 고생하여 자수성가한 많은 사람들은 자식들이 자신들보다는 덜 고생하고 경제적으로 풍요롭게 잘살게 하기 위해서 모든 재산을 자녀에게 물려준다. 부모로부터 많은 재산을 물려받은 자식이 그 재산을 고스란히 지킬 수 있는 확률은 그다지 높지 않다. 성실하게 직장생활을 잘하고 있는 자식도, 부모로부터 유산을 물려받는 순간부터 남의 밑에서 일하는 직장생활에 재미를 느끼지 못하게 된다. 이를테면 직장 상사가 평상시대로 시키는 행위도 기분 나쁘게 들리고, 직장 생활을 하지 않아도 살아갈 수 있으므로 직장을 그만두게 되는 경우를 얼마든지 볼 수 있다. 그러다가 사업을 한답시고 경험도 없이 사업에 뛰어들었다가 얼마 가지 못해 유산을 몽땅 날리는 경우를 우리 주위에서 흔히 볼 수 있다. 물론 직종에 따라서 다소간의 차이는 있겠지만 새로운 사업을 하여 성공할 수 있는 확률은 고작 3퍼센트 정도에 불과하다고 하니, 통계적으로 보면 성공보다는 실패할 확률이 훨씬 높다.

만일 부모로부터 유산을 물려받지 않았다면 직장 상사로부터 모욕적인 말을 듣거나 부당한 일을 당해도 자신과 가족의 생계를 위해서 인내함으로 직장을 그만두는 불상사는 발생하지 않을 것이다. 오히려 부모의 유산이 자식으로 하여금 도움은커녕 화(禍)가 될 수도 있음을 간과해서는 안 된다. 부모로부터 물려받은 재산이라고는 딸린 혈육들과 가난뿐이었기에 남보다 더 열심히 일하지 않으면 잠시도 살아갈 수 없는 이들이 자수성가하여 돌아가신 부모님께 진실로 감사하게 된다.

한 예로 필자가 잘 아는 교우인데, 형님으로 모시는 분이 있다. 가난한 가정의 차남으로 태어나 운명적으로 장남이 되었고 어머니는 독실한 천주교 신자인데다 자신도 신앙심이 깊어 신학대학에 진학하여 신부가 되기를 원했다. 그러나 지긋지긋한 가난에서 해방되는 것이 급선무였기에 아예 대학진학도 접은 채, 궂은 일 가리지 않고 성실하게 노력하여 사업에서 성공하게 되었다. 상당한 재력가가 된 뒤에도 항상 검소하고 매사에 솔선수범하며 성실히 신앙생활을 하고 있다. 그는 자신의 성공을 부모님으로부터 오직 가난을 물려받았기에 가능하였다면서, 오히려 가난을 물려준 부모님께 감사한 마음을 간직하면서 살아가고 있다.

반면에 부모로부터 물려받은 많은 재산을 탕진하고 급기야는 패가망신하는 자, 분에 넘칠 정도로 엄청난 재산을 물려받고도 자신이 다른 형제보다 조금이라도 더 많이 갖겠다고 혈육 간의 송사로 인해 남보다 못한 원수지간으로 살아가는 이들도 얼마든지 있다.

진실로 자녀를 위하는 길은 많은 유산을 물려주는 것보다는 어렸을 때부터 매사 혼자서 살아가는 방법, 즉 자립심을 길러주는 것이 더 값지고 바람직한 자녀교육이 아닌가싶다.

꼭 • 알 • 아 • 두 • 기

- 두 아이를 가진 지혜로운 어느 맞벌이 부부는 자녀들로 하여금 초등학교 취학하기 전부터 전자레인지와 가스 불을 이용하여 음식을 데워먹고, 라면을 끓이고 스스로 생선뼈를 발라먹게 하였다. 어쩌다 이들 부부가 잠자리에서 늦게 일어나 어쩔 수 없이 아침밥을 거르고 출근하는 날에도 끼니를 건너뛰지 않고 챙겨 먹는다는 것이다. 그뿐만 아니라 초등학교 저학년 때부터 숙제와 준비물 챙기는 일을 도와준 기억이 거의 없었다고 한다. 그렇게 해서 자라 성장한 두 아이는 어엿한 성인이 되어 부모에게 조금도 의지하지 않고 자신의 일은 알아서 척척 수행한다고 한다. 자녀에게 유산을 물려주는 것보다 오히려 강한 자녀로 키우는 게 지혜로운 자녀교육이 아닐까싶다. 자립심도 어려서부터 시작해야 교육적 효과가 크다.

- 루소는 그의 교육소설『에밀』에서 자식을 불행하게 만드는 가장 확실한 방법은 언제나 무엇이든지 손에 다 넣어주는 것이라고 하였다. 반면에 아이의 개성, 아이가 잘할 수 있는 것을 찾아서 진로를 이끌어주는 게 아이의 행복과 성공을 위한 최선의 방법이라고 하였다. 자녀교육을 위해서 새겨들을 만하다.

- 자녀교육은 중국대나무와 같은 것이 아닐까(?) → 중국대나무는 씨를 심고 물과 거름을 주지만 4년 동안 성장하지 않는 것처럼 보인다. 육안으로는 거의 볼 수 없을 정도로 거의 자라지 않다가 5년째 되는 해에 대나무는 5주 동안 무려 27.43m나 자란다고 한다. 이처럼 당신의 자녀도 서서히 성장한다고 생각하면 된다. 자녀를 키우는 것은 대나무를 재배하는 것보다 훨씬 힘들다는 사실을 항상 염두에 두어야 할 것이다. 힘든 만큼 보람 또한 배가 되어 돌아올 것이다.

- 자립심에 대한 훈련은 아이의 잠자리에서부터 시작된다. 미국에서는 영아(嬰兒)가 태어나는 순간부터 부모와 다른 침대에 잠을 재운다. 반면에 우리나라는 어른들 사이에 아이를 눕힌다. 이는 상호의존성을 길러주므로 부모와 친밀한 관계를 평생 동안 유지하는 단초가 되기도 하지만 자립심을 기르는 데에는 오히려 역효과를 가져온다.

실 · 천 · 사 · 항

- 부모가 자식에게 물려줄 최고의 선물은 자립심이다. 자녀가 어릴 적부터 자신의 문제를 스스로 해결할 수 있도록 자립심을 길러주자.
- 어렸을 때부터 혼자서 생선 발라먹기와 라면 끓이는 방법을 가르쳐주어 가끔씩은 자녀 스스로 끼니를 해결하도록 하자.

아이들 스스로
공부할 수 있도록 만들어라

필자가 대학 다닐 때만 해도 사범대학은 가장 인기 없는 단과대학 중의 하나였다. 그 인기 없는 대학이 요즈음은 가장 인기 있는 대학 중의 하나로 변하였으니 격세지감(隔世之感)을 느끼지 않을 수 없다. 이 글은 당시 교직과목 가운데 교육심리 담당교수님이 강의시간 중에 예를 들었던 내용인데, 기억을 더듬어 정리해 보았다. 우선 이 글을 쓸 수 있게끔 아이디어를 제공해 주신 교수님께 지면을 통해 깊은 감사를 드린다.

1970년대에는 명문대학은 아닐지라도 괜찮은 대학교에 다니는 대학생들은 웬만하면 입주 가정교사를 할 수 있었고, 가정교사를 둔다고 해도 경제적으로 크게 부담이 없었던 시절이었다. 당시 심리학과에 다니는 어느 가난한 대학생이 길을 가다가 우연히 전봇대에 붙어 있는 '가정교사 구함'이라는 광고 쪽지를 보고 무턱대고 찾아갔다. 그 집은 겉으로 보기에도 꽤나 잘사는 집임을 한눈에 알 수 있었기에 천우신조(天佑神助)의 기회를 절대로 놓칠 수 없다는 비장한 각오로 벨을 눌렀다. 곧 가정부가 나와서 어떤 일로 왔느냐고 물었고 입주 가정교사 광고를 보고 찾아 왔노라고 하자, 밑도 끝도 없는 말로 "글쎄요, 버틸 수 있을까 모르겠네요?"라고 하면서 들어오라고 하여 뒤따라 현관에 발을 드려놓게 되었다.

가정부의 안내를 받고 거실에 들어서자, 여주인이자 아이의 어머니는 아이가 하도 별나서 가정교사가 한 달도 채우지 못하고 도중

하차한, 명문대학에 다니는 학생이 올해만 해도 벌써 2명이나 바뀌었다는 사실을 꼭 남의 얘기를 하는 것처럼 하더라는 것이다. 그러면서 그래도 자신이 있으면 해보고, 그만두고 싶을 때는 언제든지 그만둬도 좋으니, 가능하면 한 달은 채워 달라는 부탁을 하면서 이유는 과외비를 계산하기가 수월하기 때문이라고 했다. 과외비는 본인이 기대하는 것보다도 훨씬 많았는데, 그 심리학도는 과외비를 기대 이상으로 많이 주는 것으로 미루어 보아 꽤나 다루기 힘든 아이라는 사실을 직감할 수 있었다.

　다음 날 가정교사와 아이와의 첫 만남이 이루어졌고, 아이는 만나자마자 화장실에 다녀오겠다고 나간 뒤 한참 만에 돌아왔고 또 얼마 되지 않아 화장실을 다녀오겠다고 한 후, 간헐적으로 화장실을 들락날락하였다. 심리학도는 이 녀석이 화장실을 자주 다니는 것은 인체질병으로 인한 것이 아니라, 공부에 적응하지 못하여 순간순간 회피하려는 데 그 원인이 있다는 것을 알아차렸다. 역시 심리학도다운 예리한 판단이 엿보이는 대목이다. 심리학도는 아이의 엄마에게 이전에도 화장실을 자주 이용했는지 물어보았더니 전에도 가정교사가 공부를 시작하려고 하면 공부하기 싫어서 화장실을 자주 들락거렸다고 하면서 아무렇지 않게 대답하더라는 것이다. 그래서 가정교사는 아이의 성적에 대해서 너무 조급한 마음을 갖지 말고 두어 달만 시간을 주면 기대에 어긋나지 않게 좋은 결과를 가져오도록 최선을 다하겠노라는 약속과 함께 아이의 엄마로부터 승낙을 받아냈다.

다음 날부터 가정교사는 아이에게 네가 하고 싶은 것은 뭐든지 들어줄 테니, 당장 제일 하고 싶은 것을 말하라고 하였더니, 아이는 만홧가게에서 만화를 한번 실컷 보는 게 소원이라고 하였다. 그래서 가정교사는 한 번이 아니라 아이가 보고 싶을 때까지 봐도 좋다고 약속하고, 둘이서 그날 밤 늦도록 만화를 수도 없이 보았다. 다음 날은 아예 둘이서 방과 후, 만화방에서 직접 만나 그날도 독서삼매경(讀書三昧境)에 빠졌다. 그리고 다음 날도 둘은 만화방으로 출석하여 늦은 밤까지 마지막 손님이 되어 집으로 돌아왔다. 그토록 자주 다니던 아이의 '화장실 병'은 단 3일 만에 깨끗이 치료가 되었다.

집으로 돌아오는 길에 가정교사는 아이에게 내일도 만화방에서 만나자고 하였으나 아이는 이제 만화는 싫증이 났다고 하였다. 그러면 내일부터 하고 싶은 것이 뭐냐고 물었고, 그것은 운동장에서 축구를 하고 싶다는 것이었다. 다음 날 가정교사는 아이와 함께 운동장에 가서 인체 내의 에너지가 거의 소진될 때까지 축구를 하였다. 그리고 집으로 돌아오는 길에 아이는 "선생님, 저랑 이렇게 놀아주다가 엄마한테 쫓겨날지도 모르니까 하루에 한 시간이라도 공부하고 노는 게 어떨까요?"라는 제의를 해 왔다. 심리학도는 하루에 공부를 어떻게 한 시간씩이나 할 수 있느냐면서 우선 내일은 30분만 공부하고 하고 싶은 것을 선생님이랑 같이 하자고 약속하였다. 아이는 이전에 하기 싫은 공부만을 강조하던 가정교사와는 달리 자기를 이해해 주고 같이 놀아주는 선생님께 미안해하면서 공부하는 시간을 스스로 정하고 시간도 점차 늘리면서 공부할 때는 놀랄만한 집중력을 보였다. 그 결과, 심리학도가 가정교사를 시작한지 두 달여 만에 아이의 성적은 몰라보게 향상되었다.

이처럼 심리학도인 이름 모를 한 가정교사가 공부하기 싫어서 화장실까지 도피처로 이용하던 아이를 스스로 공부하게 하여 불과 두 달여 만에 공부 잘하는 아이로 변모시켰다. 이는 곧 공부는 억지로 시킨다고 되는 것이 아니라 아이가 스스로 하고자하는 마음이 선행되어야 한다는 것을 보여준 교훈적인 사례이다.

이 나라의 부모들이여! 정말 기발한 심리학도의 아이디어를 빌려서 당신들의 자녀에게도 한번 적용시켜 보는 것도 좋지 않을까요?

꼭•알•아•두•기

● 자녀에게 공부에 대한 스트레스를 주면 그것으로부터 벗어나기 위해서 위 사례처럼 화장실을 도피처로 삼기도 한다. 그러나 소변을 자주 보는 것은 특별한 질병이 있어서가 아니라 정서적인 문제이다. 그러므로 아이들에게 공부 스트레스를 주어서는 안 된다. 참고로 유태인들은 자녀에게 공부하라는 말을 절대 하지 않는다. 대신에 공부할 수 있는 교육환경을 제공한다.

● 자녀로 하여금 빚진 느낌을 갖게 해주라 ➜ 대부분의 부모들은 자녀에게 공부하라고 강요하는 것을 당연하다고 생각한다. 그러나 아이의 입장에서는 잔소리쯤으로 받아들이며, 저항하기도 한

다. 이러한 현상을 심리적 반발(psychological reactance)이라고 한다. 공부하라고 잔소리를 하면 반발심만 키우게 된다. 공부하라고 잔소리하는 대신에 아이가 하고 싶은 것을 마냥 하게 내버려두면 공부를 하지 않는 것에 대해 미안한 맘을 갖게 된다. 즉, 자녀들로 하여금 마치 부모에게 빚진 것처럼 느끼게 하여 자발적으로 공부하게끔 하는 것이 훨씬 효과가 크다.

실 · 천 · 사 · 항

● 자발적으로 공부를 하고 싶을 때 하는 것이 효과가 크므로 자녀로 하여금 자신이 빚진 생각을 갖게 하여 스스로 공부하도록 인내하며 기다리자.

● 자녀에게 공부하라고 하지 않는 것만으로도 자녀교육의 절반은 성공하는 것이다. 이 순간부터 "공부하라!", "숙제했니?"라는 말은 '내 사전에는 없다.'를 반드시 실천하자.

자기주도학습이
대세다

        수년 전에 오랫동안 알고 지내던 중학교 선생님과 만나 식사하는 자리에서 "요즈음 교육현장에서는 자기주도학습이 대세입니다."라는 말을 들었다. 물론 필자는 2010학년도부터 서울시 교육연수원에서 주관하는 '찾아가는 연수프로그램'에 참가하여 몇 차례 초중등학교에서 '자기주도학습'에 관한 특강을 해 온 터라 귀가 솔깃하여 "선생님, 자기주도학습에 대해 잘 알고 계십니까?"라고 반문하였다. 그런데 그 선생님은 솔직담백하게 자신은 잘 모른다고 하였다. 그 선생님의 예상치 않은 답변을 접하고 필자는 순간적이나마 납득이 잘 안 되었다. 이유인즉, 그 선생님은 앞서 자기주도학습이 요즈음 학교현장에서 대세라고 하였기 때문이다. 그러면서도 한편 이해가 가는 것은 필자가 초중등학교에서 몇 차례 특강을 할 때 강의를 열심히 듣는 대상은 학부모였으며, 그것도 주로 어머니였고, 무엇보다도 선생님은 특강을 주최하는 담당 선생님을 제외하면 거의 참석하지 않았기 때문이다. 그러면 지인인 그 선생님만 자기주도학습을 모르는가. 필자는 그렇지 않다고 생각한다. 왜냐하면 무엇보다도 모범적이고 진취적이며 변화를 두려워하지 않는 분이기에 다른 선생님이 다 아는데 본인만 모른다는 것은 납득이 쉽게 가지 않는 대목이기 때문이다.

    그렇다면 일선학교 선생님들이 대세라고 하는 자기주도학습에 관해 잘 알지 못하므로 외부에서 강사를 초빙하여 관련 지식을 획득할 수 있는 좋은 기회인데도 불구하고 특강을 외면하는 이유에 대해서는 정말 궁금할 뿐이다. 그렇다고 물어볼 수도 없다. 물론 학원가에서는 당시만 하더라도 자기주도학습에 대해 사업설명회를 열어 홍보에 열을 올리며 '한몫 잡자'는 심산으로 사업자를 끌어 모으고 있었다. 그래서 언젠가 이 분야에 관심이 많은 후배랑 자기주도학습 사업설명회에도 가본 적이 있다. 그런데 설명회가 끝나고 나서 주관하는 분께 조심스럽게 전공이 뭐냐고 물어보았는데, 경영마케팅이라는 말에 깜짝 놀랐다. 정확히는 몰라도 그 설명회에 참석한 이들 가운데 학원을 운영하는 이들이 상당수 있었던 것으로 미루어보아 이미 오래전에 어딘가에서 자기주도학습 전문학원이라는 타이틀을 걸어놓고 운영하고 있는 학원이 더러 있으리라는 생각이 든다.

몇 년 전부터 세계경제불황으로 인하여 우리나라 경제도 어렵다는 것은 삼척동자도 다 알고 있는 사실이다. 특히 서민들은 경제적 어려움을 피부로 느낀다. 하지만 경제 불황에도 이이들을 대상으로 하는 교육 사업만은 잘 된다는 인식에는 이견(異見)이 없다. 자기주도학습 전문학원에서는 짧은 시간에 성적 향상을 확실히 보장해준다고 홍보에 열을 올릴 것이며 학부모들은 아이들의 성적 향상이 너무나 절실하므로 없는 살림에 아이들을 학원으로 내몰 것은 불을 본 듯 뻔하다. 그래서 필자는 자기주도학습을 제대로 알리자는 바람에서 서울시 교육연수원에서 주관하는 일선학교에 찾아가는 연수 프로그램에 참여한 적이 있었다. 물론 짧은 시간에 학부모들이 자기주도학습에 대해 완벽하게 이해하는 것은 불가능하겠지만 어려운 가정 형편에 그것도 어설픈 학원에다 돈 낭비하고 아이들의 입장에서는 시간낭비 하는 것을 조금이라도 덜어주는데 도움이 되었으리라 생각한다.

자기주도학습은 말 그대로 학습의 주체인 학습자가 스스로 학습주도권을 가지고 학습목표를 설정하며, 이를 달성하기 위한 학습전략(학습계획)을 세우고 실행하며, 학습자 자신이 평가하는 학습방법을 말한다. 자기주도학습이 최근에 나온 교수-학습방법이 아니다. 이미 오래전에 소개되었지만 우리나라 교육풍토에서는 별로 관심을 끌지 못했다. 그러다가 자기주도학습의 효과가 다른 교수-학습방법에 비하여 상대적으로 크다는 것이 실증적인 연구를 통해서 검증되었기 때문에 돈벌이의 고수인 자들이 그럴듯하게 포장하여 성적향상에 도움이 되는 최상의 프로그램이라고 과대 선전하고 있는 것이다. 아이들의 공부 방법은 이미 검증된 것만 하더라도 수십 가지가 넘는다.

자기주도학습도 처음에 우리나라에 소개되었을 때, 여러 교수-학습방법 중의 하나의 방법으로만 알려졌다. 그러다가 교육심리학자들이나 학습이론가들이 자기주도학습 관련 저서를 출판했는데, 당시에는 크게 이목을 끌지 못하다가 상업성에 능한 자가 이론 중심의 저서를 토대로 하여 실례(實例)를 들어가며 독자들이 이해하기 쉬운 책을 출판하자, 이를 상업화하는 무리들이 자신들이 개발한 자기주도학습 프로그램이라고 과장하여 돈벌이에 열을 올리게 된 게 아닌가싶다. 아이들이 자기주도학습을 제대로 실행하면 성적은 향상될 수밖에 없다. 앞서 언급하였듯이 학습자가 자기능력에 맞는 학습목표를 설정하여 스케줄에 따라 적절한 학습전략을 적용하여 공부한 후, 그 결과에 대한 평가도 학습자 자신이 직접 하므로 성적이 향상되는 것은 너무나 당연한 이치이다. 무엇보다도 학습자는 자기가 하고 싶은 공부를 하는 시간이 늘어나기 때문이다.

요즘 아이들은 하루 24시간 가운데 스스로 하고 싶은 공부를 할 수 있는 시간은 단 한 시간도 안 될 것이다. 경우에 따라서 차이는 있겠지만 자고 일어나면 학교에 가서 수업 듣고 방과 후 학원에 가서 강의 듣고 집에 가는 도중에 과외하고 집에 가서 선생님이 내준 숙제를 한 후 잠자리에 든다. 도대체 아이들은 자신이 하고 싶은 공부, 즉 자발적으로 공부를 할 수 있는 기회도 시간도 다 박탈당하고 있다. 그래서 아이들에게 자기 스타일에 맞는 독특한 공부전략을 자기 스스로 개발할 수 있는 공부 방법을 가르쳐 주어 스스로 공부할 수 있는 자기주도학습을 적용하면 학업성적이 향상될 것이다.

교육은 100m 달리기가 아니라 마라톤이다. 그러므로 부모들은 길게 내다보고 아이들의 장래를 생각해야 한다. 그래서 자기주도학습이야말로 아이들에게 진정 필요한 학습방법이다. 그러나 우리나라 보편적인 부모들은 자녀에 대해 신뢰하지 않으므로 심리적으로 불안해한다. 학원 결정권도 대부분 부모가 가진다. 아이들의 의사는 무시된 채 너나 할 것 없이 학원으로 내몰린다. 과연 학원으로 내모는 것만이 아이의 성적향상과 미래를 위해 도움이 되는 것인지, 이 나라 학부모들은 다각적인 방법으로 손익계산을 잘 따져봐야 할 문제가 아니겠는가.

배고픈 아이들에게 고기를 주느니보다는 고기 잡는 방법을 가르쳐주는 유태인 어머니의 지혜를 배워 몸소 실천하는 것이 사랑하는 아이를 위해 우선적으로 해야 할 일이 아닌가라는 생각을 해본다.

꼭 · 알 · 아 · 두 · 기

- 자기주도학습 → 학습의 주체인 학생이 학습목표를 설정하고, 그 목표를 달성하기 위하여 학습전략을 세우고 실행하며, 평가도 자신이 하고 그 결과에 대한 책임도 스스로 지는 학습을 일컫는다.

- 자녀의 연령이 너무 어리면(초등학교 저학년) 부모가 학습목표 설정부터 학습전략과 평가 등 자기주도학습 전반에 걸친 제 과정을 도와주어야 한다. 이처럼 훈련이 되면 초등학교 고학년부터는 스스로 해결할 수 있게 된다. 그러나 대학에 입학한 신입생들도 수강 신청할 때면 집으로 전화를 걸어 엄마께 어떤 과목을 수강해야 되는지를 물어본다고 한다. 만일 이게 사실이라면 슬픈 현실이 아닐 수 없다.

- 스스로 해결할 수 없다고 생각하는 아이는 어렵고 힘든 일을 만나면 해결하려하지 않고 피하거나 부모에게 의존하게 된다. 이런 경험을 반복해서 하는 아이는 학습된 무기력(learned helplessness)에 빠지게 된다. 쥐를 이용한 한 실험에서 우리에 쥐를 넣고 전기 충전을 가했다. 처음에 전기충격을 주자, 쥐는

그곳에서 벗어나기 위해서 발버둥을 쳤다. 하지만 1주일이 지나자 쥐는 전기충격을 주어도 몸을 떨기만 할 뿐 아무런 행동도 보이지 않았다. 이 쥐는 자신이 전기충격에서 벗어날 수 없다는 사실을 알게 된 것이다. 이를 학습된 무기력이라고 한다. 학습된 무기력은 아무리 노력해도 실패할 수밖에 없다는 신념 때문에 노력하지 않는 것을 말한다.

- 학습된 무기력과 관련된 행동들을 나열하면 다음과 같다.
  - "난 할 수 없어."라고 말한다.
  - 교사의 지시에 주의를 기울이지 않는다.
  - 도움이 필요할 때도 도움을 요청하지 않는다.
  - 아무 것도 하지 않는다.
  - 성공에 자부심을 느끼지 않는다.
  - 지루해하고 매사에 흥미를 느끼지 못하는 것처럼 보인다.
  - 노력하라는 교사의 충고를 받아들이지 않는다.
  - 쉽게 좌절한다.
  - 교사의 질문에 자발적으로 대답하지 않는다.
  - 교우관계가 원만하지 않다.

실 • 천 • 사 • 항

- 자녀가 어리다면 함께 일일 학습목표를 의논해서 설정하도록 하자. 그리고 되도록이면 자녀가 하고 싶은 공부를 할 수 있도록 도와주고 지켜보자.

● 공부는 습관이다. 자기주도학습은 자발성의 학습원리에 근거를 두고 있다. 그러므로 스스로 공부할 수 있는 분위기를 조성해주자.

이제 우리나라도 소비교육에 힘쓸 때

초등학교 시절 수요일이면 학교 가기 싫은 아이들이 다른 요일에 비하여 많았다. 왜냐하면 수요일은 저축을 해야 하는 날이기에 동전 한 닢이라도 손에 쥐고 가지 않으면 벌칙으로 선생님으로부터 손바닥을 맞아야 하기 때문이다. 그 당시는 자기 통장에 저축되어 있는 돈이라 할지라도 졸업할 때까지는 국가 돈이나 다름없었다. 왜냐하면 처음부터 아이나 학부모의 의사와는 상관없이 졸업할 때나 찾을 수 있는 통장(정기예금)으로 만들었기 때문이다.

그 당시는 정말 돈이 귀했던 시절이었다. 시골에서 초등학교를 다닌 사람들은 누구나 아련한 추억들을 갖고 있을 것이다. 호롱불을 켤 석유를 살 때도 현금이 아니라 벼 또는 겉보리와 물물교환을 하였다. 그 시절에는 학교에 내는 육성회비도 겉보리 한 말을 내었던 기억(?)이 난다. 이런 시절에 현금이라고는 보기도 힘들었으므로 매주 수요일은 국가에서 장려하는, 말이 장려지 강요하는 저축의 날에 저축할 돈이 없으면 학교에 가서 매를 맞게 되어 있었으니, 돌이켜보면 학교에 가기 싫은 것은 너무나 당연한 일이었을 게다.

당시 경제개발 5개년계획을 실천하는데 초등학교 아이들의 코 묻은 돈도 큰 역할을 하였으리라는 짐작이 가능하다. 아무튼 결과적으로 보면 성공적인 경제개발로 인하여 절대 빈곤국가에서 탈피할 수 있었던 계기가 되었고, 동족상잔의 아픔을 겪은 지 반세기 남짓만에 세계 경제대국 11위(?)에 랭크될 만큼 성장하게 되었다. 언젠가 어느 TV 방송국에서 '그때를 아시나요?'라는 프로그램이 있었다. 아이들과 함께 보는데 아이들이 재미없는 프로그램을 왜 보느냐는 성화에 다른 채널로 돌리면서도 못내 아쉬워했던 적이 있다. 수많은 세월이 흘렀음에도 쉽게 잊히지 않는 초등학교 시절의 수요일, 동전 몇 닢이 없어 고사리 손에 붉은 자국을 새겨야만 했던 그 시절의 저축교육은 너무나 잘 학습되었지만 소비교육은 제대로 받지 못했다. 그래서인지는 몰라도 우리 세대들은 대체로 호주머니에 들어있는 돈을 쓸 때도 계획성 없이 지출한다. 돈이 없어도 별로 불편함을 느끼지 못한다. 그것은 워낙 없이 살아온 과거의 경험 때문인 것 같다.

필자가 초등학교 다닐 때, 집에서 학교까지의 거리가 십리(4km)나 되었다. 아침에 학교 가기 위해 집을 나설 때면 할아버지께서 잊지 않고, 꼭 참았다가 집에 와서 반드시 거름더미에 용변을 보라는 당부를 하셨다. 지금 와서 생각해 보면 할아버지께서는 지혜로운 분이셨다. 음식쓰레기를 버리는 구정물통을 보실 때면 "여기에 있는 음식물

찌꺼기는 소에게 먹여서는 절대 안 된다.”고 하시면서, “소가 고기를 먹으면 미친다.”고 하셨다. 이처럼 할아버지께서는 오늘날에 비유하면 환경주의자가 아닌가싶다. 물론 할아버지께서는 환경에 대한 지식은 없었겠지만 오랜 경험을 통해서 얻은 값진 지혜는 높이 평가받아 마땅하다는 생각이 든다. 방과 후 집으로 돌아올 때, 오줌을 꾹 참았다가 거름더미에 눔으로 해서, 퇴비는 결국 흙으로 돌려보내어 비옥한 논과 밭은 곡식을 풍성하게 만든다. 또 그 곡식은 우리 인간의 입으로 돌아오게 하는 순환원리(?)를 아셨던 옛 어른들의 지혜를 그동안 무시해 버렸던 것이 아닌가싶어 선조들에게 퍽이나 송구스럽다. 당시 어르신들이 경제적인 어려움을 극복할 수 있는 근검절약 정신과 불굴의 투지와 지혜를 후손에게 물려주었기에 이 지구상에서 가장 빈국 중의 하나인 조국을 잘사는 나라로, 성쇠의 반전(a reversal of fortunes)을 가져왔으리라는 생각을 지울 수 없다.

요즈음은 예전에 비하면 물질적인 것들이 대체적으로 넉넉하다. 그래서인지 요즈음 사람들은 풍요로움에 대한 고마움도 잊은 채 살아가고 있는 것 또한 사실이다. 그렇다고 경제적으로 어려움 없이 살아온 아이들에게 저축만이 미덕이라며 근검절약을 강요하는 것 또한 바람직한 경제교육이라 할 수 없다. 그러므로 돈을 적절하게 잘 쓰는 것도 저축하는 것 못지않게 중요하다. 건전한 소비는 국가경제를 활성화하는 동력이 된다. 이제는 가정과 학교에서도 아이들로 하여금 건전한 소비생활을 할 수 있도록 경제교육에 힘쓸 때라고 여겨진다.

어려웠던 과거를 누구보다도 치열하게 살아온 한 사람으로서 격세지감이 느껴지는 것은 무슨 연유인가.

- 돈을 잘 쓰는 것도 저축 못지않게 중요한 것이다. 건전한 소비는 나라 경제를 활성화하는 원동력이 될 수 있다. 이제는 가정과 학교에서도 아이들이 건전한 소비생활을 할 수 있도록 바람직한 소비습관을 길러주는데 게을리 해서는 안 될 일이다.

- 성쇠의 반전(a reversal of fortunes) → 번영과 쇠락이 뒤바뀌는 것을 말한다.

- 아이들에게 있어서 좋은 습관을 기르는 데는 어릴수록 교육적 효과가 크듯이 경제교육도 이르면 이를수록 좋다.

- 좋은 생활습관은 빠르면 빠를수록 그 효과가 크다. 저축과 소비 둘 다 중요하므로 자녀에게 경제교육을 가능하면 초등학교 저학년 때 용돈을 주면서부터 시작하자.

- 자녀에게 용돈의 사용처(지출) 사항을 꼼꼼하게 기록하는 습관을 길러주자.

경제교육: 유태인이 미국 기부금 45% 차지하는 이유

'세 살 버릇 여든까지 간다'는 속담처럼 좋든 나쁘든 한 번 형성된 습관을 바꾸기란 여간 힘든 것이 아니다. 사람들은 누구나 습관 한두 가지는 가지고 있다. 좋은 습관은 자신은 물론 타인에게도 좋은 평판을 받지만 나쁜 습관은 자신을 좀먹고 불쾌감을 준다. 습관은 한 사람의 성공과 실패에 직결된다. 이런 이유로 부모들은 자녀들에게 좋은 습관을 심어주려 부단히 노력한다.

옛말에 틀린 말 없다더니 심리학자들의 주장대로 자녀들에게 좋은 습관을 심어주기 위해서는 유유아기(乳幼兒期)의 경험이 관건이다. 특히 발달심리학자들은 발달영역마다 결정적 시기(critical period)가 있다고 주장한다. 사실 이들은 제각기 다른 발달영역의 결정적 시기를 구명(究明)하는 연구에 매진한다.

유태인들은 자녀에 대한 경제교육도 가정교육의 일환으로 여긴다. 자녀들이 어릴 때부터 정기적으로 용돈을 준다. 자녀가 생후 8개월쯤 되면 고사리 같은 손에 동전을 쥐어주며 직접 저금통에 넣도록 교육시킨다. 그것도 아침, 저녁 식사하기 직전 하루에 두 번씩 빠뜨리지 않고 지속적으로 한다.

자녀의 저축습관이 자연스럽게 길러지는 것은 두말할 필요도 없다. 이러한 저축습관은 아이가 자라 용돈을 받게 되면서 한층 더 굳어진다. 정기적으로 용돈을 줄 때도 저축할 돈을 감안하여 책정한다고 하니 우리나라의 부모들과는 사뭇 다르다.

자녀에 대한 경제교육 중 저축습관을 심어주는 것만큼 중요시 여기는 것이 바로 기부습관이다. 미국 내 유태인은 미국 전체 인구의 2퍼센트에 불과하지만 그들이 내놓는 기부금 총액은 미국 내 기부금 45퍼센트 정도를 차지한다. 이들에게 내재된 기부습관 또한 미루어 짐작해볼 수 있다.

유태인 부모들은 아이들의 저금통이 가득 차면 그 돈을 가지고 가족이 함께 직접 가난한 이웃을 찾아가 도움을 주거나 아이의 이름으로 도움이 필요한 곳에 기부를 하곤 한다. 유태인 부모들처럼 어렸을 때부터 자연스럽게 저축습관을 심어주고, 돈의 소비를 올바른 쪽으로 유도하는 양육 방식은 적절한 소비습관을 기르게 한다.

유태인 부모들은 자녀들에게 금전적인 부분을 이야기 하는 것에 거리낌이 없다. 우리나라 대부분의 가정에서 자녀들 앞에서조차 돈에 대한 이야기를 하는 것이 금기로 되어있는 것과는 판이하다.

집안형편이 좋지 않다는 사실을 눈치 채고 자녀가 이를 언급하기라도 하는 날에는 부모들은 정색하며 역정을 낸다. 아무리 집안 사정이 어려워도 자녀에게는 일언반구의 얘기를 안 한다. 가정에서의 경제교육은 전무하다고 보아도 무방할 정도이고, 아이들은 별다른 계획 없이 용돈을 소비한다.

인도에서는 아기코끼리를 길들일 때 다리에 채운 족쇄를 큰 나무뭉치에 매달아 둔다고 한다. 도망가지 못하게 하기 위해서다. 그러한 족쇄에 묶여 수개월을 지낸 아기코끼리는 나중에 족쇄를 풀어

주어도 일정 범위 바깥으로 쉽사리 나올 생각조차 하지 않는다. 그 생활에 익숙해진 나머지 습관이 된 것이다.

우리 어른들도 다르지 않다. 나쁜 습관에 길들여져 그것이 자신에게 끼치는 해악을 잘 알면서도 쉽게 고치지 못한다. 쉽게 고칠 수 있을 때를 놓쳤기 때문이다. 시계는 지금도 멈추지 않고 돌아가고 있다. 자녀에게 올바른 습관을 심어주고 싶다면 바로 지금이 가장 좋은 때이다. 여든까지 갈 좋은 습관을 심어주는 것이야 말로 부모가 자녀에게 물려줄 수 있는 가장 큰 유산이다.

꼭 • 알 • 아 • 두 • 기

- 경제교육은 빠르면 빠를수록 좋다. → 유태인들은 아기가 태어난 지 8개월이 되면 아기의 고사리 같은 손에 동전을 쥐어주어 매일 아침저녁으로 두 번씩 지속적으로 조금만 저금통에 넣도록 하여 그 저금통이 한가득 차면 그 돈을 아기의 이름으로 가난한 이웃을 돕는데 사용한다는 것이다. 그래서 유태인들은 이 지구상에서 가장 기부를 많이 하는 민족으로 정평이 나있다.

- 노벨상 수상 6개 영역(생리의학, 물리학, 화학, 문학, 경제, 평화) 가운데 평화상은 유태인 비율이 10%, 문학상 11%, 화학상 18%, 물리학상 26%, 의학상 28%인데 비해 경제학상은 41%로 다른 수상 영역에 비해 유난히 많은 노벨경제학상 수상자를 배출하였다. 이러한 결과는 유태인의 자녀교육에서 경제교육을 중

시한 데에 그 원인이 있다고 많은 교육학자들은 입을 모은다.

● 영국은 아이에게 용돈을 주는 데 관대하지 않은 문화이다. 영국의 설문조사 기관인 할리팩스(Halifax)에 따르면 2011년 영국 초등학생의 평균 용돈은 일주일에 우리나라 11,000원 정도라고 한다. 용돈이 필요한 아이들은 집안일을 돕거나 방학 때에는 풀타임으로 아르바이트를 하기도 한다. 어릴 적부터 용돈을 스스로 버는 습관을 기르는 영국 중산층 아이들은 고등학교만 졸업하면 부모로부터 독립하는 게 일반적이다. 생일이나 크리스마스에는 봉투에 현금이 아닌 정성스럽게 쓴 손 편지와 함께 마음을 담은 작은 선물을 준비한다고 하니 우리나라와는 사뭇 다름을 알 수 있다.

● 자녀에게 용돈을 어릴 적부터 주는 것이 돈 관리를 효율적으로 하는 데 도움이 된다. 유태인들은 자녀에게 용돈 가운데 30퍼센트는 무조건 저축하도록 습관을 길러준다. 이를테면 한 달 용돈이 십만 원이라고 가정하면 십삼만 원을 주어 삼만 원은 저축을 하게 한다. 뉴욕 금융가를 유태인들이 휩쓰는 것도 이러한 조기 경제교육과 무관하지 않다고 보아도 무방할 것 같다.

실 • 천 • 사 • 항

● 당신의 자녀가 초등학교 고학년(4학년 이상)이면 주 단위로 용돈을 주면서 30퍼센트를 저축 하게끔, 이를 감안하여 용돈을 주자.

- 자녀들로 하여금 용돈에 대한 지출내역을 매일매일 기록하는 습관을 길러주자.

- 자녀가 통장에 저축했는지 여부를 용돈 준 첫날 저녁에 반드시 확인하자.

- 일주일 단위로 용돈을 줄 때 지난주(한 주 동안)에 사용한 용돈의 지출내역을 체크하자.

- 부모가 판단하여 잘못 사용한 흔적이 보였을 때는 잘못을 지적하고 그에 대한 벌칙으로 용돈의 10퍼센트를 삭감하는 등 돈을 올바르게 소비(지출)하는 습관을 길러주자.

자녀교육을 위한 부모수업

Part II

창의성교육

우리나라 학교교육의 목적이
창의적인 인간을 개발하는 데 있다고요?

학교는 과연 무슨 일을 하는 곳인가? 이는 곧 학교의 기능은 무엇인가와 동일한 질문이다. 흔히 교육사회학자들은 학교의 기능 가운데 가장 중요한 것은 지식을 전달하는 기능이라고 한다. 좀 더 세련된 용어로 대치하면 '문화유산의 전달기능'이라고 말할 수 있다. 그렇다면 과연 학교가 본연의 기능과 역할을 제대로 하고 있는가? 이 점에 대해서는 고등교육을 위해 강단에서 30년 넘게 가르치고 연구하고 봉사해 온 사람이지만 솔직히 말해서 떳떳하게 말할 입장이 못 된다. 필자를 비롯해 교육계에 몸담고 있는 거의 모든 분들은 대오 각성하여야 할 것으로 생각한다.

새 학기 첫 시간이면 각급 학교에서 담임교사 또는 교과 담당교사들이 학생들과의 만남에서 힘주어 "이번 학기 수업시간에 교과내용과 관련 없는 쓸데없는 질문을 하는 학생들은 그냥 두지 않겠다."고 협박조로 말하는 교사들이 더러 있다. 교사들은 통상적으로 하는 말일지 몰라도 학생들에게는 불쾌감을 넘어서 협박으로 내비칠 수 있는 것이다.

우리나라 각급 학교의 공통된 교육목적은 무엇인가. 그것은 다름 아닌 '창의성 개발'이다. 창의성이 발달된 아이치고 수업시간에 평범한 질문을 하는 경우를 본 적이 있는가. 대부분의 교사들이 새 학기 첫 시간에 쓸데없는 질문하지 말라고 협박조로 이야기하는 것은 대답하기 곤란한 질문으로 인하여 자신이 당하게 될 난처한 순간을 미리 막기 위한 방편이기도 하다. 그리고 교사들이 수업시간에 학생들의 끊임없이 발생하는 의문들에 대해 쓸데없는 질문이라고 매도하면서 순간순간을 벗어나려는 얄팍한 생각을 갖고 있는 한, 이 나라의 각급 학교교육의 공통된 목적인 '창의적인 인재양성'은 공허한 메아리가 될 것이 분명하다.

우리나라의 교육목적은 이 지구상의 어느 나라보다 훌륭하다고 하여도 지나친 표현이 아닐 것이다. 하지만 교육의 목적이 아무리 좋아도 그 목적이 실현되지 않으면 아무런 소용이 없다. 교육목적을 달성하기 위해서는 무엇보다도 교육방법이 뒷받침되어야 가능하다는 것은 너무나 자명한 사실이다.

그렇다면 우리의 학교교육이 화난 얼굴로 매를 들고 전인교육을 강조했던 과거 이 나라의 어머니들이 "야, 이놈아! 사람 좀 돼라!"와 무엇이 다른가. 이 나라 선생님들 가운데 훌륭한 분들도 많지만 함량 미달되는 분들도 많은 것 또한 솔직히 인정해야 한다. 가장 바람직하고 이상적인 교육이 실현되려면 창의적인 교사들이 학교 현장에 많아야 한다. 그러나 이것이 현실적으로 불가능하다면 적어도 창의적인 학생들이 불이익을 받는 경우는 결코 있어서는 안 될 것이다.

교사가 창의적이지 못하고, 난처한 순간을 벗어나기 위해서 창의적인 학생들이 불이익을 받는 그런 교육풍토가 되어서는 안 될 일이다. 교사들은 자나 깨나 무엇을, 어떻게 가르치면 교육의 효과를 극대화할 수 있는가에 대해서 심각하게 고민하고 해결책을 강구해야 한다는 것은 너무나 당연하다. 문제의식을 가진 자만이 문제해결의 기회를 획득할 수 있다는 평범한 진리를 교사들도 항상 염두에 두어야 할 것이다.

꼭 • 알 • 아 • 두 • 기

● 창의성교육 → 어떤 사물이나 현상을 새로운 형식이나 의미를 지니고 이해하며, 새로운 아이디어·자료·사실·관계를 창안해 내는 능력을 길러주는 교육을 말한다.

　창의성은 유전적 영향을 받기는 하나 교육을 통해서 개발이 가능한 측면이 많기 때문에 창의성의 습득과정에 작용하는 변인에 관한 연구와 이의 개발을 위한 교육적 원리, 교육의 과정, 실제적 프로그램 등에 관한 연구가 많이 이루어져 왔다. 창의성교육 프로그램은 개인별로만이 아니라 집단적으로도 실시될 수 있기 때문에 이의 교육은 학교와 산업체 등에서 이루어지고 있다.

● 전인교육(whole man education) → 지·정·의(知情意)가 완전히 조화된 원만한 인격자를 기르는 것을 목적으로 하는 교육을 말한다. 이러한 전인교육은 공리주의와 입신 출세주의를 동기로 하거나, 국가권력이 요구하는 부국강병주의에 지배되어서 인간생활의 일면에 지나지 않는 지식·지능이나 극단적인 애국심만을 강

조하는 교육에 반대하여 나타났다. 전인교육은 인간의 성장 발달이 통합적이어야 된다는 인식이 전제되어야만 그 효과가 크다.

- 학교교육이 창의성교육이 되기 위해서는 아이들이 창의적이어야 한다. 창의적인 아이가 되려면 가정이 창의적인 교육적 환경으로 만드는 데에서 시작된다. 말 잘 듣는 아이보다는 질문을 잘 하는 아이로 키우자.

- 창의적인 아이는 개성이 강하다. 부모들의 강요나 억제하려는 경우는 빗나갈 가능성이 높다. 가능하면 아이가 하는 일을 지켜보고 격려해야 한다. 자녀를 키우는 것은 수행하는 것과도 같다. 그러므로 인내하면서 자녀가 좋아하는 것을 하도록 도와주고 격려하자.

모범생을 자녀로 둔 부모와 그의 조국의 입장에서 좋은 게 뭔가?

흔히 모범생은 학교에서 공부 잘하고 선생님 말씀 잘 듣고, 집에서는 부모 말씀 잘 듣고 시키는 대로 잘하는 학생을 말하며, 일명 '범생'이라고도 한다.

부모의 입장에서 본다면 자녀가 말을 잘 들어 속상해 할 일이 없고, 공부 잘해 원하는 학교에 진학했을 때, 천하를 다 얻은 기분은 물론 이거니와 남들의 부러움을 살 수밖에 없다. 이러한 모범생 자녀일수록 결혼하면 아내의 말을 잘 듣는다. 모범생은 자기와 가까운 사람의 말을 잘 듣기 때문에 결혼하면 부모보다는 아내의 말을 더 잘 듣는 것은 지극히 당연한 일일지언데, 부모의 입장에서는 아들의 배신감에 대한 분노의 화살이 피 한 방울 섞이지 않은 며느리에게로 날아간다. 그 이유는 착하고 모범적인 아들이 여우같은 며느리와 결혼한 후로는 자신의 말을 듣지 않고 불효하게 되었다는 데 있다. 오랜 역사를 가진 고부지간의 갈등은 이 가정에서도 어김없이 시작되는 것이다.

그토록 모범생인 아들의 부모에 대한 배신행위를 며느리만의 책임으로 전가하는 것은 잘못된 판단이다. 모범생의 속성은 말을 잘 듣고 시키는 대로 행동을 잘 하는 것이다. 누가 자녀로 하여금 말 잘 듣고 시키는 대로 행동하도록 만들었는가. 그것은 분명 모범생의 부모인데, 가까운 사람의 말을 잘 듣는 아들을 며느리의 탓이라며 모든 책임을 며느리에게 전가하는 것은 아주 잘못된 판단이다.

부모에게 모범적인 아들이 아내에게 모범적인 남편으로 옮아갔을 뿐 다른 변화는 없다. 아들의 본질은 그대로이다. 직장에서는 여전히 모범적인 사원이다. 직장 상사가 시키면 절대 복종이다. 어렸을 때부터 해 오던 일이라 몸에 익숙하여 너무나 자연스럽게 상사의 명령에 복종하면서 맡은 바 직무에 충실히 임한다. 그러나 오늘날 4

차 산업혁명시대에 생존하기 위해 몸부림치는 기업의 입장에서는 이러한 모범사원, 즉 상사가 시키는 대로 따르는 직원을 더 이상 원하지 않는다. 오래전 민선 시장으로 당선된 진보 성향의 시장이 앞으로 시공무원들의 인사고과 평가에서, 성실한 공무원보다는 아이디어가 풍부한 공무원이 좋은 평가를 받게 하겠다고 약속한 바 있었다. 변화를 싫어하는 보수 성향의 공무원 조직에서도 변화를 요구하고 있으니 하루가 달리 새로운 제품을 개발하는 것을 생명으로 여기는 기업에서는 더더욱 모범적인 직원을 원치 않은 지 이미 오래되었다. 그래서 모범생은 어렸을 때하고는 달리 성장한 뒤에는 부모 입장에서도 자랑스러운 아들이 못될 뿐만 아니라 기업, 더 나아가서 국가 차원에서도 도움이 되지 않는다는 것이 분명해졌다.

필자는 학기 중 강의시간에 한번쯤은 여학생들에게 나중에 결혼해서 시댁 부모로부터 칭찬받는 며느리가 되고 싶은지, 아니면 못된 며느리로 평가받고 싶은지를 물어 보곤 한다. 어떻게 보면 질문 같지 않은 질문이지만, 교수의 질문에 여학생들은 마지못해 반응을 하게 된다. 그러고 나서 칭찬받고 싶은 며느리가 되기를 원한다면 절대로 모범생과 결혼하지 말고, 건달 끼가 다분히 있는 녀석과 결혼하라고 코믹한 조언을 해 준다.

여기서 건달 끼가 있는 청년은 집에서는 부모 말을 잘 듣지 않아 칭찬보다는 야단에 더 익숙하기에 늘 마음은 삐뚤어져있고 내놓은 자식이었기에 가족들로부터 제대로 대우를 받아 본 적이 기억 속에 거의 없다. 오히려 "저 놈은 자식이 아니라 원수"라는 말을 밥 먹듯이 들고 살아온 인생이다. 그것도 모자라 건달 청년은 학교에서 문제 학생으로 낙인이 찍혀 늘 싸움질하고 선생님으로부터 칭찬받기는커녕 "내일 너희 부모 모시고 학교에 와야 돼!"라는 소리와 함께 성적도 늘 바닥에서 맴돌았다. 다른 나라 같으면 분명 졸업도 할 수 없는 한심한 인간에 불과하였을 것이다.

청소년기의 반항도 한때다. 아무리 철딱서니 없는 인간이라도 결혼하게 되면 철이 들게 마련이다. 왜냐하면 나이가 그저 먹는 것은 아니기 때문이다. 건달 끼가 있는 인간들이 결혼하면 모범생과는 달리 마누라 길들이기부터 먼저 하는데, 가장 강조하는 사항은 부모님 말씀 잘 듣고, 효도해야 된다는 것이다. 이유인즉, 자신은 여태까지 부모 속만 태우는 애물단지로 살아온 인생이기에, 부부는 일심동체라면서 마누라더러 자기를 대신하여 효도하지 않으면 가만두지 않겠다는 협박과 함께 효도의 다짐을 받아낸다. 아내는 남편과의 약속을 어겼다가는 무슨 일이 일어날지 모르니 굳게 지키는 것 이외에는 달리 방법이 없다. 그러다 보면 시댁부모는 더할 나위 없이 기뻐한다. 복덩이가 덩굴 채로 굴러들어온 뒤부터 내놓은 아들이 사람이 되었다면서 며느리를 칭찬하기에 여념이 없다.

모범생인 아들이 결혼한 후에 부모는 안중에도 없고 자기 마누라가 시키는 대로 처신하는가 하면, 내놓은 자식, 원수 같은 자식이 결혼하여 며느리와 함께 효도하는 아들로 변모하는 경우를 우리 주위에서 얼마든지 찾아볼 수 있다. 세상에는 영원한 효자도 영원한 불효자도 존재하지 않는 것인가.

● 엉뚱한 질문을 잘하는 아이일수록 창의적인 재능이 있는 것으로 보아도 무방하다. 엉뚱한 질문을 잘한다는 것은 색다른 문제해결을 할 수 있는 능력을 가진 아이일 가능성이 더 높다. 이전 세대에서는 이런 아이들은 우리나라 교육환경에서는 적응하기 힘들었으나 4차 산업혁명시대에서는 이런 유형의 아이들이 크게 성공할 확률이 높다.

● 유태인의 가정교육에서는 남과 다르게 생각하는 아이로 키운다는 사실과 애플의 창업자인 스티브 잡스(Steve Jobs)의 좌우명은 '남과 다르게 생각하자'였다는 사실을 참고하여 실천하면 당신의 자녀는 이 시대가 요구하는 창의적인 인재가 될 가능성은 그만큼 높아지게 될 것이다.

● 세상에는 영원한 효자도 영원한 불효자도 존재하지 않는 것 같다. 당신이 원하는 자식이 모범적인 자녀가 되길 원한다면 결혼과 동시에 며느리 편이 될 가능성이 높고, 말을 잘 듣지 않아 속썩였던 자식이 결혼하면 효자로 바뀔 가능성이 높다. 완벽한 자녀가 되길 원한다면 그만큼 실망도 클 것이다. 세계적인 사회심리학자 로버트 치알디니의 상호성의 법칙에 따르면 자녀를 진정으로 사랑하면 자녀도 부모를 사랑하게 된다는 것이다. 자녀를

사랑하는 것은 부모의 도리이다. 그러므로 그 무엇보다도 자녀를 믿고 진정으로 사랑하자.

- 부모가 진정으로 믿는 자식은 설령 다른 길로 가더라도 언젠가는 돌아오게 되어 있다. 참고로 유태인들은 자녀를 그들의 신앙처럼 믿는다고 한다. 그러므로 자녀를 끝까지 믿자.

- 자녀들 앞에서 남편(아내)과 시댁(처가) 부모님들을 흉보거나 험담하는 것을 삼가야 한다. 자녀들이 성장하면 그것이 부메랑이 되어 자신에게 돌아온다는 사실을 잊지 말자.

우리는 왜
빌 게이츠가 없나?

2000년부터 3년마다 OECD 회원국은 중등학생을 대상으로 읽기와 수학, 과학 분야 국제학업성취도비교평가(PISA)를 실시해오고 있다. 우리나라 학생들이 최상위에 랭크되어 있다는 사실은 잘 알려져 있다. 그러나 그 내막을 들여다보면 그렇게 만족할만한 것이 못된다. 이유는 공부에 투자하는 시간에 비해 그 효율성이 매우 낮기 때문이다.

PISA의 단골 1위는 핀란드다. 물론 우리나라도 최상위권이지만 핀란드 학생들에 비해 공부하는 데 투자하는 시간이 무려 두 배가 넘는다. 그만큼 비효율적이다. 그러나 PISA 보고서를 분석해보면 교육의 효율성도 문제이지만, 그보다 더 심각한 것은 우리나라 학생들의 학습에 대한 흥미나 동기가 OECD 국가들 가운데 최하위권에 속한다는 것이다. 학업성취(학업성적)보다 흥미와 동기부여가 더 중요한 이유는 학업성취가 높다고 반드시 전문가가 되고 성공을 보장받는 것은 아니기 때문이다.

혹자는 우리나라에 빌 게이츠(Bill Gates)와 스티브 잡스(Steve Jobs), 래리 페이지(Larry Page) 같은 인재가 없는 것을 창의적인 교육환경을 제공하지 못한 데서 찾는다. IT분야 거장 가운데 빌 게이츠와 스티브 잡스는 대학 중퇴자다. 만일 그들이 우리나라에서 성장했더라면 오늘의 그들이 존재했겠는가. 그들은 자신이 하고 싶은 일을 할 수 있는 교육적 환경이 뒷받침 되었기에 성공할 수 있었다.

'최고(Best One)'보다는 '유일한 존재(Only One)'가 진정한 최고인 교육적 풍토가 조성됐기에 고정관념의 틀에서 벗어나 남들과 다르게 생각함으로써 세상에 존재하지 않은 새로운 것을 창조할 수 있었던 게 아닐까. 글로벌시대, 미래의 주역이 되기 위해서는 지금의 가정교육과 학교교육 제도로는 안 된다.

좋은 성적만을 얻기 위하여 아이들을 학원으로 내쫓는 부모와 학업성적만으로 평가해 서열화하는 현행 입시제도와 학교교육의 시스템이 존재하는 한 창의적인 인재를 길러내기는 불가능하다. 좋은 성적을 내는데 급급하여 틀에 박힌 사고로 훈련하는 교육으로는 창의적인 인간이 될 수도 없고 길러내지도 못한다. 그래서 우리의 교육환경이 바뀌지 않는 한 창의성교육은 공허한 메아리일 뿐이다.

창의성교육을 제대로 이루려면 무엇보다도 탄탄한 인성교육이 바탕이 돼야 한다. 그러나 얼마 전 동아일보 등이 서울시 소재 '353개 중학교들의 2010-2013년 시간표 전수조사'를 보면 인성교육과 직접 관련이 있는 도덕과목은 3년 새 20여 시간이나 줄어든 반면 영·수 과목은 오히려 30여 시간이 늘었다. 분명 창의성교육과 밀접한 인성교육에 역행하는 결과다. 전인교육(全人教育)만이 창의성을 보장한다. 가장 바람직한 창의성교육은 가장 좋은 인성교육이다. 성적위주 현행 학교교육과정으로는 창의성교육이 실현될 수 없다.

21세기, 국가와 기업은 물론 모든 분야에서 새로운 것을 창조하지 않으면 미래사회를 선도할 수 없다. 부존자원이 거의 없는 우리나라가 글로벌 무한 경쟁에서 살아남기 위해서는 교육을 통한 인재양성이 유일한 방법이다.

그동안 위정자들이 교육을 아전인수(我田引水)격으로 이용해온 것은 주지의 사실이다. 심지어 PISA 보고서 결과만을 가지고 자화자찬을 일삼았다. 제발 지금이라도 눈앞의 성적에 급급해 미래 새싹들로 하여금 그들을 좌절시키는 과오를 범하지 말자. 미래 동량들의 학업성적에 일희일비하지 말자. 미래 국가성장 동력인 새싹들의 창의성 개발에 전념할 때이다. 그래야 우리 모두에게 밝은 미래가 보장된다.

꼭 • 알 • 아 • 두 • 기

● 전인교육(全人教育)만이 창의성을 보장한다. 가장 바람직한 창

의성교육은 가장 좋은 인성교육이다. 성적위주 현행 학교교육과 정으로는 창의성교육이 실현될 수 없다.

- 학업성취도비교평가(PISA)의 단골 1위는 핀란드다. 물론 우리나라도 최상위권이지만 핀란드 학생들에 비해 공부하는 데 투자하는 시간(학습량)이 무려 두 배가 넘는다. 그만큼 비효율적이다. 그러나 PISA 보고서를 분석해보면 교육의 효율성보다 더 심각한 것은 우리나라 학생들의 학습에 대한 흥미나 동기가 최하위권에 속한다는 것이다. 학업성취(학업성적)보다 흥미와 동기부여가 더 중요한 이유는 학업성취(academic achievement)가 높다고 반드시 전문가가 되고 성공을 보장받는 것은 아니기 때문이다.

- 유태인들의 자녀교육은 '최고(Best One)'보다는 '유일한 존재(Only One)'가 진정한 최고인 교육적 풍토가 조성됐기에 아이들이 고정관념의 틀에서 벗어나 남들과 다르게 생각함으로써 세상에 존재하지 않은 새로운 것을 창조할 수 있는 능력을 갖게 된 것이다.

실 • 천 • 사 • 항

- 스티브 잡스(Steve Jobs)의 좌우명인 '남과 다르게 생각하자'처럼 아이들이 기발한 아이어디를 낼 때마다 아낌없이 칭찬하고 격려하자.

- 수학이나 과학성적보다는 수학과 과학과목에 흥미를 느끼고 동기유발이 되도록 도와주자.

- 아이들의 교육은 단거리 달리기로 끝나는 것이 아니라 마라톤이다. 42.195km를 완주할 수 있도록 자극주고, 격려하자.

- 창의적인 사람은 타고난 것이 아니다. 우리 시대의 창의적인 사람들은 창의(창조)를 장려하는 문화적 환경과 교육적 환경의 도움을 받아야 하고 더불어 개인적인 노력이 뒷받침 되어야 한다. 그러므로 창의성을 발휘할 수 있도록 가정의 바람직한 문화적 환경과 교육적 환경을 조성해주자.

꿈(dream)을 품는 자가 꿈(D.R.E.A.M.)을 이룬다

'코이'는 관상 잉어로, 일본인들이 즐겨 기르는 물고기이다. 이 관상 잉어는 작은 어항에 넣어 기르면 5-8cm밖에 자라지 못하고 연못에서 기르면 15-25cm까지 자라며, 강물에 방류하면 90-120cm까지 성장한다고 한다. 한낱 관상용 잉어도 어떠한 환경에서 자랐느냐에 따라 성장에 엄청난 차이를 보이는데, 인간에게 주변 환경이 미치는 영향은 지대하다고 하겠다. 이 시대를 살아가는 우리 자녀들이 처한 주변 환경은 하루가 다르게 빠른 속도로 변화하고 있다. 바로 이러한 21세기를 미래학자들은 '제4차 산업혁명시대'라고도 하고 '지식창조시대'라고 부르기도 한다. 특히 이 세기는 첨단 과학의 발달로 인하여 직업의 생명은 5년에 불과하다는 것이다. 그러므로 20세기의 직업의 절반 이상이 사라지고 그 빈자리를 새로운 직업이 메우게 된다. 즉, 빅데이터, 인공지능, 3D 프린터, 사물인터넷, 블록체인, 드론, 자율주행자동차 등의 새로운 산업구조와 사회시스템의 혁신이 빠른 속도로 일어나고 있다. 이런 급변하는 미래사회에 대하여 미래학자 벅민스터 풀러(Buckminster Fuller)는 2030년이 되면 지식의 총량이 두 배로 늘어나는 데에는 불과 3일 걸릴 것이라고 예측했다. 이러한 변혁의 시대를 살아가는 청년세대는 불확실한 미래로 말미암아 위기감을 느끼고 불안해한다.

더욱이 나라 안 밖으로 정치적·경제적 환경이 좋지 않은 요즘이다. 무엇보다도 일자리 부족과 소득불평등으로 인하여 우리나라 청년뿐만 아니라 선진국의 청년들도 자신의 꿈을 펼치기에는 환경이 너무나 열악하다. 계층이동의 사다리도 해를 거듭할수록 제 역할과 기능을 상실하고 있는 실정이다. 흔히 계층이동의 요인을 출생, 결혼, 교육 등으로 든다. 이 세 요인 가운데 출생은 자신의 의사와는 상관없이 이루어진다. 결혼 또한 상대가 있기에 한쪽의 일방적인 의사만으로 성사되는 것은 아니다. 쌍방의 조건이 맞아야 결혼이 가능하다. 그러나 교육은 이들 두 요인과는 달리 자신의 능력과 노력에 의해서 계층이동이 가능하므로 자녀를 둔 부모들은 누구나 자녀들이 공부 잘하기를 바란다. 우리 주위에 공부 잘해 성공한 이들을 얼마든지 볼 수 있다. 부모로부터 물려받은 재산이 없어도 명문대학을 졸업하고 전문직을 획득하면 좋은 조건의 상대를 만나 흔히 말하는 성공적인 결혼이 가능하며 많은 보상이 뒤따르게 마련이므로 자녀들이 공부 잘하는 것을 크게 효도하는 것으로 여겼다. 그런데 근래에 들어와서 좋은 학력을 갖고도 좋은 일자리를 얻지 못하는 청년들은 실망을 넘어 절망하고 있다. 삼포세대, 잉여세대, 금 수저·흙 수저론 등은 젊음의 상징인 꿈과 희망을 짓밟는 부정적인 이미지들로 인하여 청춘들은 가슴 아파하고 있다. 동서고금을 막론하고 인간들은 현재보다 더 나은 미래를 꿈꾸어 왔다. 얼마 전까지만 하더라도 '개천에서 용났다'는 이야기를 심심찮게 들었다. 어려운 환경에서도 상급학교를 진학하려고 공부에 전념한 청년들이 대학에 진학하면 원하는 일자리를 얻어 그들의 소박한 꿈을 이루는 데에는 별 어려움이 없을 것으로 믿었을 게다. 그러나 변혁의 시대에는 낡은 사고와 지식으로는 버티기 힘든 세상이 되었다. 역설적이긴 하지만 이 시대는 기득권을 갖지 못하더라도 지식창조시대가 요구하는 창의적 사고와 전문적인 지식으로 무장하면 성공을 보장받을 수 있는 변혁의 시대이다.

남아메리카 등지의 강에서 서식하는 피라냐(piranha)를 큰 수족관에 넣고 다음과 같은 실험을 하였다. 피라냐에게 먹이를 준 후 한쪽에 몰리자 수족관의 가운데를 투명한 판으로 막는다. 먹이를 먹고 다시 있던 곳으로 헤엄쳐 가려던 피라냐는 투명한 판에 부딪쳐 더 이상 나아가지 못한다. 몇 번이고 시도하지만 더 이상 진행하지 못한다. 시도할 때마다 고통이 뒤따르기 때문이다. 시간이 경과함에 따라 반쪽 수족관에서 적응하게 되고 더 이상 투명한 판을 향해 돌진하기를 포기한다. 흥미로운 점은 여기에 있다. 몇 주 뒤에 유리판을 치워버려도 피라냐는 예전처럼 자유롭게 헤엄치지 않았다는 것이다.

또한 인도에서는 야생 새끼 코끼리를 포획하여 길들일 때, 새끼 코끼리 발목에 족쇄를 채우고 체인을 큰 나무토막과 연결해둔다. 당연히 새끼 코끼리는 활동이 제한되어 달아나지 못한다. 몇 주일 후 새끼 코끼리는 족쇄를 풀어 주어도 달아나지 않는다고 한다. 피라냐나 인도의 새끼 코끼리 대상의 실험은 동물조차도 스스로 능력의 한계를 정해놓고 더 이상 활동의 범위를 넘어서려 하지 않고 주어진 환경에 적응한다는 것을 보여주고 있다. 이는 동물에게만 해당되는 것이 아니라 우리 인간들도 마찬가지이다. 스탠퍼드대학교에서 실시한 대뇌의 신피질 실험결과는 인간이 자신이 타고난 잠재능력의 약 2퍼센트만을 사용한다는 것을 보여준다. 크게 성공한 사람들조차 평생 동안 사용하는 두뇌 사용량이 잠재적 능력의 10퍼센트도 채 안된다고 한다. 20세기 최고의 천재 중 한명인 아인슈타인도 자신의 잠재적 능력을 15퍼센트 밖에 활용하지 못했다는 것이다. 인간은 무한에 가까운 잠재적 능력을 가지고 태어나지만 그것을 활용하는 것은 극히 일부에 불과하다. 다시 말하자면, 이러한 연구결과는 젊은이들에게 자신의 능력에 한계를 두지 말 것을 시사한다. 이렇게 빠른 시대변화는 젊은이들을 위한 더 많은 가능성도 내포한다는 장점도 가진다. 미 서부 개척시대의 골든 러쉬를 생각하면 되겠다. 아니, 연못을 떠나 강으로 갈 수 있는 기회를 가진 '코이'와도 같다.

많은 청년들은 꿈조차 품지 않고 무한에 가까운 능력을 가지고 있으면서도 피라냐나 인도의 새끼 코끼리가 스스로 자신의 능력을 제한하고 열악한 환경에서 자라는 관상용 잉어처럼 현실에 순응하며 적당히 포기하고 우리사회에서 자신들은 쓸모없는 잉여세대라고까지 자조한다. 그러나 미래사회의 주역은 청년이 될 수밖에 없다. 청년들이 이러한 시대의 진정한 주역이 되기 위해서는 꿈(D.R.E.A.M.)을 품어야 한다. 단순한 꿈이 아니라 반드시 이뤄야 하는 그런 것이다. 여기서의 꿈(D.R.E.A.M.)은 dream, romance, evolution, ambition, maximum 등의 이니셜을 조합한 것으로 꿈, 낭만, 발전, 야망을 품고 자신의 잠재력을 극대화(maximum)하여야 한다는 의미를 가지고 있다. 문제의식을 가진 자들만이 문제해결의 기회를 얻을 수 있다는 평범한 진리를 모토로 삼아 노력을 아끼지 않은 자는 분명 자신의 꿈을 현실로 바꾸어놓을 것이다.

꼭 • 알 • 아 • 두 • 기

- 미래학자 벅민스터 풀러(Buckminster Fuller)는 2030년이 되면 지식의 총량이 두 배로 늘어나는 데에는 불과 3일 걸릴 것이라고 예측했다. 이러한 변혁의 시대를 살아가는 청년세대는 불

확실한 미래로 말미암아 위기감을 느끼고 불안해한다.

● 이 책에서 꿈(D.R.E.A.M.)은 필자가 만든 신조어다. 이는 dream, romance, evolution, ambition, maximum 등의 이니셜을 조합한 것으로, 이는 곧 꿈, 낭만, 발전, 야망을 품고 자신의 잠재력을 극대화(maximum)하여야 한다는 의미를 담고 있다.

실 • 천 • 사 • 항

● 아이들이 살아가야 하는 4차 산업혁명시대의 주요 직업군, 즉 빅데이터, 인공지능, 3D 프린터, 사물인터넷, 블록체인, 드론, 자율주행자동차 등의 속성과 관련 정보를 체계적으로 수집하여 자녀들에게 미리미리 제공하자.

● 자녀랑 함께 자녀의 미래 직업 관련정보를 수집하여, 자녀들이 자신의 재능에 가장 적합한 직업을 선택하도록 최선을 다하여 도와주자 그리고 자녀의 직업은 자녀가 스스로 결정하도록 하자.

"너 지금 대체
무슨 생각 하고 있니?"

가정에서나 학교에서나 어른들은 아이들을 그냥 내버려 두지 않는다. 학교에서는 수업시간에 선생님으로부터 폐쇄형 질문공세에 시달리고 그것도 모자라 집에 도착하자마자 "너, 오늘 학교에서 무얼 배웠니?"부터 시작하여 어른들의 관심영역에서 벗어나지 못한다. 성미가 급하기는 거의 모든 어른들이 둘째 하라면 서러워할 것이다. 일단 질문을 했으면 아이들이 대답할 수 있게끔 시간적 여유를 주어야 한다.

그런데 우리의 실정은 어떠한가? 질문하자마자 즉시 답이 튀어나오지 않으면 모르는 것으로 간주해 버린다. 이를테면 "야 바보야! 그것도 몰라?"라든지 질문에 답변하기 위해서 좀 생각해 보려고 하면 "너 지금 무슨 생각하고 있니, 또 쓸데없는 생각하고 있지?"라는 등 핀잔을 주기 일쑤다. 무심코 내뱉은 이 핀잔 한마디에 아이들치고 맘의 상처를 받지 않고 자라는 경우는 전무할 것이다. 이렇게 자란 아이들이 먼 훗날 어른이 되어 내 아이는 나처럼 마음의 상처를 받게 하지 않겠다고 하여 그들의 아이들로 하여금 제대로 된 가정교육의 혜택을 누리게 할 수 있을까. 아이들은 무엇을 보고 배우며, 그리고 아이들에게 있어 역할모델(role model)은 누구인가. 분명한 것은 아이들은 어른들이 하는 것을 모방하면서 자라며, 그 아이가 성장하여 어른이 되어서도 자신의 아이에게 대하는 것은 별반 차이가 없다는 데 문제는 더 심각하다.

미국 내에서 노벨상 수상자를 가장 많이 배출한 대학교로 잘 알려진 시카고대학교(University of Chicago)의 한 생물학 강좌를 소개함으로써 우리나라 어른들이 가정에서나 학교에서 아이들을 어떻게 대하는 것이 그들을 위해 도움이 될 것인가를 깊이 생각할 수 있는 기회를 제공하고자 한다. 이 대학의 한 생물학 강좌는 격주에 한 번씩 1박 2일 코스의 현장수업이 실시되는 것이 특징이다. 출석 여부에 대해 강제성이 전혀 없는 교양강좌임에도 불구하고, 전 수강생들이 참여하는 이유는 시험문제의 대부분이 현장수업을 중심으로 출제되기 때문이다. 1박 2일 동안 담당교수는 학생들과 무리를 지어 자연현장을 답사하면서 간헐적으로 질문만을 툭툭 던진다.

　　이를테면 해변가 모래사장에 있는 커다란 바위덩어리를 가리키며, 질문을 던지는데, 질문인즉 "왜 이 바위가 여기에 있으며, 왜 이런 모양을 하고 있는가?"이다. 그것으로 담당교수의 임무는 끝난다. 그다음 해답을 찾는 것은 학생들의 몫이다. 그래서 학생들은 그 해답을 찾기 위해서 지금까지 배운 모든 지식을 총동원하게 된다. 이러한 과정을 통하여 뇌세포는 활발하게 작용하게 되고 인지능력은 발달하게 된다. 교수의 질문에 대해 답을 구하지 못한 학생들은 선배들한테 물어본다든지 아니면 개별적으로 도서관을 이용해서라도 반드시 해결한다. 그 이유는 시험에 출제될지도 모르기 때문이다.

　　1박 2일 동안 내내 그들과 동행한 우리나라의 취재기자가 대부분의 수강생들이 노트는커녕 메모조차 하지 않는 학생들을 지켜본 뒤, 하도 이상해서 담당교수에게 학생들이 하나같이 메모조차 하지 않는 이유가 뭔지를 물었다. 그러자, 그 담당교수는 "생각하기도 바쁜데, 메모할 시간이 어디 있겠는가?"라고 오히려 기자에게 반문하는 그 장면은 삼십 수년이 지난 지금도 저자의 머릿속에 깊이 남아 있다.

시카고대학의 이러한 교육방법이 규모로 보나 역사로 보나 아이비리그의 전통명문 사립대학에 비하면 열등함에도 불구하고, 세계에서 노벨상 수상자를 가장 많이 배출한 대학으로서의 명성을 떨치게 한 원동력이 된 게 아닌가싶다. 이처럼 '시카고대학교의 그 명성이 그냥 얻어진 것이 아니었구나'라는 생각을 하며, 노벨상 제조공장이라 불릴 만한 시카고대학이 마냥 부럽기만 하다.

아이들을 위해서 이제부터라도 좋은 질문을 한 뒤에 반드시 아이들이 답할 수 있게끔 충분한 시간적 여유를 주는 것이 어떨까 싶다.

꼭 • 알 • 아 • 두 • 기

- 미래의 주인공인 우리 아이에게 생각하는 힘을 길러주어야 할 것이다. 열심히 하면 남보다 두 배 잘할 수 있지만 열심히 생각하면 남보다 백 배, 천 배 잘할 수 있다. 열심히 일하는 개미보다 열심히 노래하고 작곡하는 베짱이의 부가가치가 훨씬 높다. 4차 산업혁명시대에는 삶의 패러다임을 바꿔야할 것이다. 베스트셀러 『몰입』의 저자 황농문 교수는 삶의 패러다임을 Work hard

(열심히 일하자)에서 Think hard(열심히 생각하자)로 전환할 것을 강조하고 있다. 우리 부모들도 자녀들의 미래를 위해서 깊이 새겨들어야 할 대목이다.

- 길포드(Guilford)는 인간의 사고를 수렴적 사고(convergent thinking)와 확산적 사고(divergent thinking)로 구분하는데, 확산적 사고가 곧 창의성이라는 개념을 갖는다고 주장하였다. 확산적 사고를 위해서는 폐쇄형 질문보다는 개방형 질문이 유리하다.

- '세상에 새로운 것은 없다'는 말처럼 세상에 존재하는 것들을 남다른 방식으로 관련지으면 여태껏 존재하지 않은 새로운 것을 탄생시킬 수 있다. 대부분의 위대하고 창의적인 발견들은 서로 관련이 없어 보이는 둘 혹은 그 이상의 것들을 관련짓는 심리적 과정을 반드시 거친다는 것이다.

- 우리가 지식이 없어서 문제를 해결하지 못하는 경우보다는 머릿속에 존재하는 기존 지식을 꺼내지 못해 해결을 못하는 경우가 더 많다. 현재 주어진 문제와 문제해결에 최적인 기존 지식 사이에 표면적인 유사성이 떨어지면 기존 지식을 꺼내기가 쉽지 않다. 그러므로 소수의 사람만이 현재의 문제해결에 다른 영역의 지식을 이용하려고 시도한다는 것이다.

- 상상력은 우뇌가 지니고 있는 가장 중요한 능력이다. 성공한 사람들의 공통점 가운데 하나가 뛰어난 상상력을 가지고 있다고 한다.

그래서인지는 몰라도 나폴레옹은 "상상력이 세계를 지배한다."
고 하였다. 스타벅스의 창업주인 하워드 슐츠(Howard Schultz)
는 그의 자서전 『스타벅스, 커피 한잔에 담긴 성공 신화』에서 이
탈리아 어느 도시의 거리를 거니는 장면을 떠올리면서 온갖 상상
력을 동원하여 열정과 낭만적인 분위기와 행복한 사람들로 가득
찬 가로변의 작은 카페를 머릿속에 그렸다고 한다. 슐츠는 일상적
인 상품인 커피를 새롭게 재창조하는 기회를 포착했던 것이다. 슐
처의 "우리가 만일 상상력을 사로잡을 수 있다면 다른 사람도 사
로잡을 수 있을 것이다."라고 한 말의 의미를 되새겨 보자. 참고로
유태인들은 그네들의 율법서 토라(Torah)를 아이가 어렸을 적부
터 읽어주어 상상력을 배양한다.

- 위대한 발명가들의 공통점은 논리보다는 상상력을 바탕으로 이
  미지를 캐치하여 업적을 이룬 경우가 많다. 그들에게 논리는 어
  디까지나 다른 사람에게 자신의 이미지를 설득하는 하나의 수단
  일 뿐인 것이다.

실 · 천 · 사 · 항

- 당신의 자녀로 하여금 남다르게 상상하고, 남다르게 생각하도록
  하자.

- 상상력은 개방적 사고가 그 출발점이다. 그러므로 항상 개방형
  질문을 하여 사고하도록 자극하고 격려하자.

● 유태인들은 아이들의 창의성을 키우기 위해 그림 그리기를 수단으로 사용한다. 아이에게 상상력을 키울 수 있는 이야기를 들려주고, 그 이야기를 그림으로 그려보도록 하자.

이게 얼마짜린데, 망가지면 어떻게 하려고

유아교육학자들은 일생 동안에 지적 호기심이 가장 왕성하게 발동되는 시기가 유아기(幼兒期)라고 한다. 지능학자들에 의하면 이 시기에 가능하면 많은 경험을 하는 것이 지능발달에 큰 도움이 된다는 것이다. 미국의 벤자민 블룸(Benjamin Bloom)이라는 교육학자는 인간의 지능이 언제, 어느 정도 발달하는가를 알아보기 위해 수십 년 동안 종단연구를 하였다. 그 결과, 태어나서부터 4세까지 성인이 가지고 있는 지능의 50퍼센트가 발달되며, 4세부터 8세까지 30퍼센트 그리고 8세부터 17세까지 나머지 20퍼센트가 발달된다고 보고한 바 있다. 유아기가 중요한 시기라고 주장한 학자가 어디 블룸뿐인가. 유아교육학자로 잘 알려진 몬테소리는 그녀의 연구를 통하여 언어발달에 있어서 결정적 시기(critical period)는 4세라고 주장한 것에서도 유아기는 인생에 있어서 중요한 발달시기임은 틀림없다.

이 시기의 아이들에게 가능하면 사물을 많이 보여주고, 많이 들려주고, 많이 만지게 하는 것이 그들의 인지발달에 도움이 된다는 사실은 명명백백하다. 아이들은 장난감 놀이를 좋아하지만 곧 싫증을 느낀다. 장난감은 아이들이 가지고 노는 도구이다. 그럼에도 불구하고 가까운 친척이나 지인으로부터 선물 받은 흔히 보기 드문 장난감일수록 아이들이 가지고 놀기에는 너무 값비싸다는 생각도 들고, 망가지기라도 하면 아까울 것 같기도 해서 아예 장식장에 진열해 두는 가정도 더러 있다. 이런 부모들은 값비싼 장난감을 가지고 놀려고 떼를 쓰면 대부분 혼내주는데, 정말 문제가 많은 부모라고 할 수밖에 없다. 이런 엄마들은 "장난감을 가지고 놀다가 망가뜨리기라도 하면 어쩌려고, 그게 얼마짜리인 줄 알기나 해, 너희 외삼촌이 홍콩 출장 가서 큰 맘 먹고 사온 거야"라고 아이를 심하게 나무란다. 아이는 이런 야단을 몇 번 맞다보면 장난감 놀이가 싫어지게 마련이다. 값비싼 외제 장난감을 아끼려는 엄마의 지혜롭지 못한 작은 욕심이 아이로 하여금 왕성하게 발동하는 지적 호기심을 송두리째 앗아 가버리는 결과를 가져다준다. 이런 경우에 가장 적절한 고사성어(故事成語) 가운데 하나가 소탐대실(小貪大失)이 아닐까.

어린 아이들은 속성상 아무리 값비싸고 귀한 장남감이라 할지라도 쉽게 싫증을 내므로 오히려 값싼 장난감을 다양하게 가지고 놀게 하는 것이 아이들의 지적 발달에 더 많은 도움이 된다. 인간은 일생 동안 내내 지적 호기심을 갖게 되는 것은 아니다. 유아기는 아이에게 있어서 매사 새롭고, 또 새로운 것을 알고 싶어 하기에 틈만 나면 "엄마, 이게 뭐지?"하면서 성가실 정도로 질문을 많이 해온다. 그

때마다 "그래 우리 준영이가 질문도 참 잘하네."라고 칭찬하면서 즉시 아이가 이해할 수 있는 적절한 표현(미국의 브루너라는 심리학자는 어린 아이들에게 가장 적절한 표현양식을 작동적 표현이라고 함)으로 자상하게 가르쳐주어야 한다. 왜냐하면 이 시기의 아이들의 특징은 지적 호기심 때문에 질문을 시도 때도 없이 하지만 정작 그 답변에는 관심을 두지 않는다. 그러므로 어른들은 아이의 질문에 답변을 즉시 해주어야 아이의 인지발달에 도움이 된다. 즉, 많은 것을 경험하고 반복적으로 익히는 과정을 통해서 아이의 지적능력은 날로 향상된다. 그런데 많은 부모들은 아이가 "아빠, 하늘은 왜 푸르지?"와 같은 질문을 해오면 답변하기가 곤란하므로 귀찮아하기 마련이다. 이를테면 "너희 엄마한테 물어 봐"라든지 "지금 몰라도 돼, 크면 절로 알게 돼"하고 별 생각 없이 무성의하게 답변한다. 이런 부모가 아이의 인지발달을 기대한다는 것은 너무 지나친 욕심일 뿐이다.

많은 교육학자들은 영재는 타고나는 것이 아니라 만들어지는 것이므로, 가능하면 아이들이 초기경험을 많이 할 수 있도록 교육적 환경을 조성해주어야 한다고 강조한다. 미국이 낳은 세계적인 철학자이자 교육학자인 존 듀이(John Dewey)도 "경험만큼 훌륭한 교사는 없다"고 역설하였다. 듀이는 '행하면서 배운다(learning by doing)'는 그의 교육철학이 말해주고 있듯이 교육은 경험에 그 기초를 두고 있음을 알 수 있다. 아울러 그의 독특한 교육관에서 교육은 생활(life)이며, 성장(growth)이고, 사회적 과정(social process)이며, 그리고 끊임없는 경험의 재구성(continuous reconstruction of experience)이라고 한데서도 경험을 얼마나 중시하였는가를 알 수 있다.

따라서 이 나라 부모들이 진정 똑똑한 자녀가 되기를 원한다면 아이로 하여금 많은 경험을 할 수 있도록 많은 기회를 제공해야 한다는 사실을 깊이 인식하여야 할 것이다. 지금도 늦지 않으니 장식장에 신줏단지처럼 모셔 두고 있는 애지중지 해온 아이 외삼촌이 홍콩 출장 가서 사온 값비싼 장난감을 얼른 끄집어내어 아이로 하여금 신나게 놀도록 하는 것이 지적발달뿐만 아니라 창의성개발에도 도움이 된다는 사실을 가슴속 깊이 새겨들어야 할 것이다.

꼭 • 알 • 아 • 두 • 기

● 소탐대실(小貪大失) → 전국시대 진(秦)나라 혜왕이 촉(蜀)나라를 공격하기 위해 계략을 짰다. 혜왕은 욕심이 많은 촉후(蜀侯)를 이용해 지혜로 촉을 공략하기로 했다. 그래서 신하들로 하여금 소를 조각하게 해 그 속에 황금과 비단을 채워 넣고 '쇠똥의 금'이라 칭한 후 촉후에 대한 우호의 예물을 보낸다고 소문을 퍼뜨렸다. 이 소문을 들은 촉후는 신하들의 간언을 듣지 않고 진나라 사신을 접견했다.

진의 사신이 올린 헌상품의 목록을 본 촉후는 눈이 어두워져 백성들을 징발하여 보석의 소를 맞을 길을 만들었다. 혜왕은 보석의 소와 함께 장병 수만 명을 촉나라로 보냈다. 촉후는 문무백관을 거느리고 도성의 교외까지 몸소 나와서 이를 맞이했다. 그러다 갑자기 진나라 병사들은 숨겨 두었던 무기를 꺼내 촉을 공격하였고, 촉후는 사로잡히고 말았다. 이로써 촉은 망하고 보석의 소는 촉의 치욕의 상징으로 남았다. 촉후의 소탐대실이 나라를 잃게 만든 것이다. 이처럼 작은 것에 눈이 어두워져 큰 것을 잃는다는 뜻으로 쓰이는 말이다.

- 지능의 발달과 언어의 결정적 시기 → 우선 지능의 발달에 관해서 미국의 벤자민 블룸(Benjamin Bloom)이라는 교육학자는 인간의 지능이 언제, 어느 정도 발달하는가를 알아보기 위해 수십 년 간 종단연구를 하였다. 그 결과, 태어나서부터 4세까지 성인이 가지고 있는 지능의 50퍼센트가 발달되며, 4세부터 8세까지 30퍼센트 그리고 8세부터 17세까지 나머지 20퍼센트가 발달된다고 보고한 바 있다. 또한 몬테소리는 그녀의 연구를 통하여 언어발달에 있어서 결정적 시기(critical period)는 4세라고 주장하였다. 과일도 제 철에 나는 걸 먹어야 맛있고 영양분이 많듯이 인간의 발달영역과 정도에 따라서 결정적으로 영향을 미치는 시기가 있음을 블룸과 몬테소리는 그들의 이론을 통해서 잘 설명하고 있다.

- 아이의 호기심을 충족시키기 위해서는 어떤 식으로든 아이의 질문에 대답을 해야 한다. 아이의 호기심을 키워주기 위해서는 귀찮아하는 내색을 보이는 것은 절대 금물이다. 아이와의 끊임없는 상호작용은 대부분 대화로 이루어진다. 대화를 통한 언어적

상호작용은 아이의 지적 발달에 절대적인 영향을 미친다. 학교에서 배우는 교과교육의 핵심은 언어교육이다. 그래서 교육학자들은 수학을 '수학적 언어'라고 한다. 음악은 '음악적 언어'라고 한다. 우리나라 아이들이 수학수업 시간에 계산문제는 잘 풀지만, 응용문제에 약하다. 그것은 언어를 해석하는 능력이 부족해서이다. 가정교육에서의 언어교육은 대부분 부모와의 대화를 통한 상호작용으로 이루어진다.

- 인간을 비롯한 모든 동물들도 어렸을 적에 호기심이 가장 왕성하다고 한다. 새끼원숭이가 난생 처음 뱀을 만났을 때도 호기심이 발동하여 뱀을 만지려고 한다는 것이다. 이때 어미원숭이는 기겁을 하면서 도피하라는 큰 신호음을 내어 위험한 상황에서 벗어나도록 하는 데에서도 알 수 있다. 만일 어미원숭이가 새끼원숭이를 보지 못했다면 생을 마감하게 되는 것이다. 물론 오늘날 우리 인간은 이러한 위험에 노출될 일은 없다. 하지만 어린 아이들은 새끼원숭이처럼 호기심이 생길 때면 부모에게 질문해온다. 이때 귀찮아해서는 절대 안 된다. "넌 왜 이리 귀찮게 구니?", "애가 뭐가 되려고 이렇게 극성이야", "엄만 지금 바쁘니까 나중에 아빠 퇴근해 오시면 물어봐", "아빤 지금 피곤하니까 엄마한테 물어봐" 등은 아이의 지적 호기심을 말살시키는 언행이다.

- 아이에게 질문하도록 하며 미지의 새로운 것에 대해 알 수 있도록 기회를 주며, 아이의 지적호기심을 자극하는 것은 훌륭한 교수방법이다. 또한 아이의 호기심을 채워주고 판단력을 도야시키

며 탐구심을 장려하는 것도 좋은 교육방법이다. 한 예로 아이가 마당 한구석에서 쪼그리고 앉아서 신기한 듯 개미들을 열심히 쳐다보고 있다. 이때 어머니는 "개미가 뭘 하고 있니?" 혹은 "먹이를 줘 봐, 어떻게 하는지"하면서 아이의 지적호기심을 자극하는 아이는 개미의 활동을 유심히 관찰하면서 호기심을 배양하는 기회를 갖게 될 것이다. 이런 아이가 훗날 과학자가 되어 노벨과학상 수상자가 될 가능성은 그렇지 않은 아이에 비해서 훨씬 높을 것이 분명하다.

- 상상력이 뛰어난 사람은 호기심이 많으며, 호기심이 많은 사람은 행복하다. 행복해지려면 새로운 것에 도전하게 하는 것도 하나의 좋은 방법이 아니겠는가.

- 잘 웃기는 아이(일명 '까불이')가 상상력이 풍부하고 의사소통에 재능이 있다. 교실에서는 장난꾸러기로 인식되지만 교실 밖에서는 재미있는 친구로 인식된다.

- 창의성은 공부를 통해서 발달되는 것이 아니라 놀이를 통해서 개발된다.

- 바야흐로 4차 산업혁명시대는 인간이 인간으로서 가질 수 있는 능력에 집중하는 시대이다. 따라서 개인의 능력의 차이는 호기심의 차이라고 하여도 지나친 표현은 아닐 것 같다.

- 유태인 아버지는 안식일이 되면 역사와 율법, 도덕을 가르치면서 아이들과 토론을 하고 아이들의 지적 호기심을 자극하고 동

기를 부여한다.

- 아이들의 지적 호기심을 자극하는 방법
  - 아이의 어떤 질문도 저지하거나 창피를 주지 말아야 한다. 아이가 알고 싶어서 질문한 것을 아이의 연령과 지적 수준에 맞게 잘 설명해주어 바르게 이해하도록 도와주어야 한다.
  - 아이의 질문에 성실히 대답해주고 그 질문에 대해서 칭찬해주라. 그러면 아이는 학습에 대한 자신감을 갖게 된다. 공부 잘하는 아이는 공부에 관한 한 성공을 많이 경험한 아이이다. 반대로 공부를 못하는 아이는 공부에 관한 한 실패를 많이 경험해본 아이이다.
  - 아이의 질문을 가볍게 여겨서는 안 된다. 어른들의 입장에서 볼 때는 아이의 질문이 하찮은 것으로 보일지라도 진지하게 대답해야 한다.

- 오스본(Osborn)은 창의성 훈련 기법으로 효과적인 브레인스토밍의 4가지 원리를 들고 있다. 즉,
  - 판단 혹은 비판 금지 → 아이디어가 아무리 모호하거나 부적절한 것처럼 보여도 판단하거나 비하하지 않는다.
  - 다양한 아이디어의 산출 → 아이디어의 질에 관계없이 가능한 한 많은 아이디어를 산출하도록 한다.
  - 결합과 개선 → 아이디어를 결합하고 개선하는 방법을 모색한다.
  - 자유로운 사고 → 과거의 지식, 경험, 규칙에 얽매이지 않고 자유로운 아이디어를 산출하도록 한다.

- 아이들이 질문해오면 일단 칭찬하고 어떤 식으로든 아이의 지적 수준을 감안하여 성의껏 답변하자.

- 아이들이 호기심 때문에 질문해올 때 아무리 귀찮아도 싫은 내색은 절대하지 말자. 그리고 질문한 것에 대해 칭찬해 주는 것 또한 잊지 말자.

해서는 안 될 질문, "엄마가 좋아? 아빠가 좋아?"

사랑하는 젊은 부부에게 아기의 탄생은 축복 그 자체이다. 부부간의 애정표현이 자유롭지 못했던 옛날과는 달리 오늘날 젊은 부부들은 자신들의 애정표현에 방해가 될 법도 한 주위 사람들을 아랑곳하지 않는다. 그러기에 젊은 부부는 새 생명이 탄생하면 축복인 아이에게로 그들의 모든 사랑이 옮아가며, 아기에게 애정 표현과 더불어 날이 갈수록 모국어 교육에 여념이 없다. 전업주부인 경우, 엄마는 하루 종일 아기와 지내면서 "얘야, 엄마, 엄마라고 해 봐"라고 하면서 귀찮게 하고 아기는 부모의 기대를 저버리지 않고 시간이 지날수록 어휘력을 증대시킨다.

아이가 두셋 살이 되면 우리나라 젊은 부부들은 아이를 두고 재미삼아 장난을 친다. "엄마가 좋으니, 아빠가 좋으니?"라고 하면, 아이는 둘 다 좋다고 대답한다. 왜냐하면 아이에게 사랑을 듬뿍 주는 여자는 옆집 아주머니가 아니라 자신을 마냥 사랑해주는 엄마이며, 남자 역시 앞집 아저씨가 아니라 틈만 나면 자신과 마냥 놀아주는 아빠이기 때문에 둘 다 좋다고 대답하는 것은 지극히 당연하며, 예측 가능한 답변이다. 아이에게 예상된 대답이 끝나기가 무섭게 이들 젊은 부부는 이구동성으로 "누가 더 좋으니?" 하면서 아이를 못살게 군다.

아이의 입장에서는 너무나 잔인한 질문이다. '무심코 던진 돌에 개구리는 맞아 죽는다.'는 말처럼 자신들의 가장 사랑스런 아이에게 별 생각 없이 장난하지만, 아이는 곤란한 답변을 강요당한 나머지 눈치를 보면서 엄마보다 아빠가 더 화난 얼굴을 하고 있음을 감지한다. 아이는 위로 차원에서 "아빠가 더 좋아"라고 대답하면, 순간적으로 소외되었다고 생각한 엄마는 더 화난 얼굴로 아이의 출생마저 부정하는 충격적인 말을 한다. "넌 내 새끼가 아니다, 다리 밑에서 주워 왔다."고 힘주어 응수한다. 물론 아이의 엄마는 아이가 자신이 내뱉은 말이 무슨 뜻인지 모를 것이라고 생각하고, 아이도 엄마의 말뜻을 알 리 없다. 그러나 엄마의 말뜻은 몰라도 아이는 육감적으로 나쁜 상황임을 느끼게 된다.

우리나라 아이들은 유유아기(乳幼兒期)부터 이처럼 피할 수 없는 상황에서 자신의 의지와는 상관없이 흑백논리에 익숙하게 되는 것이 아닌가싶다. 이런 유아시절을 거쳐 학교에 입학하면 지구상에서 유일하게 분단된 조국을 가졌기에 일찍부터 이데올로기 논쟁에 길들여지게 된다. 이 나라 어른들은 어렸을 적에 자신의 부모로부터 아이와 같은 전철을 이미 밟아 이데올로기에 너무도 잘 길들여져 있다. 그러기에 지구상에서 거의 사라진 이데올로기 망령이 유독 한반도에서는 아직껏 건재하고 있다.

어느 저명한 사회학자는 자신의 칼럼에서 본래 우리나라 사람들의 의식구조는 흑과 백을 구분하는 것이 아니라, 중용(中庸)을 미덕으로 삼는 것이라고 설파하고 있다. 이를테면 서양의 문화를 커튼에 비유하였는데, 커튼을 치면 밖에서는 내부가 전혀 보이지 않고 또 내부에서는 밖을 조금도 볼 수 없으므로 서양의 문화야말로 이원론적 사유 형식을 취하는 '흑백 문화'라는 것이다. 반면 우리나라의 문화는 어느 한쪽에 치우치지 않는 '중용의 문화'라고 한다. 더운 여름날 창호지 방문을 활짝 열어젖히고 시원한 바람이 통하게끔 틈이 송송 나있는 발을 사이에 두고 밖의 방문객과 방안의 주인 간에 보일락 말락 한 상태에서 정겨운 인사를 나눌 수 있는 것이 곧 우리의 전통문화라는 것이다. 그래서 우리 조상들은 어느 한쪽에 치우치지 않는 중용을, 최고의 미덕으로 삼았다는 것을 미루어 짐작할 수 있다.

본래 가정교육에서 흑백논리가 시작된 것인지 아니면 분단조국으로 인하여 그 단초가 제공된 것인지 알 수는 없으나, 아이들의 흑백논리는 분명 가정에서 시작된다는 비난을 피할 수는 없을 것 같다. 우리 사회의 구성원들 간의 인간관계도 상당부분 흑백논리에 근거를 두고 있으니, 어떻게 보면 이러한 흑백논리가 분단된 조국의 정치적 이데올로기보다 더 심각한 피해를 안겨다 줄지 모른다는 생각을 지울 수가 없다.

이를테면 일상적인 생활에서도 "나의 편이 아니면, 나의 적", "저 자식 만나면 하루 종일 재수 없어", "참 좋은 친구, 저 친구라면 간이라도 빼주고 싶다" 등 극단적인 표현을 많이 한다. 이러한 극단적인 표현의 뿌리를 찾아보면 젊은 부부가 아이를 두고 "엄마가 좋으니, 아빠가 좋으니?"라고 장난 노는 데서 기인한 것은 아닐까? 만일 그렇다면 우리 아이들의 원만한 성격형성과 아이의 장래를 위해서 이제부터라도 더 이상의 시행착오는 겪지 말아야 할 것이다.

꼭 • 알 • 아 • 두 • 기

- 질문은 아이에게 생각하는 법을 가르치는 가장 기본적인 기술 중의 하나이다. 창의적인 사고는 질문에서 시작된다.

- 질문은 새로운 것을 발견하는 기회이다. 즉, 답보다 질문이 먼저다. 좋은 답을 얻기 위해서는 반드시 좋은 질문이 선행되어야 한다.

- 유태인 부모들은 자녀가 엉뚱한 질문을 하거나 엉뚱한 대답을 할 때 핀잔을 주어 아이의 상상력을 단절시키는 언행은 하지 않는다. 오히려 아이의 풍부한 상상력을 칭찬해준다. 그러므로 "그걸 질문이라고 해!", "그런 질문을 하니까 바보소리 듣지" 등

의 말은 아이에게 큰 상처를 주는 것인 만큼 삼가야 한다.

- 궁금증과 호기심은 질문으로 표현한다. 호기심이 많은 아이가 질문을 많이 하게 된다. 질문을 많이 하는 아이가 질문을 통해서 창의적인 활동과 상상력을 발휘하게 되며 창의적인 활동과 상상력을 발휘함으로써 새로운 것을 창조하게 된다. 새로운 길을 여는 핵심은 궁금증과 호기심이 있느냐 없느냐에 달려 있다.

- 남다른 사고는 남다른 질문에서 시작된다. 남과 다르게 생각하게 하려면 남과 다르게 질문하라. 그러면 남과 다른 답을 얻을 것이다.

- 개방형 질문 vs. 폐쇄형 질문 → 개방형 질문을 하라! 개방형 질문은 자유롭게 대답할 수 있는 질문이다. 자유롭게 대답할 수 있는 질문이 좋은 질문이다. 그러려면 '예'나 '아니요'를 유발하는 질문을 삼가야 한다. 부득이 해야 될 때에는 한 번 더 질문을 덧붙여라, 즉 "왜 너는 '예'라고 생각하느냐?" 또는 "왜 너는 '아니요'라고 생각하느냐?"라고. 개방형 질문에는 정답이 없다. 단지 질문자와 답변자의 생각이 다를 뿐이다. 그러므로 미리 답을 가지고 질문하는 것은 잘못된 것이다. 질문자가 답변을 가지고 질문하게 되면 자기가 가지고 있는 답변과 다를 때는 틀렸다고 판단하거나 평가한다. 아이들은 질문에 대한 답변을 제대로 하지 못하는 경우가 몇 번 반복되면 자신감을 잃게 된다.

　반면에 폐쇄형 질문은 질문자(엄마 또는 아빠)가 미리 답을 정해놓고 하는 경우가 많다. 이러한 폐쇄형 질문은 아이의 사고발달에 좋은 영향을 기대하기 어렵다. 답보다는 사고의 과정이 아이의 인지발달에 도움을 준다. 대표적인 폐쇄형 질문은 '예' 아니면 '아니요'를 유발하는 질문임을 명심하고 가능한 한 삼가는 것이 자녀의 인지발달에 도움이 된다.

개방형 질문을 하려면 어떤 방법이 효과적일까? 첫째, 될 수 있으면 '네' 아니면 '아니요'로 대답할 수 있는 질문을 피한다. 둘째, '~에 대해 어떻게 생각하느냐?'로 끝나는 질문을 던진다. 셋째, 상대방이 대답한 내용 가운데 핵심적인 부분을 반복해서 되묻는다. 넷째, 개방형 질문과 폐쇄형 질문을 혼합한 질문형태로 상대방이 한 말을 요약해서 들려준다(『말보다 핵심을 찌르는 대화법』 참조).

과거의 부모들은 대체적으로 자녀에게 폐쇄형 질문을 많이 하였지만 앞으로는 부모들이 자녀에게 개방형 질문을 많이 하게 될 것이 분명하다.

- 가능하면 자녀에게 개방형 질문을 하자.
  - 네 생각에는 아빠 생신날 아빠를 위해서 뭘 했으면 좋겠니?
  - 이번 추석명절에 큰집에 제사지내러 내려갈 때, 경주에 한번 들렸다가 가는 것에 대해 넌 어떻게 생각하니?
  - 네 생각에는 어떻게 하면 우리 가족이 지금보다 더 행복해지겠니?
  - 가계지출을 줄이는 좋은 방법이 없을까?
  - 지난번 가족회의 때 결정한 거실에 있는 TV를 안방으로 옮기

고, 그 자리에 준영이 책장과 준홍이 책상을 놓을까하는데 어떻게 배열하는 게 좋겠니?

● 왜(why)? vs. 안 돼! 또는 하지 마! → 유태인 어머니들은 자녀에게 가장 많이 던지는 말은 '왜(why)'다. 아이들은 어머니로 인하여 자연스럽게 '생각하는 습관'을 하게 된다. 엄마가 던지는 '왜' 때문에 생각하는 습관을 통해서 '생각하는 힘'이 길러진다. 그러나 우리나라 어머니들은 아이가 어릴수록 지적호기심이 많아 질문해오면 귀찮아서 무반응하거나 "그것도 질문이라고 해"라고 핀잔주기 일쑤다. 이러한 태도는 아이로 하여금 생각하는 힘을 길러주는 것이 아니라 오히려 지적호기심을 말살하는 것이다.

실 ● 천 ● 사 ● 항

● 개방형 질문이 아이의 지적발달에 좋은 영향을 미친다. 그러므로 "네 생각은 어떠니?" 또는 "넌 어떻게 생각하니?"처럼 개방형 질문을 하자.

● 부득이한 경우, 폐쇄형 질문을 하게 될 때, 즉 "예" 아니면 "아니요" 둘 가운데 하나의 답을 선택하더라도 "왜 그렇게 생각하니?"라고 한 번 더 질문함으로써 폐쇄형 질문에서 개방형 질문으로 전환된다. 그러므로 마지막에는 반드시 개방형 질문을 하도록 하자.

좋은 질문 vs. 좋지 않은 질문:
좋지 않은 질문은 안 하는 것보다 못하다

"여러분 선생님 말씀 잘 들어야 됩니까?, 안 들어도 됩니까?, 잘 들어야 되지요?"라는 질문은 유치원 또는 초등학교 저학년 선생님들이 가끔씩 아이들에게 하는 질문이다. 만일 이와 같은 질문을 초등학교 고학년 선생님들이 아이들에게 한다면 아마 대답하지 않는 아이들이 훨씬 많을 것이다. 왜냐하면 너무나 당연한 대답을 왜 해야 하느냐고 생각하는 아이들이 많으므로, 이런 질문에는 아이들이 잘 대답하려고 하지 않을 것이 분명하다. 그렇다고 이러한 질문, 즉 '예' 아니면 '아니요'를 유발하는 질문이 사라진 것은 결코 아니다.

가정에서나 학교에서나 행해지는 많은 질문들은 '예' 아니면 '아니요'를 유발하는 것이다. 이러한 질문이 요구하는 대부분의 답은 '예'이므로 아이들의 인지발달에 아무런 도움을 주지 못한다. 그렇다면 좋은 질문이란 어떤 것인가. 좋은 질문은 하나의 질문에 가능한 한 여러 개의 답을 유발할 수 있는 것이다. 왜냐하면 아이들은 질문에 대한 답을 하기 위해 자신들이 여태까지 배운 모든 지식을 총동원해야 한다. 이러한 과정을 통하여 수많은 뇌세포가 활발하게 작용함으로써 지식이 형성되는데, 인지이론가들은 이를 '지식형성과정'이라고 말한다.

인지이론가들에 의하면 인간은 이러한 지식형성과정을 통하여 지식을 획득하게 된다. 다시 말하면 지식을 획득하기 위해서는 반드시 지식형성과정을 거치는데, 이러한 지식형성과정을 통해서 인지구조에 변화를 일으키는 작용을 한다. 그리고 마지막 단계에 지식을 획득하게 되는데, 이러한 지식의 획득단계는 인지구조의 변화에 별다른 영향을 미치지 못한다.

진 피아제(Jean Piaget)는 아이들에게 사고를 요구하는 질문을 함으로써 아이들 스스로 그 질문에 대한 답을 찾아가는 과정을 통해 아이들이 기존에 알고 있는 지식을 총동원하게 되는 지식형성과정이 지식획득보다 인지발달에 더 중요하다고 주장하고 있다. 다시 말하면 이러한 지식형성과정을 통하여 아이의 지식이 형성되고, 인지구조의 변화를 일으키므로 질문 그 자체가 매우 중요한 것이다. 그러므로 피아제는 교사들이 아이들에게 좋은 질문을 하는 것만으로도 아이들의 인지발달에 도움을 준다고 역설하고 있다.

오래전에 MBC에서 '세계의 대학'이란 특집 프로그램을 통해서 매주 한차례 일 년 동안 세계적인 명문대학을 소개하였다. 그 가운데 미국에서뿐만 아니라 세계에서 노벨상 수상자를 가장 많이 배출한 시카고대학의 생물학과 로이드 교수는 1박 2일 동안의 현장학습 내내 학생들에게 질문만 한다. 그리고 그는 자신의 질문(문제제기)에 대한 학생들의 답변을 들으려고 하지 않았을 뿐만 아니라, 자신의 의견도 일절 말하지 않았고 학생들도 더 알려고 하지 않았다. 이러한 시카고대학의 교수와 학생들도 피아제와 같은 인지이론가들처럼 질문을 함으로써 지식이 형성되고, 이러한 지식형성과정을 통하여 인지구조에 변화를 일으키는 그 자체가 중요하다는 사실을 너무나 잘 알기에 그렇게도 자연스럽게 현장학습이 이뤄질 수 있겠다는 생각에 무척이나 부러워했던 적이 있다.

필자가 1970년대 후반기에 군대생활을 하면서 경험한 재미있는 일화 하나를 소개하려고 한다. 당시만 하더라도 시골 동네 청년이 군 입대한다면 시끌벅적했던 시절이었다. 군 입대한다고 인사하러 가면 고생하러 간다고 어른들이 용돈 주고 부모님들은 동구 밖까지 배웅하며 눈물을 쏟았던 시절이었다. 입대한 그 이듬해, 그러니까 여전히 졸병시절이었을 즈음의 4월 5일 식목일이었다. 자대(自隊)의 시어머니격인 인사계가 병사들을 연병장에 집합시켜 놓고 경기도 사투리(?)로 작업을 지시하면서 "오늘이 무슨 날인가?"라고 하여, "식목일입니다."라고 대답하려고 하였다. 그러나 인사계는 "식목일이지?"라고 하면서 답을 아예 가르쳐 줘, 이번에는 "그렇습니다."라고 대답하려고 했는데, 대답하기도 전에 스피디한 목소리로 이번에는 "그러나, 안 그러나?"라고 하였다. 또 한 번 병사들은 "그렇습니다."라고 대답하기도 전에 "그렇지?"라고 해서 전부대원들이 큰 소리로 "예"라고 대답한 적이 있었다.

아무리 군대라는 특수한 조직이라고는 하지만 멀쩡한 청년들을 징집시켜 놓고 바보로 만들려고 작정하지 않고서야 어떻게 인사계는 그것도 질문이라고 했을까. 군 당국에게 묻고 싶다. 요즈음 군대도 군인들을 그런 식으로 교육시키고 있는가를.

또 한편으로는 우리의 우방국인 미국 군대의 장병들도 그런 식으로 교육을 받고 있는지 솔직히 궁금할 따름이다.

- 질문(?) → 지식형성과정 → 답(!), 즉 질문을 하면 그 질문에 대한 답을 하기 위하여 아이들은 여태까지 배운 모든 지식을 총동원하여 뇌에 저장된 지식을 인출하려 한다. 그 상태 또는 그 과정을 지식형성과정이라고 한다. 이때, 인지구조의 변화를 가져온다. 특히 피아제 같은 인지이론가들은 지식형성과정을 중시한다. 왜냐하면 지식형성과정에서 인지구조의 변화를 가져오기 때문이다.

- 창의적인 답을 얻으려면 창의적인 질문을 해야 한다. 즉, 새로운 것을 얻으려면 새로운 질문을 해야 한다.

- 좋은 답을 얻기 위해서는 좋은 질문을 해야 한다. 이는 곧 아름다운 질문을 하는 사람은 언제나 아름다운 대답을 얻는다는 의미이다.

- 우리들의 자녀들이 암기위주의 주입식교육에서 탈피하도록 교육정책 입안에 관심을 갖고 적극적으로 개입하자.

- '예' 아니면 '아니요'를 유발하는 폐쇄형 질문은 되도록이면 삼가 하자.

왜 우리나라는 아직까지
노벨과학상 하나 못 탔을까?

미국 중부지역의
시카고 시에 소재해 있는 명문 사립대학인 시카고대학교는 미국의
전통적인 명문대학에 비해서 그다지 역사가 오래된 대학은 아니다.
이를테면 하버드대학의 경우 1636년에 설립되어 380여년의 역사
를 가진 것에 비하면 상대적으로 빈약한 130여년 정도의 역사에 불
과하지만 여태껏 89명(2018년 기준)의 노벨상 수상자를 배출하였
다. 따라서 시카고대학은 미국 내에서 뿐만 아니라 세계에서 노벨상
수상자를 가장 많이 배출한 대학으로 유명하다. 그까짓 89명이 뭐
가 그리 대수롭다고 야단이냐고 하는 사람도 있을 수 있다. 하지만
반만년 유구한 역사를 가진 우리나라에서는 아직 단 한명의 노벨과
학상 수상자도 배출하지 못한 것에 비추어 보면, 부럽다 못해 존경
한다하여도 전혀 지나치지 않다.

시카고대학교가 노벨상 수상자를 많이 배출한 이유를 알게 된
것은 1980년대 필자가 대학원에서 코스워크를 할 때, 당시 MBC에
서 특집으로 거의 1년 가까이 방영한 '세계의 대학'이란 프로그램을
통해서였다. 거의 삼십 수 성상이 지난 지금까지 명석하지도 않은
필자의 기억 속에 지워지지 않는 것은 시카고 대학생이면 전공에 상
관없이 수강할 수 있는 교양 선택과목 중의 하나인 생물학 강좌였
다. 필자가 TV 화면을 통에 본 그날의 수업 장면은 실험실에서 이루
어졌는데, 국내 대학에서만 공부한 토종으로서는 정말 의아할 수밖

에 없었다. 우리나라 대부분의 대학에서도 교양 선택과목으로 생물학 강좌가 설강되어 있다. 그러나 전공도 아닌 선택과목의 수업을 실험실에서, 그것도 값비싼 시약을 사용한다는 것은 우리나라에서는 감히 상상조차 할 수 없는 일이다.

실험실에서의 실험은 수강생들에게 미지의 물질(unknown material)이 들어 있는 조그마한 병 하나씩을 나누어 주고, 그 병 속에 들어 있는 물질이 무엇인가를 알아내는 것이었다. 담당교수 대신에 조교만이 참관한 실험실 공간에서 모든 수강생들은 자신에게 주어진 과제를 해결하기 위하여 시약을 조금씩 끄집어내어 물에 끓여 보기도 하고, 불에 태워보기도 하며, 또는 원심분리기에 돌려보기도 하였다. 그리고 자신의 시약과 다른 동료들의 그것을 믹스하여 일어나는 반응을 체크해 보는 등 갖은 수단과 방법을 동원하여 자신에게 주어진 미지의 물질을 알아내는, 이름 하여 '발견학습' 또는 '탐구학습' 방법을 이용한 실험수업이었다.

그러나 우리나라 대부분의 대학들은 보편적인 생물학 강좌, 그것도 생물학을 전공하는 학생들의 실험마저도 고가(高價)의 탓에 시약이 턱없이 부족한 관계로, 실험조교만이 교재에 기록되어 있는 실험절차와 방법을 한 치의 오차도 없이 그대로 적용하여 똑같은 결과를 도출해내는 광경을 학생들이 지켜보는 것으로 실험을 대신하고 있는 실정이다. 보다 정확하게 표현하면 우리나라 대학에서의 생물학 실험은 실험조교가 하고, 학생들은 폼 나는 가운만 입고 조교가 실험하는 것을 지켜본 것에 불과하다. 우리나라의 교육환경이 이 정도로 열악하다는 사실을 알게 되면 왜 이 나라에서는 단 한명의 노벨과학상 수상자도 배출하지 못했는지, 그 까닭을 충분히 납득할 수 있으리라 믿는다.

이왕지사 실험 얘기가 나왔으니 여기서 재미있는 실험과 관련된 예를 하나 들어보기로 하겠다. 우리나라 중학교를 다닌 이들이면 누구나 한번쯤은 경험하였을 생물 시간의 '개구리 실험'을 어떻게 하였는가. 필자는 앞서 결코 명석한 두뇌의 소유자가 아니라는 사실을 고백하면서 반세기가 지난 어렸을 적의 개구리 실험까지 기억하는 것으로 보아 거짓말을 밥 먹듯이 하는 자로 오해하는 이들이 있지 않을까 노파심에서 말하지만, 필자는 천성적으로 거짓말을 못한다는 사실을 미리 밝혀둔다. 필자가 단지 기억하는 것은 중학교 시절 몇 가지 안 되는 과학실험 중의 하나이기도 하지만 실험도구를 준비하지 못해서 생물 선생님으로부터 제법 심한 체벌을 받았기 때문이기도 하다. 그리고 또 다른 이유는 나의 가장 친한 친구의 실험도구를 빌려 사용하였기에 더욱 기억에 남는다.

우리나라 중학교의 대표적인 실험인 '개구리 실험'에 대해 살펴보면, 생물 교과서 89페이지(?) 첫째 단락의 개구리 실험절차에 기록되어 있는 순서에 입각하여 생물 선생님의 지시 하에 이루어진다. 먼저 개구리를 마취시킨 후, 배가 하늘로 향하게 하고 4개의 다리에 압침을 꽂고 칼을 사용하여 배를 가른다. 생물 교과서의 개구리 해부 그림에는 개구리 각 기관들의 명칭과 그 번호가 매겨져 있으며, 학생들은 핀셋을 이용하여 개구리의 각 기관들을 번호순서대로 끄집어내어 확인하는 것이 이 실험의 핵심이자 전부이다.

그렇다면 학생들은 이러한 개구리 실험을 통해서 무엇을 배웠는가? 솔직히 말한다면 이 실험을 통하여 '새로운 사실(지식)을 배운 것이 하나도 없다'고 해야 옳을 것이다. 왜냐하면 이미 생물학자들의 실증적인 실험을 통해서 발견해 낸 결과로서의 지식을 학생들은 단순히 확인하는 것에 불과하기 때문이다. 그리고 교육학자의 관점에서는 이러한 결과로서의 지식, 즉 잡동사니 지식을 획득하기 위해서 시간과 노력 그리고 비용을 낭비하면서까지 실험할 거리가 못된다고 본다. 좀 더 세련된 표현을 하면 이러한 개구리 실험은 교육적 가치가 없다는 것이다. 그렇다면 이 실험을 통하여 혜택을 받은 자는 과연 누구인가. 그것은 다름 아닌 개구리 실험도구를 생산하는 업자와 학교 앞 문구점 주인과 또 한 사람 더 있다면 말하기 곤란한 '+알파'일 것이다.

독자 여러분께서는 물론, 미국의 시카고대학 학생들의 실험과 우리나라 중학교 학생들의 그것과 너무 극단적인 비교라고 대수롭지 않게 생각할 수도 있을 것이다. 그러나 이러한 교육방법의 차이가 엄청난 교육적 결과(성과)를 가져온 것이다. 비록 늦은 감은 있지만 우리 국민이 그렇게도 염원하는 노벨과학상 수상자를 배출하기 위해서는 그동안 잘못된 교육방법에 대해 깊이 성찰하고, 이제라도 교육방법이 중요하다는 인식의 전환과 함께 효율적이고 효과적인 교수방법(teaching method)을 강구해야 할 것이다. 문제의식을 가진 자에게 문제해결의 기회가 돌아간다는 평범한 진리를 이 기회에 다시 한 번 되새겨 보면 어떨까라는 생각을 해본다.

- 세계에서 노벨상 수상자를 가장 많이 배출한 시카고대학교의 교양생물학 강좌 중에서 실험실에서 이루어진 실험은 수강생들에게 미지의 물질(unknown material)이 들어 있는 조그마한 병 하나씩을 나누어 주고, 그 병 속에 들어 있는 물질이 무엇인가를 알아내는 것이었다. 수강생들은 자신에게 주어진 과제를 해결하기 위하여 시약을 조금씩 끄집어내어서 물에 끓여보기도 하고, 불에 태워보기도 하며, 또는 원심분리기에 돌려보기도 하였다. 그리고 다른 동료들의 시약을 믹스하여 일어나는 반응을 체크해 보는 등 갖은 수단과 방법을 동원하여 자신에게 주어진 미지의 물질을 알아내는, 이름 하여 '발견학습' 또는 '탐구학습' 방법을 적용한 실험수업이었다. 시카고대학의 생물학 실험과 우리나라의 '개구리 실험'과 비교하면 왜 우리나라가 노벨과학상 수상자 단 한명도 배출하지 못했는가를 쉽게 이해할 수 있을 것이다.

- 아이에게 생각하는 힘을 길러주기 vs. 그것도 몰라 바보처럼 → 아이가 질문에 대해 대답하고 나서는 항상 "왜 그렇게 생각하니?"라고 한 번 더 질문하라! 그러면 아이가 생각하는 힘을 기르는데 분명히 도움이 된다. 생각을 깊이 하는 아이는 실수를 하지 않는다. 가령 실수를 하더라도 최소화할 수 있다. 영어의 생각하

다의 의미를 가진 think는 감사하다의 의미를 가진 thank에서
유래되었다는 것에서도 생각의 힘을 길러주는 것이 아이의 미래
를 위해서도 도움이 된다.

- 질문을 중요시 하는 것은 질문을 함으로써 진리에 한걸음 더 다
  가갈 수 있기 때문이다.

- 우리나라 부모들은 자녀가 모든 과목에서 1등 하기를 바라면서
  학교성적에 올인(all in)한다. 다른 형제나 친구들과 비교도 서
  슴지 않는다. 아이들은 자존감에 큰 상처를 받아 결국 자존심을
  상실하게 된다. 반면에 유태인 부모는 자녀 스스로 배우고 싶어
  하는 것을 자유롭게 공부할 수 있도록 도와주고 격려한다.

- 유태인 부모는 형제자매끼리도 머리나 능력을 비교하지 않는다.
  다만 자녀의 장점과 개성을 키워주려고 노력한다.

- 유태인 부모들은 어려서부터 아이의 지적 호기심을 부단히 자극
  하여 자녀들로 하여금 스스로 자신의 재능을 개발하게끔 도와준
  다. 그리고 남과 다른 자기 자녀만의 개성과 소질을 키워주는데
  전념한다. 유태인 부모들은 남다른 개성과 소질을 지닌 아이가
  더 나은 미래를 보장받을 수 있다는 신념을 갖고 있다. 자기 자녀
  가 남과 다른 능력을 갖게 되면 모든 인간은 서로 인정하고 존경
  하며 함께 살아갈 수 있기 때문이다.

- 유태인 자녀교육의 핵심은 바로 개성을 정확히 파악하고 그 개
  성을 살려주는 것이다. 세상을 이끌어가는 위대한 인물들은 그

뒤에 어김없이 훌륭한 부모가 있었다. 피카소 아버지의 직업은 화가였다. 어느 날 어린 피카소가 그림을 그리는 것을 유심히 지켜본 피카소의 아버지는 미술에 뛰어난 재능이 있다는 사실을 알게 되었고, 자신은 화가의 길을 접고 어린 피카소를 적극적으로 지도하고 돌봐주며 피카소가 그린 그림을 하나도 빠짐없이 보관하였다고 한다.

● 자녀의 재능을 찾아 키워주는 것이 진정한 영재교육이다.

● 유태인들의 학교교육은 교사가 설명하면, 학생은 거기에 대해 질문을 해야 한다. 만일 모르는 것이 있으면 이해될 때까지 질문한다. 교사와 학생간의 활발한 상호작용이 교육의 효과를 상승시킨다. 창의적인 학생이 창의적인 질문을 많이 한다. 그러나 우리나라의 학교교육에서는 교사가 질문하면, 학생은 그 질문에 답을 한다. 어떤 것이 아이의 창의성교육에 도움이 되겠는가?

● 우리나라 교육은 듣고 외우는 교육이지만 유태인들은 묻고 대화를 통해 이해하는 교육이다. 유태인 아이들은 부모와의 대화를 통해서 스스로 결론을 찾고 새로운 사실을 배우게 된다.

실 • 천 • 사 • 항

● 자녀에게 설명보다는 질문을 더 많이 하자.

● 틀린 답을 말할 때에도 정답을 알려주지 않고 다시 질문하자.

- 아이의 대답에서 구체적인 근거를 찾아 칭찬해주자.

- 아이들이 공부하다가 궁금하거나 모르는 것이 있으면 스스로 책이나 인터넷 포털 사이트 등을 통해 스스로 문제를 해결하도록 하자.

당신은 지금 '베갯머리 독서'를 하고 있는가?

부부에게 있어서 아기의 출생은 사랑의 결실이자 축복 그 자체이다. 그래서인지 자녀교육에 대한 관심이 너무 커 가끔 '탈'이라는 표현이 더 어울릴 때도 있다. 자녀를 교육하는데 있어 어떤 부모는 성공하고, 어떤 부모는 실패한다. 이는 부모의 자녀교육 방법의 차이에서 기인한다.

어렸을 때부터 아이에게 많은 경험을 제공해주는 것이 자녀교육에 무엇보다 중요하다. 많은 유아교육학자들은 나름의 체계적이고 설득력 있는 이론을 창안하고 정립해 관련 분야의 학문적 발전에 공헌해왔다. 어떤 경우 상반된 이론이 제시되기도 하지만 이들의 공통된 견해는 초기경험을 중시한다는데 있다. 어렸을 때부터 많은 경험을 제공해주는 것이 다른 어떤 교육적 행위보다 중요하다는 얘기다. 여기서 경험이란 많은 것을 보여주고 만지게 하며, 듣게 하는 감각 운동적 행동을 의미한다.

일찍이 존 듀이(John Dewey·미국의 철학자이자 교육학자)는 "경험만큼 훌륭한 교사는 없다"고 하지 않았던가. 경험이 다른 어떤 교육적 행위보다 훌륭한 교사라는 깊은 의미를 지니고 있음은 두말할 나위가 없다.

우리나라 부모들은 자식을 미더워하지 않는다. 대부분의 부모들은 아이를 부뚜막에 올려놓은 것처럼 매사 걱정이다. 대학생 자녀를 둔 부모도 방학 때 캠핑을 가기라도 하는 날이면 물가에 들어가지 말라고 신신당부한다. 이렇게 한들 캠핑 가서 물에 들어가지 않을 자녀가 얼마나 있겠는가. 불안하고 염려되면 어렸을 때부터 수영을 가르치면 될 일이다. 감각 운동적인 신체활동은 빠를수록 교육적 효과가 크다는 사실을 인식하고 행동으로 옮기는 부모야말로 자녀 교육에 성공할 가능성도 커진다.

과거 선조들은 자녀와 손자를 무릎에 앉히고 책을 읽어주곤 했다. 가정교육에 엄격한 유태인들은 퇴근 후 자녀들과 하브루타(일대일 대화교육법)를 습관화했다. 이른바 '베드사이드 스토리(bedside story, 베갯머리 독서)'를 실천한 셈이다.

베갯머리 독서는 아이가 글을 모를 때부터 이뤄진다. 잠자리에 들고 나서 15분 내지 30분 정도 하루도 빠짐없이 지속적으로 하는 것이 중요하다. 그러다보면 아이는 부모의 글 읽는 소리를 듣지 않으면 허전해서 잠을 이룰 수 없게 된다. 독서는 어휘력과 이해력을 증진시키는 가장 좋은 공부 방법 중 하나다. 이러한 독서가 어렸을 때부터 습관화되면 아이에게는 해를 거듭할수록 독서 중독증세가 일어난다. 독서 중독증세란 독서를 하지 않으면 심리적으로 불안해하는 것으로 독서를 통해 정서적으로 안정된 일상을 찾는 것을 의미한다. 아이의 성장 과정에서 독서 생활화의 가장 좋은 방법이 바로 베갯머리 독서인 셈이다.

유태인의 자녀교육법 중 가장 중시되는 것도 베갯머리 독서다. 이들은 생후 1년 정도 지나면 잠자리에서 아이에게 그들의 종교서적인 토라(Torah)를 들려준다. 물론 우리 아이의 정서에 맞는 좋은 동화들도 얼마든지 있다. 중요한 것은 공부는 습관이다. 좋은 습관은 빠르면 빠를수록 그 효과가 크다.

마지막으로 언급할 것은 대화다. 대화는 상대가 있어야 가능하다. 전통사회에서는 대부분의 아이가 어린 시기를 부모와 보냈지만, 맞벌이 부부가 대세인 현대사회에서는 어린이집에 맡겨지거나 대리모의 손에 의해서 아이의 일과가 결정된다. 그만큼 부모와 상호작용할 기회가 줄어들게 된 것이다.

적어도 식사시간 만큼은 가족이 한데 모여 밥상머리에서 자유토론이나 특정한 주제를 갖고 대화할 수 있는 시간을 갖는 것이 아이의 지적발달이나 정서발달에 도움이 된다. 부모와 아이의 상호작용 대부분은 대화로 이뤄지는데, 이러한 대화는 아이의 언어발달에 지대한 영향을 미친다. 일례로 여아가 남아에 비해 언어발달이 빠른 것은 여아가 어머니와 함께 지내는 시간이 상대적으로 많기 때문이다. 유태계 소련출신 심리학자 비고츠키(Vygotsky)는 어른들 및 똘똘한 또래와 어울려 지내는 아이의 언어발달이 그렇지 않은 아이보다 상대적으로 빠르다고 역설했다.

가족 간 대화가 일상화되어 있는 경우 사춘기가 되어도 부모와의 대화는 단절되지 않는다. 그래서 대화는 자녀의 정서발달에도 큰 도움이 된다. 설령 자녀에게 어떤 문제가 발생하더라도 대화를 통해 눈치를 챔으로써 사고를 미연에 방지하든지 최소화할 수 있다. 사회적 문제로까지 비화(飛火)되고 있는 학교폭력의 피해학생이 최후 수단을 강구하기까지 부모들은 자녀의 문제를 전혀 모르는 경우가 허다하다. 이는 가족 간 대화가 그만큼 없었다는 또 하나의 방증이다.

어려서부터 많은 것을 경험하고, 지속적으로 독서하며 대화하는 과정에서 글쓰기(작문)도 자연스레 체득된다. 경험하지 못한 것을 문장으로 표현하는 데에는 한계가 있다. 또한 경험하지 않고 표현되는 언어는 설득과 감동을 주기에 부족하다. 그래서 독서를 통한 지식 습득과 내공의 축적이 중요하다. 그리고 이러한 내공은 창의성을 길러준다.

우리나라 각급 학교의 공통적인 교육목표는 '창의적인 인간'을 육성하는데 있다. 21세기 지식기반사회에서 요구하는 인간상은 다름 아닌 창의적인 인재다. 창의적인 인재가 그냥 길러지는 것은 아니다. 자녀에 대한 부모의 사랑과 믿음을 바탕으로 초기경험을 많이 할 수 있도록 교육적 환경을 제공하는 것이 중요하며, 인내심을 갖고 베갯머리 독서와 밥상토론, 대화를 생활화하는 것이 필요하다. 이것이 바로 그 어떤 자녀교육보다 창의적인 인재양성에 효과적인 방법임을 명심해야 할 것이다.

- 독서백편의자현(讀書百偏義自見) → 글을 백 번 읽으면 그 뜻이 저절로 이해가 된다는 의미이다. 이 고사성어는 한나라에 동우라는 학문이 뛰어난 학자로부터 유래한다. 동우의 명성이 높아지자, 그에게 글을 배우고 싶어 하는 사람들이 늘어났다. 동우는 제자가 되겠다고 찾아오는 사람들에게 항상 "나에게 무얼 배우려 들지 말고 자네 스스로 책을 백 번 읽어 보게. 책을 백 번 정도 읽다 보면 저절로 뜻을 깨우치게 될 걸세."라고 했다. 이 말에는 깨달음은 스스로 노력해서 얻어야 한다는 뜻도 담겨있다. '독서백편의자현'은 '책 속에 길이 있다'라는 말과 비슷한 뜻으로 책을 많이 읽다 보면 스스로 깨우치게 된다는 뜻의 고사성어다.

- 좋은 습관은 빠를수록 좋다. 이는 어릴수록 교육의 효과가 그 만큼 크다는 것이다. 그 중에 하나가 독서다. 독서가 중요하다는 것을 모르는 이는 아무도 없으며, 독서의 중요성을 아무리 강조해도 지나치지 않다는 사실도 너무나 잘 안다. 유태인의 경우 가장 대표적인 독서방법이 베갯머리 독서이다. 유태인들은 생후 3년째가 되면 글을 가르쳐준다고 한다.

- 유태인들은 처음으로 알파벳을 가르칠 때, 알파벳 위에 꿀을 발라놓고 한자씩 익힐 때마다 혀로 꿀을 핥아먹게 하여 공부가 꿀처럼 달다는 것을 각인시킨다고 한다.

- 유태인들은 자녀가 생후 1년이 지날 무렵부터 아이들이 잠자리

에 들고 나서 15-30분가량 베갯머리 독서를 꾸준히 실시하여 글을 읽어준 덕분에 4세가 되면 그들의 어휘력이 1,500단어 이상이 된다고 한다.

- 베갯머리에서 들려준 이야기를 아이들로 하여금 느낌을 표현하게 하기도 하고 그림으로 표현하도록 훈련하게 함으로써 상상력과 표현력은 향상된다. 어렸을 적에 상상력과 표현력 훈련을 받은 아이들은 훗날 상상력이 풍부한 시인이나 작가가 되는 계기가 된다.

- 베갯머리에서 들려준 독서훈련이 유태인들로 하여금 21세기를 주도하는 창의적인 민족으로 우뚝 설 수 있는 동력이 되었다고 보아도 무방하다.

- 컴퓨터 황제 빌 게이츠는 "훌륭한 독서가가 되지 않으면 참다운 지식을 얻을 수 없다"면서 "컴퓨터가 결코 책의 역할을 대신할 수 없다"고 말한다. 빌 게이츠는 어릴 적부터 책을 즐겨 읽었으며 학교에서 돌아오면 곧장 서재에 틀어박혀 아버지의 책을 닥치는 대로 읽었다고 한다. 일곱 살 때 빌이 가장 즐겨 읽었던 책이 세계대백과사전이었다. 또래 아이들 가운데 빌 게이츠만큼 독서량이 많은 아이가 없었다고 한다. 컴퓨터보다 책이 어린 시절 꿈과 상상력, 창의력을 키우는 중요한 무기이다.

- 유태인은 자녀의 독서지도에 가장 철저한 민족으로 정평이 나 있다. 유태인은 국가와 민족을 이끄는 훌륭한 인재로 만드는 원동

력을 독서라고 믿는다. 독서야말로 경험을 극대할 수 있는 최선의 방법인 것이다. 경험에는 직접적인 경험과 간접적인 경험이 있다. 직접적인 경험이 간접적인 경험에 비하여 학습효과가 더 크다는 말도 틀린 것은 아니다. 그러나 인간은 제한된 시간과 공간에서 살아가는 존재이므로 직접적인 경험만을 많이 한다는 것은 불가능한 일이다. 그러므로 간접적인 경험을 많이 하여 못다한 직접적인 경험을 보충하여야 한다. 간접적인 경험은 이미 검증된 것이기에 시행착오를 막을 수 있다는 장점이 있다. 집을 지어본 경험이 있는 사람은 집을 그릴 때 절대 지붕부터 그리지 않는다. 집을 짓는 순서대로 그린다. 그래서 경험을 많이 하도록 하는 가장 좋은 방법은 독서이다.

그러나 우리나라 성인들의 1년 평균 독서량은 9.2권이라고 한다. 이 수치를 12달로 나누면 0.8권으로 매달 1권의 책도 읽지 않는다. 혹자는 독서조차 제대로 하지 않는 국민이 노벨문학상 수상자가 나오기를 기대한다는 것은 잘못된 것이라고 비꼰다. 깊이 새겨들어야 할 대목이다. 아이들은 어른들의 행동을 보고 모방하면서 배운다. 부모들이 독서하는 모습을 보고 자란 아이와 그렇지 않은 아이와는 머잖은 훗날에 확연한 차이가 있을 것은 쉽게 예상할 수 있는 문제이다. 아이들에게 많은 재산을 물려주는 것보다 좋은 습관, 즉 책 읽는 습관을 물려주는 것이 당신 자녀에게 훨씬 더 도움이 될 것이다.

● 독서의 중요성 ➜ '경험은 많이 할수록 좋다'는 것은 누구나 다

잘 알고 있는 사실이다. 그러나 한 개인으로서 경험할 수 있는 데에는 한계가 있다. 아무리 경험만큼 좋은 교사가 없다고 하지만 경험할 수 없는 것들이 너무나 많다. 그래서 꿩 대신 닭이라고 하듯이 독서를 통한 경험, 즉 간접 경험도 우리 인간들의 지적능력과 잠재적인 능력을 개발시키는데 더없이 좋은 방법이다. 독서를 통한 능력개발을 게을리 하지 않는 사람이 그렇지 않는 사람들에 비하여 성공할 가능성이 훨씬 높다.

● 미국 국무부장관과 하버드대학교 교수를 역임한 헨리 키신저 (Henry Alfred Kissinger) 박사도 어린 시절 독서광인 것으로 잘 알려져 있다. 그는 어린 시절 틈 날 때마다 아버지의 서재에서 책읽기를 즐겼다고 한다. 아이들에게 공부하라고 잔소리하거나 야단치는 것보다는 공부할 수 있는 교육환경을 제공하는 것이 부모가 해야 할 역할이다. 유태인들은 거실에 TV을 두지 않는다. 거실에는 책장으로 둘러싸여 언제든지 손쉽게 책을 접할 수 있도록 장식되어 있다. 가끔씩 도서관을 찾을 때면 누구나 공부하고 싶은 마음이 생기듯이 집에 들어오면 거실이 책장으로 장식되어 있어 독서를 하고 싶은 생각이 들 수 있도록 하는 것이 공부하라고 잔소리하는 것보다는 수십 배 아니 수백 배 효과가 크다는 사실을 잊지 말자. TV는 큰방에 두고 아이들에게 필요한 프로그램, 즉 아이들에게 유익한 프로그램은 부모와 함께 시청하는 것이 좋다. 가능하면 TV시청은 하지 않는 것이 아이들에게도 어른들에게도 다 좋다.

- 괴테의 어머니는 괴테가 3살 때부터 밤마다 잠자리에 들기 전에 매일 이야기를 한 편씩 들려주었고, 결말 부분은 들려주지 않고 어린 괴테로 하여금 완성해보도록 하였다고 한다. 이야기의 뒷부분을 상상하며 추리하는 습관을 키워 훗날 괴테가 불후의 문학작품을 남길 수 있는 터전을 마련한 것으로 평가할 수 있다. 이러한 '베드사이드 스토리텔링'은 본래 유태인 어머니들의 전통적인 교육방법으로, 괴테 어머니는 괴테에게 활용한 것이다.

- 스칸디나비아 교육의 특성 → ①학교가 중심이 아니라 가정이 중심이 된다. ②부모는 자녀에게 엄격하기보다는 상호작용을 많이 한다. 특히 이들 부모들은 자녀와 산책하면서 많은 대화의 시간을 보내고 독서활동을 즐긴다. ③아버지도 육아에 적극적으로 참여한다. ④우리나라는 미래에 가치 부여를 하지만 그들은 현재에 충실하다.

실·천·사·항

- 공부할 수 있는 물리적 환경을 조성하기 위해서 가장 먼저 거실에 있는 TV를 안방으로 옮기든지 아니면 아예 없애버리자.

- 온 가족이 독서할 수 있는 교육환경을 마련하자. 그러기 위해서 거실에 있는 TV를 치워버리고 그 자리(거실에서 가장 명당자리)에 책장과 책상을 놓자.

- 거실에 있는 소파도 가능하면 치워버리고, 그 자리에 책장과 책상을 두고 어디서든 독서할 수 있는 가정의 교육적 환경을 제공하자.

- 내 자신이 아이에게 좋은 모델이 되자. 그러려면 아이들에게 독서하는 모습을 보여주자.

- 아이의 포토폴리오를 자녀와 함께 만들자.

- 육아일기를 쓰자.

- 아이를 위한 부모(엄마)의 포토폴리오를 만들자.

- 책을 읽은 다음 독후감이나 책 내용을 간단하게 저자와 서명(책이름)과 함께 기록해두는 독서노트를 만들자. 그리고 부모가 읽은 책을 아이와 똑같은 방법으로 핵심줄거리를 간략하게 요약하면서 독서하는 모습을 보여주는 게 많은 유산을 물려주는 것보다 낫다는 사실을 명심하자.

- 아이의 책을 구매하면서 자신이 읽을 책도 같이 구매하자. 한국 성인들이 하루에 책 읽는 시간은 평균 16분에 불과하고 1년에 9.2권으로 경제협력개발기구(OECD) 국가 가운데 독서량이 꼴찌이다. 자녀들과 함께 책읽기를 일상화하자.

- 자녀와 함께 서점에서 책사기, 책을 고를 때에는 자녀가 선택하도록 하고 아이에게 어울리지 않은 책은 "이건 안 돼!"라고 강압적으로 해서는 절대로 안 된다. 왜 안 되는지를 설득한 후 다른 책을 고르도록 하자.

인공지능은
4차 산업혁명의 동력

1차 산업혁명은 증기기관, 2차 산업혁명은 전기, 3차 산업혁명은 컴퓨터와 인터넷이 주도하였다. 이와는 달리 4차 산업혁명은 인공지능(AI)이 그 시발점이다. 이는 『인공지능 혁명 2030』의 저자 벤 고르첼(Ben Goertzel)이 4차 산업혁명을 인공지능 혁명이라고 일컫는 데에서도 알 수 있는 대목이다. 2016년 구글 딥마인드(DeepMind)의 알파고(AlphaGo)와 이세돌과의 세기의 바둑대결에서 대부분의 바둑 프로기사들은 이세돌이 알파고를 쉽게 이길 것이라고 자신하였다. 그러나 예상을 뒤엎고 알파고가 이세돌을 4 대 1로 완파하여 큰 충격을 안겨주었다. 이를 두고 일부 호사가들은 "인간이 만든 알파고가 신(神)이 만든 이세돌을 이겼다"고 표현하기에 주저하지 않았다. 사실은 알파고가 이세돌을 상대로 쉽게 이길 수 있었던 것은 정보패턴을 기계가 스스로 학습하도록 설계한 알고리즘의 덕택이라고 한다.

이제 인공지능은 한 분야에서 잘하는 것에 거치지 않고 더 나아가 수십, 수백, 수천 가지를 동시에 잘할 수 있는 인공일반지능(artificial general intelligence)으로 진화해 가고 있다. 인공일반지능은 어떠한 지적 업무도 가능하며 다양한 환경에 유연하게 적응하여 인간의 능력을 대신할 수 있으며, 심지어 인간보다 잘할 수 있다고 한다. 미래학자 레이 커즈웨일(Ray Kurzweil)은 그의 저서 『특이점이 온다(The Singularity Is Near)』에서 인공지능과 인간의 두뇌가 자연스럽게 하나가 될 것이라고 보았다. 그의 표현에 따르면 인간은 점점 기계처럼 되고, 기계는 점점 인간처럼 된다. 이처럼 인공지능은 머지않아 인간의 가장 중요한 협력도구가 될 수밖에 없으며, 인간의 능력을 증폭시켜 주고 궁극적으로 우리의 삶을 풍요롭게 하는데 도움을 줄 것이다.

인공지능은 이미 음성인식에서 자연언어 세대로 이동했으며, 정보의 수신능력에서 정보생성능력을 갖추게 되었다. 딥러닝(deep learning)의 고안으로 인공지능은 마치 인간들처럼 데이터를 분류하여 스스로 학습하고 진화하여 획기적으로 도약하게 되었다. 즉, 인지 컴퓨팅 영역으로 들어서게 되면서 컴퓨터가 외부의 지원이나 도움을 받지 않고 스스로 학습하는 능력을 갖게 된 것이다. 그 결과, 영상인식 알고리즘은 인간보다 그 능력이 더 뛰어나다.

IBM 왓슨(Watson)의 사업개발 및 협력 프로그램 담당 부사장 스티븐 골드(Stephen Gold)는 늦어도 2020년까지 인공지능 시스템들은 모두 튜링 테스트(Turing Test, 1950년 영국의 앨런 튜링(Alan Turing)이 제안한 것으로 컴퓨터가 인공지능을 갖추었는지를 판별하는 실험)에 통과할 것이라고 예측하고 있다. 뿐만 아니라 2020년까지 인공지능은 인지혁명을 일으켜 인간을 둘러싼 모든 것들, 즉 머신 버전, 센스, 사물인터넷 등을 활용한 인지능력까지 갖추고, 네트워크를 통합해 인간과 상호작용하며, 모든 시스템들을 '스마트'하게 만들게 될 것이라고 한다.

미래에는 의사가 하는 대부분의 영역을 로봇이나 센스, 칩이 대신하기 때문에 '의사 없는 병원'이 보편화된다고 한다. 로봇의사들이 인간의사보다 비용이 훨씬 싸고 교육도 필요 없으며, 의료사고도 제로(0)시대에 돌입하게 될 것으로 내다보고 있다. 그러므로 2030년이 되면 상당수의 의사들이 실업상태에 놓이게 될 것이라고 예상하고 있다. 이미 K대학교 G병원에서는 IBM의 왓슨을 도입하여 인공지능이 암 진단을 하고 개개인을 위한 최적의 치료방법까지 알려주는 서비스를 시작하였다. 앞으로 개인뿐만 아니라 정부 입장에서도 더 적은 비용으로 더 수월하고 더 안전한 의료행위가 가능하다면 로봇의사를 선호하게 될 것이 분명하다. 인공지능은 이미 우리의 삶에 깊숙이 파고들어 기후변화관리, 교육의 재설계와 민주화, 과학적 발견, 에너지자원의 활용, 기타 어려운 문제해결 등 모든 산업분야에서 개발·활용되고 있다.

4차 산업혁명을 주도할 주요 직업들이 인공지능과 밀접하게 관련되어 있으므로 오히려 기존의 많은 일자리들을 빼앗아갈지 모른다는 우려의 목소리도 크다. 4차 산업혁명시대에 아직 존재하지 않는 미래의 일자리는 어떤 것들이며, 얼마나 창출될지 모른다. 하지만 혹자는 위기가 기회임을 또 한 번 보여주는 4차 산업혁명은 변화, CHANGE에서 'G'를 바꾼 기회, CHANCE가 될 것이라고 하였다. 인공지능이 미래 산업 성장의 동력임에는 틀림없다. 왜냐하면 인공지능은 4차 산업혁명의 그 시발점이기 때문이다. 그러기에 우리나라가 미래의 경제 주역이 되기 위해서는 인공일반지능 개발에 더욱 박차를 가해야할 것이다.

- 1차 산업혁명은 증기기관, 2차 산업혁명은 전기, 3차 산업혁명은 컴퓨터와 인터넷이 주도하였다. 이와는 달리 4차 산업혁명은 인공지능(AI)이 그 시발점이다.

- 『세계미래보고서(State of the Future)』에 의하면 학교교육의 본래 목적인 적재적소에 필요한 인재를 양성하지 못한다면 2050년에는 인류의 50퍼센트가 기술적 문제로 실업사태에 직면하게 될 것이라고 경고한다. 학교교육은 과학기술의 발달로 인하여 대체될 단순 노동이 아닌 창의성, 문제해결력, 리더십, 관용, 공감, 지능 등을 향상시키는 데 초점을 맞추어야 한다고 주장한다. 향후 10년 내에 휴대용 지능장치가 인간 두뇌의 처리능력을 가지게 된다고 한다. 개개인은 가상현실 인터페이스로 시뮬레이션과 온라인을 이용하는 전 세계 개인들과 연결되며 통합된 지식에 접근하고 서로 도우며 문제해결을 할 것이라고 예측하고 있다.

- 구글이 선정한 21세기 최고의 미래학자라고 평가를 받는 토마스 프레이(Tomas Frey)는 모든 산업분야에서 자동화됨으로써 2030년까지 20억 개 이상의 일자리가 사라질 것으로 예측하는 것도 블록체인 혁명과 무관하지 않는 것으로 여겨진다.

- 세상은 하루가 달리 급변하고 있다. 그러므로 4차 산업혁명시대를 살아갈 우리 아이들이 어떤 직업을 구해야할지를 같이 의론하고 고민하자.

- 미래학자 토마스 프레이가 세계적으로 2030년까지 20억 개의 일자리가 사라진다고 하였다. 향후 10년 이내에 없어질 직업들이 무엇이며, 새로운 직업이 무엇인지를 자녀와 같이 탐색하자.

4차 산업혁명시대, 창의성교육과 인성교육으로 대비하자

4차 산업혁명시대에 창의성교육과 인성교육의 중요성은 아무리 강조되어도 지나치지 않다. 미국을 비롯한 서구의 경제선진국에서는 이미 4차 산업혁명에 대응한 정책을 내놓고 있으며 그 발전에도 가속도가 붙었다는 평가가 많다. 미래학자들은 인공지능이 하루가 달리 진화하고 있으며 이에 따라 머지않아 인간들의 일자리의 상당 부분을 빼앗아 갈 것이라는 불안한 예측을 내놓고 있다.

이 지구상에서 가장 창의적인 민족은 유태인이라는 데에 이의를 제기하는 사람은 그리 많지 않을 것이다. 우리나라 학부모들이 갈망하고 교육계에서 강조하는 창의성은 그들의 가정에서 자연스럽게 길러진다. 아이의 인성도 창의성처럼 어렸을 때부터 가정에서 아주 자연스럽게 내면화된다. 유태인의 창의성교육과 인성교육은 그들의 종교와도 밀접한 관련이 있다. 아이들은 기도 속에 나오는 하느님은 어떤 존재이며 어떻게 생겼는지 늘 궁금해 하며 자연히 상상의 나래 또한 펴게 된다. 아이들과 함께 하는 '베갯머리 독서'를 통해 토라를 공부하는 시간에도 책의 등장인물들을 상상하게 하여 아이들의 호기심을 자연스레 자극하는 그들의 교육법을 엿볼 수 있다.

유태인들의 경전인 구약성서에 나오는 십계명에서 인간들 간에 지켜야만 하는 계약 가운데 첫 번째가 '너희 부모를 공경하라'는 대목에서도 그들이 인성교육을 얼마나 중시하는가를 알 수 있다. 또한 그들의 속담에서도 "가족과 형제는 절대 머리로써 비교하지 않으며 오직 개성으로 비교할 뿐이다."에서 알 수 있듯이 인성교육의 중요성을 은연중에 드러내고 있다. 유태인 부모는 우리나라 부모와는 달리 자녀에게 공부하라는 말 대신 공부할 수 있는 교육적 환경을 조성하는 것을 우선으로 한다. 최근에 강남 학원가에서는 유태인 토론식 교육인 하브루타(Havruta) 열풍으로 때 아닌 호황을 누리고 있다고 한다. 하브루타는 친구를 의미하는 히브리어 하베르(haver)에서 유래된 것으로, 학생들끼리 짝을 이루어 서로 질문을 주고받으면서 논쟁하는 유태인의 전통적인 토론식 교육방법이다. 본래 유태인의 지혜서인 탈무드를 공부할 때 주로 사용되며, 나이와 성별, 계층에 관계없이 두 명씩 짝을 지어 공부하며 논쟁을 통해 진리에 한걸음 더 다가가는 방식을 취한다. 이때 부모나 교사는 학생이 마음껏 질문할 수 있는 교육적 환경을 제공해 주고 학생이 스스로 답을 찾을 수 있도록 유도하는 역할을 한다.

어렸을 적부터 '밥상토론'에서 특정 주제로 가족 간의 토론이 일상화 되어 있는 유태인에게는 하브루타 토론방법이 몸에 배어 있다. 반면에 우리는 가족이 한자리에 모여 함께 식사하는 것보다는 '혼밥'에 더 익숙해져 있으며, 설령 함께 식사하면서도 대화가 거의 없는 문화에 익숙한 아이들이 학원이라는 제한된 시간과 공간에서 하브루타 토론식 방법이 과연 아이들의 창의력 향상에 얼마나 도움이 될 것인가 의문이 든다. 물론 안 하는 것보다 낫겠지만. 노력, 시간 그리고 비용 등을 투자한 만큼의 효과가 있을 것인지는 여전히 의문이다.

유태인 부모들은 아이들이 귀찮은 질문공세를 해올 때에도 가능한 충실히 대답해주려 한다. 아이들이 학교에 갈 때 우리나라 부모들은 선생님의 말씀을 경청할 것을 이야기하는 반면 그들은 선생님은 모든 것을 잘 아니까 질문을 많이 하라는 당부를 잊지 않는다. 이와 같이 창의성과 인성은 교육을 통해서 길러지는 것이 아니라 오히려 상상력, 호기심, 의혹, 놀이 등을 통해서 자극된다. 창의성은 지적교육과는 달리 이미 알고 있는 인지능력으로 문제를 해결하는 것이 아니기에 호기심과 상상력을 자극시켜 줄 교육적 환경과 분위기를 조성해 주는 것이 무엇보다도 중요하다.

창의성교육은 상상력과 호기심에서 출발하며, 인성교육은 '효

(孝)에서 시작하므로 이 두 가지의 조건을 두루 갖춘 창의·인성교육이 바로 유태인의 자녀교육의 핵심이다. 그들은 전 세계 인구의 0.25%에 불과한 소수 민족이지만 그들은 창의·인성교육을 통해서 노벨상 수상자 20% 이상을 배출하였으며, 21세기를 이끌어가는 민족으로 우뚝 설 수 있었다. 창의 없는 인성은 개인의 경제적 풍요로운 삶에 크게 도움이 되지 않으며, 인성 없는 창의는 개인에게 도움이 될지언정 국가사회의 발전에 보탬이 안 된다. 그러기에 창의성교육과 인성교육을 병행할 때 4차 산업혁명시대를 살아가는 아이들이 그들의 자아실현은 물론, 국가사회 발전에도 기여하게 될 것이 분명하다.

꼭 • 알 • 아 • 두 • 기

- 하브루타(Havruta) 토론 ➜ 하브루타는 친구를 의미하는 히브리어 하베르(haver)에서 유래된 것으로, 학생들끼리 짝을 이루어 서로 질문을 주고받으면서 논쟁하는 유태인의 전통적인 토론식 교육방법이다. 본래 유태인의 지혜서인 탈무드를 공부할 때 주로 사용되며, 나이와 성별, 계층에 관계없이 두 명씩 짝을 지어 공부하며 논쟁을 통해 진리에 한걸음 더 다가가는 방식을 취한다. 이때 부모나 교사는 학생이 마음껏 질문할 수 있는 교육환경을 제공해 주고 학생이 스스로 답을 찾을 수 있도록 유도하는 역할을 한다.

- 유태인 자녀교육의 핵심은 창의·인성교육인데, 창의성교육은 상상력과 호기심에서 출발하며, 인성교육은 효(孝)에서 시작하므로 이 두 가지의 조건을 두루 갖춘 교육을 창의·인성교육이라고 한다. 결국은 창의성교육과 인성교육은 가정에서 시작되어 확장되어 나간다.

- 창의 없는 인성은 개인의 경제적 풍요로운 삶에 크게 도움이 되지 않으며, 인성 없는 창의는 개인에게 도움이 될지언정 국가사회의 발전에 보탬이 안 된다. 그러기에 창의성교육과 인성교육을 병행할 때 4차 산업혁명시대를 살아가는 아이들이 그들의 자아실현은 물론, 국가사회 발전에도 기여하게 된다.

실 • 천 • 사 • 항

- 이 시간 이후로 사랑하는 자녀들에게 공부하라고 강제(強制)하지 말자.

- 창의성과 인성은 공부를 통해서 길러지는 것이 아니라 상상력, 호기심, 공감, 배려, 놀이 등을 통해서 길러진다는 사실을 인지하고 잘 대비하자.

- 공부하라고 강요하는 대신 공부할 수 있는 교육환경을 마련해주자.

- 아직도 TV가 거실 명당자리를 차지하고 있다면 자녀들의 미래를 위해서 즉시 안방으로 옮기자.

자녀교육을 위한 부모수업

Part III

지적교육

가정의 언어교육은
어떻게 하는 것이 효과적인가

영국의 사회학자이자

언어학자인 베실 번스타인(Basil Bernstein)에 의하면 영국은 계층 간의 언어가 확연히 다르다. 이를테면 중상류계층들이 사용하는 언어를 '정련된 어법(elaborated language code)'이라고 하고, 하류계층들이 사용하는 언어를 '제한된 어법(restricted language code)'이라고 한다. 따라서 모국어는 세상에 태어나 자연스럽게 가정에서 부모로부터 획득하게 되는데, 이 시기에 부모가 어떤 유형의 언어를 사용하느냐가 아이의 지적발달에 지대한 영향을 미친다. 번스타인은 영국의 중상류계층의 가정에서 어머니들은 아주 어려서 말귀를 제대로 알아듣지 못하는 아이에게도 정련된 어법을 사용한다. 이를테면 손님이 방문하였는데, 아이는 시끄럽게 떠들며 온 집안이 떠나가도록 뛰어다니고 심지어 난장판을 만들 때, 중상류계층의 어머니들은 "I would appreciate very much if you make less noise.(만일 좀 덜 떠든다면 엄마가 너에게 감사하게 생각할 텐데)"라고 말한다. 어린 아이들은 아직 지적 성숙이 덜 되었기에 세련된 긴 문장이 무슨 뜻인지 제대로 알아듣지 못하므로 아이의 엄마는 차분하고 조용조용한 목소리로 반복해서 들려준다. 그러면 처음 몇 번 동안은 무슨 의미인지 모르다가 여러 번 반복함으로써 더 깊이 생각하게 되고 결국은 그 의미를 이해하게 되어 아이는 엄마에게 미안한 생각을 갖게 된 나머지 스스로 떠드는 행위를 멈추게 된다.

반면에 하류계층의 어머니들은 위와 똑같은 상황이 벌어졌을 때, 제한된 어법을 사용한다. 이를테면, "Get out!(꺼져라!), Be quiet!(조용히 해!), Shut the mouth!(입 닥쳐!)"처럼 아주 간단하고 졸렬한 명령 형태의 문장을 구사한다. 어린 아이도 이 정도의 간단한 말은 생각할 겨를을 주지 않아도 금방 이해한다. 버릇없이 천방지축(天方地軸)으로 마구 떠드는 아이의 행동을 수정하는 데에는 일시적인 효과가 있을지 모르나 아이의 인지발달에는 전혀 바람직한 영향을 주지 못한다.

그렇다면 우리나라의 전통적인 어머니들이 똑같은 상황에서 아이들이 버릇없는 행동을 저지하려고 할 때, 우리나라의 경우 계층 간의 언어적 차이는 거의 없지만 어머니의 양육태도에 따라 차이가 있다. 우선 사고중개 육아방식 어머니의 경우는 "얘야, 손님이 계시니 좀 조용히 해주렴."과 같이 아이에게 조용히 타이름으로써 아이의 기분을 상하게 하지 않고, 손님의 마음을 편하게 하는 교양 있는 태도를 취한다. 이러한 경우는 영국의 중상류계층 어머니들과 같은 정련된 어법을 사용한다고 볼 수 있다.

반면에 감정우위 육아방식 어머니의 경우는 "너, 좀 조용히 못해! 이따가 손님 가시고 나면 엄마가 어떻게 하는지 두고 봐!" 혹은 한두 번 큰 소리로 "너 정말 조용히 안 할래!"라며 아이가 듣는 둥 마는 둥 다시 떠들어댈 때, 아예 아이를 옆방으로 끌고 가서 빗자루 몽둥이로 매타작하는 경우도 있을 수 있다. 이러한 경우는 영국의 하류계층 어머니의 제한된 어법에 해당되며, 거기에 덧붙여 아이를 협박하거나 체벌을 가하기 때문에 아이의 인지발달은커녕 아이의 성격만이라도 버리지 않는다면 그나마 다행이다.

이상에서 살펴보았듯이 가정에서 어른들이 사용하는 말 한마디 한마디가 아이의 인지발달에 지대한 영향을 미친다는 실증적인 연구는 얼마든지 있다. 가정에서의 언어교육은 평상시 일상적인 대화에서도 가능한 한 아이가 언뜻 들어서 무슨 뜻이지를 잘 모르는 말을 사용함으로써 아이가 이해할 때까지 반복해서 들려주고 또 아이가 스스로 이해하도록 습관화하는 것이 언어를 획득하는 좋은 방법이 아닐까싶다.

꼭 • 알 • 아 • 두 • 기

- 영국은 계층 간의 언어가 확연히 다르다. 대체로 중상류계층들이 사용하는 언어를 '정련된 어법(elaborated language code)'이라고 하고, 하류계층들이 사용하는 언어를 '제한된 어법(restricted language code)'이라고 한다.

- 베실 번스타인(Basil Bernstein)에 의하면 학교에서 교사들이 사용하는 언어는 정련된 어법이기에 중상류계층의 자녀들이 하류계층의 자녀들에 비하여 높은 학업성취를 획득하는 데 유리하다.

- 번스타인의 연구를 배경으로 하여 미국에서 163명의 흑인 어머니들과 그들의 4세 자녀들을 대상으로 하여 수행된 후속 연구(Hess and Shipman, 1965)는 '제한된 어법(restricted language code)'을 사용하는 어머니에 의해 양육된 아동들이 반성적이며 대안적인 행동 유형을 적게 보이며 개인적 판단에 의해 상황에 대처하지 못하는 경향이 있었다. 반면에 '정련된 어법(elaborated language code)'을 사용하는 어머니에 의해 양육된 아동들은 문제해결 행동에 적합한 지적 반응을 한다는 결과를 나타내보였다.

● 동일한 상황에서 "조용히 해!"보다는 "얘야 좀 조용히 해주렴."으로 하였을 때, 아이들의 도덕적인 행동을 볼 수 있다. 진 피아제(Jean Piaget)는 인지발달과 도덕성발달은 병행한다고 주장한다. 부모들은 꼭 새겨들어야 할 대목이다. 왜냐하면 인지교육과 인성교육은 별개가 아니기 때문이다. 그래서 유태인들은 가정에서 인성교육을 최우선시 하는 이유가 아닐까싶다.

실 · 천 · 사 · 항

● 졸렬하고 품위 없는 언어보다는 세련되고 품격 있는 언어를 사용하자, 이를테면 자녀들에게 "조용히 해!"보다는 "얘야 좀 조용히 해주렴."으로 정련된(세련된) 표현을 하자.

● 가능하면 자녀와 상호작용(대화)을 많이 하자.

외국어와 모국어 배우는 순서가 달라야 하는 이유가 뭔데?

호모 사피엔스는 다른 포유동물에 비하여 상대적으로 성장기와 수명이 길며, 유아기(乳兒期)에는 어른들의 도움이 없이는 생명조차 유지하기 어려운 존재이다. 동물은 종마다 차이가 있겠지만 태어나서 얼마 안 되어 일어서서 걷고, 스스로 어미젖을 찾아 먹는데 반하여 인간들은 발달 그 자체가 많은 시간과 인내를 요한다. 삼라만상이 그렇듯이 인간의 발달에는 순서가 있다. 성숙이론을 체계화시킨 아널드 게젤(Arnold L. Gesell)은 인간의 발달에는 순서가 있다는 것을 X선(Xray)을 이용하여 증명해보였다. 그는 성숙이론에서 '두미(頭尾)의 법칙'을 설파하고 있는데, 이는 곧 인체 가운데 머리(頭)가 가장 먼저 발달하고, 꼬리(尾)가 나중에 발달한다는 것이다.

좀 더 구체적으로 설명하면 인체 중에는 머리가 먼저 발달하고, 머리에서 가까운 기관 순서로 발달한다. 따라서 인간의 인체의 각 기관 중에서 머리 다음으로 발달하는 기관은 귀, 다음이 눈, 입, 목, 팔, 엉덩이, 무릎, 발 순으로 머리에서 가장 멀리 떨어진 기관이 가장 나중에 발달한다는 사실을 쉽게 알 수 있다. 이를테면 영아가 태어나자마자 조그만 소리에도 깜짝깜짝 놀라는 것은 청력이 발달되었음을 보여주는 것이고, 다음은 눈으로 생후 2-3주 전후로 하여 모빌이 움직이는 방향으로 눈동자를 움직인다. 생후 한두 달 가량 지나면 옹알이를 하기 시작하며, 다음은 목을 가누고, 팔을 이용하여 뒤집기를 하게 되며, 엉덩이를 사용하여 앉기, 그 후 무릎으로 기기, 서기, 걸음마하기 순으로 발달함을 알 수 있다.

비단 호모 사피엔스뿐만 아니라 여름철이면 밥상에 단골메뉴로 오르는 풋고추도 머리 부분부터 먼저 맵고, 먼저 붉게 물들어 꼬리 부분 쪽으로 진행된다. 따라서 삼라만상은 이러한 두미의 법칙에 따른다고 보아도 될 것 같다.

따라서 각 인체기관들이 순서에 의해서 발달하기 때문에 모국어를 배울 때도 그 순서에 입각하여 배우는 것이 순리(順理)가 아닌가 싶다. 이를테면 듣기, 말하기, 읽기, 쓰기 순이다. 듣기는 옹알이가 시작되는 생후 한두 달 전후하여 어머니들은 영아를 바라보며, "준영아, 엄마! 엄마! 라고 해봐" 하면서 수없이 들려주고 말하기를 유도한다. 그 과정에서 비슷하게 또는 올바르게 발음하면 칭찬해주고, 틀렸을 때는 교정시키면서 엄마는 모국어를 가르치고 아이는 배우게 된다. 유아는 돌이 지나면서 어휘력이 증가하며, 취학 전에 웬만한 의사소통이 가능할 정도로 언어능력이 발달하며, 취학 당시에 서툰 손놀림으로 글씨를 크게 비틀어지게 쓰지만 상급학년으로 올라갈수록 글씨를 점점 작고 세련되게 쓴다.

그런데 우리나라 학교에서 외국어는 어떤 순서에 입각해서 가르치는가. 지금은 초등학교 과정에서도 외국어인 영어를 배우지만 필자는 중학교에 입학하여 난생 처음으로 영어를 배웠다. 세상에 태어나서 처음으로 접하는 영어에 대한 기대와 호기심은 첫 시간 수업이 끝날 때쯤이면 어김없이 사라지는데, 구태여 언급하지 않아도 중학교 교육과정을 경험한 이들은 다 아는 사실이다. 사실인즉, 영어 선생님의 근엄한 표정으로 오늘의 숙제는 "알파벳 인쇄체와 필기체 대문자, 소문자 각 100번씩을 반듯하게 펜글씨로 써 오기인데, 만 년필이나 볼펜, 연필 등으로 써 오는 녀석들은 인정하지 않겠다"는 것이다. 이러한 어마 무시한 영어 선생님의 협박성 짙은 한마디는 까까머리 중학생들로 하여금 영어를 정나미 떨어지게 하는 데 큰 역할을 하지 않았나 싶다.

물론 교육학자로서 영어 선생님의 교수방법(teaching method)이 잘못되었다는 것은 결코 아니다. 인지이론가인 데비드 오쥬벨(David Ausubel)도 외국어를 처음 배울 때, 가장 효과적인 공부 방법은 기계적 학습으로, 무조건 많이 쓰면서 암기하는 것이라고 주장한다. 하지만 모든 학습에서 기계적 학습이 효과적인 것은 결코 아니다. 필자가 여기서 강조하고자 하는 것은 외국어를 처음 배우는 순서도 모국어처럼 '듣기, 말하기, 쓰기' 순으로 하는 것이 교육적 효과가 크다는 것이다. 그런데 우리나라의 영어교육은 앞서 언급한 쓰기, 읽기, 듣기 순으로 가르치고 있어 외국어 교육의 순서는 모국어를 배울 때와는 다르게 가르치고 있다. 학교 현장에서의 이런 잘못된 영어 교수방법으로 인하여 영어공부에 투자하는 시간과 노력에 비하여 교육적 효과는 크게 떨어진다는 것은 주지의 사실이다. 언어교육에 있어서 가장 중요한 것은 말하기(speech)인데, 필자가 영어를 처음 배웠을 당시는 말하기 공부는 전무하였다.

엄청난 외화를 낭비하면서까지 아이들의 의사와는 별 상관없이 조기 유학을 떠나는 아이들과 그 뒷바라지를 하기 위해서 떠나는 대한민국의 어머니들도 점점 늘어나고 있는 추세다. 어디 이뿐인가. 가족의 헌신적인 뒷바라지를 위해 기러기 아빠도 마다하지 않은 이 땅의 아버지들의 희생과 맞바꿀 만큼 영어공부가 그렇게도 중요한 것인가. 이 땅의 기러기아빠들은 자녀들이 유학 가서 비록 목적 달성(?)은 하지 못하더라도 영어회화만 제대로 할 줄 알면 절반의 성공이라는 막연한 기대를 갖는다.

그리고 지금 이 시간에도 자녀의 영어공부를 위해서 오피스텔에서 혼자서 청승맞게 라면으로 끼니를 대신하는 아빠들을 양산하는 대가를 치를 만큼이나 영어공부가 그렇게도 중요한 것이라면 이 나라의 교육 관련자들이 머리를 맞대고 대책을 강구하고 대안을 마련하는 것이 시급하다고 하겠다.

꼭 • 알 • 아 • 두 • 기

● 언어 전문가 진 애치슨(Jean Aitchison)은 그녀의 저서 『명료하게 말하는 포유동물(The Articulate Mammal)』에서 인간의 언어발달 단계를 다음과 같이 기술하고 있다. 즉, 신생아 때는 울고, 생후 6주에 초기 옹알이를 하고, 6개월에는 본격적인 옹알이를 하며, 8개월 땐 언어 패턴을 드러낸다. 이어 생후 1년이 되면 한마디 단어를, 18개월에 두 마디 단어를 말하며, 2년째 땐 단어의 억양을 나타내고, 2년 3개월이 되면 의문문과 부정문을

사용하고, 생후 5년에는 복잡한 구조의 말을, 열 살이 되면 언어를 완벽하게 구사한다고 한다(『프랑스 아이처럼 핀란드 부모처럼』 참조).

- 두미(頭尾)의 법칙 → 인간의 신체 발달은 머리에서 가까운 기관(부분)부터 먼저 발달하고 머리에서 멀리 떨어질수록 나중에 발달한다. 신체가 노화(老化)될 때에도 신체 발달과 같은 순서대로 진행된다.

- 인지이론가 데비드 오쥬벨(David Ausubel)은 외국어를 처음 배울 때, 가장 효과적인 공부 방법은 기계적 학습으로, 무조건 많이 쓰면서 암기하는 것이라고 주장한다. 하지만 모든 학습에서 기계적 학습이 효과적인 것은 결코 아니다. 외국어를 처음 배우는 순서도 모국어처럼 '듣기, 말하기, 쓰기' 순으로 하는 것이 교육적 효과가 크다는 것이다. 그런데 우리나라의 영어교육은 앞서 언급한 쓰기, 읽기, 듣기 순으로 가르치고 있어 외국어 교육의 순서는 모국어를 배울 때와는 다르게 가르치고 있다. 학교 현장에서의 이런 잘못된 영어 교수방법으로 인하여 영어공부에 투자하는 시간과 노력에 비하여 교육적 효과는 크게 떨어진다.

실 • 천 • 사 • 항

- 아이들은 자신이 경험하지 못한 것은 표현할 수 없다. 그러므로 아이에게 언어적 상호작용과 언어적인 자극을 많이 하자.

- 모국어를 처음 배울 때처럼, 즉 듣기 → 말하기 → 쓰기 순서처럼 외국어를 처음 배울 때도 같은 순서에 입각하여 가르치는 것이 학습효과가 크므로 듣기 → 말하기(읽기) → 쓰기 순으로 가르치자.

어머니의 양육태도와 아이들의 인지발달

인간이 성장하고 발달하는 데는 가정, 학교, 사회라는 환경이 큰 영향을 미친다. 이 가운데 가정을 중심으로 형성되는 초기경험들이 아이의 발달에 지대한 영향을 미친다는 것은 주지의 사실이다. 가정이 제공하는 여러 환경적 요인으로는 가정의 가치관, 태도, 성격 유형, 부모의 양육태도 등을 들 수 있는데, 이러한 가정의 여러 환경적 요인들은 부모와 자녀와의 상호작용의 바탕에서 이루어진다. 그러므로 아이의 발달에 가장 큰 영향을 주는 것은 부모와 자녀와의 상호작용이라 하여도 과히 틀린 표현이 아니다. 이러한 상호작용은 곧 모든 인간관계의 가장 기초적이면서도 중요한 핵심을 이루고 있으며, 특히 어머니와의 상호작용은 아이에게 미치는 영향에 비추어 볼 때 매우 중요하다.

가정이 제공하는 환경은 크게 물리적 환경과 심리적 환경으로 나누어지는데, 여기서 물리적 환경이란 가정의 경제적·문화적 수준, 부모의 교육 정도, 직업 유형 등을 말하며 심리적 환경으로는 가족구성원들 간의 인간관계와 가치체계, 부모의 자녀에 대한 양육태도 등을 들 수 있다. 가정의 심리적 환경에서 가장 기본적이며 독특한 인간관계는 어머니와 자녀와의 상호작용이다. 이러한 상호작용은 자녀의 어린 시절 가정환경으로서 주요한 역할을 하며, 어머니가 자녀에게 행하는 양육태도가 아이의 성격형성뿐만 아니라 인지발달에도 많은 영향을 미친다.

어머니의 양육태도는 학자들에 따라 다르게 구분하고 있다. 이를테면 어떤 이들은 양육태도를 애정 - 거부, 비간섭 - 강요, 관심 - 무관심 등 3개 차원으로 구분하는가 하면, 또 어떤 학자는 온정 - 적대, 제약 - 허용, 지나친 관심 - 침착한 방관으로 분류하기도 하고, 또 다른 학자는 사고중개 양육태도와 감정우위 양육태도로 구분하기도 한다.

필자는 우리나라의 이홍우 교수와 오만석 교수 등(1973)이 공동으로 개발한 어머니의 양육태도를 측정하는 도구를 가지고 예를 들어 설명하려고 한다. 이들이 개발한 양육태도 개념 모형은 7가지 영역으로 구성되어 있다. 우선, 기술영역에 관한 한 예를 들면, 아이가 돌아가신 할머니의 꿈을 꾸었는지, 아침에 일어나더니 "엄마, 어젯밤에 할머니가 오셨잖아, 그런데 어디 가셨어?"라고 질문해오면, 감정우위 양육태도의 어머니는 "그것은 꿈이야, 할머닌 돌아가셨잖아." 아니면 "할머니는 이 세상에는 안 계신단다. 넌 꿈을 꾼 거야"라고 말한다. 반면에 사고중개 양육태도의 어머니는 "할머니가 돌아가셨지만 항상 우리 곁에서 보살펴 주신단다." 아니면 "꿈을 꾸었구나, 누구나 보고 싶으면 꿈에 보이는 법이야"라고 하면서 자녀로 하여금 추상적인 사고방식을 조장한다.

둘째, 호기심 훈련영역에 관한 한 예를 들면, 아이가 마당 한구석에 쪼그리고 앉아서 신기한 듯 개미들을 열심히 관찰하고 있을 때, 감정우위 양육태도의 어머니는 "쓸데없이 쪼그리고 앉아서 뭘 하니?" 또는 "개미한테 물린다, 이리 온"이라고 하면서 아이에게 핀잔을 주거나 나무란다. 반면에 사고중개 양육태도의 어머니는 "개미가 뭘 하고 있니?" 혹은 "먹이를 줘 봐, 어떻게 하는지" 하면서 아이의 지적 호기심을 야기하거나 자극시켜 감정우위 양육태도의 어머니와는 퍽 대조를 이룬다.

셋째, 합리성 지향영역에 대한 한 예를 들면, 아이에게 숫자를 가르쳐 주려고 하는데, 아이는 배우고 싶지 않은지, "엄마, 이것을 배워서 뭘 해?"라고 했을 때, 감정우위 양육태도의 어머니는 "엄마가 가르쳐 주면 열심히 배워야지" 아니면 "이것을 모르면 다른 사람들이 바보라고 그래"라고 하면서 하기 싫어하는 공부를 강요한다. 반면에 사고중개 양육태도의 어머니는 "이것은 공부하는데, 살아가는데 꼭 필요한 것이니까 배워 두어야 해" 또는 "이것을 배워야 시계도 볼 수 있고 책도 읽을 수 있지"라고 하면서 아이가 이유를 납득할 때까지 판단이나 행동은 유예한다.

넷째, 규제원리 영역의 한 예를 들면, 아이가 선생님이 가져오랬다고 어머니에게 돈을 타다가 가정이 곤란한 아이를 도와준 사실을 알았을 때, 감정우위 양육태도의 어머니는 "엄마에게 거짓말하면 아무리 좋은 일을 해도 쓸데없다." 또는 "도대체 넌 뭐가 되려고 엄마에게 거짓말을 하니"라고 아이의 행동결과만을 가지고 야단친다. 반면에 사고중개 양육태도의 어머니는 "그런 일 같으면 미리 엄마랑 상의하지 그랬니?" 또는 "거짓말한 것은 잘못이지만 착한 일을 했으니까 용서하겠다."고 아이로 하여금 다시는 거짓말을 하지 않게끔 차분한 어조로 옳고 그름을 가려 조언한다.

다섯째, 충동표현 영역에 대한 한 예를 들면, 아이에게 어떤 문제를 자세히 가르쳐 주었는데도 아이는 도무지 풀지 못하였을 경우, 감정우위 양육태도의 어머니는 "바보같이 그것도 몰라서 뭘 해" 또는 "그만 둬, 돌을 갖다 놓고 가르쳐 주어도 지금쯤은 알겠다."며 핀잔과 함께 마음의 상처를 안겨준다. 반면에 사고중개 양육태도의 어머니는 "다시 잘 생각해 봐, 그러면 풀 수 있을 거야" 아니면 "너에게 좀 어려운가 보구나, 나중에 다시 가르쳐 주마"라며 격려한다.

여섯째, 상벌 영역의 한 예를 들면, 아이가 학교에서 좋은 성적을 받아 왔을 때, 감정우위 양육태도의 어머니는 "잘했구나? 예쁜 그림책을 사줘야겠구나?" 또는 "앞으로 계속해서 이렇게 하면 용돈을 더 주겠다."고 하면서 물질적인 보상을 한다. 반면에 사고중개 양육태도의 어머니는 "우리 준홍이도 공부를 아주 잘하는구나, 아빠도 기뻐하실 거야" 아니면 "그것 봐, 우리 준홍이도 하면 이렇게 잘해"라고 하면서 심리적 보상인 칭찬을 해준다.

일곱째, 목표제시 영역의 한 예를 들면, 길을 가다가 아는 사람을 만났을 때 아이가 인사를 하지 않은 경우, 감정우위 양육태도의 어머니는 "넌 인사할 줄도 모르는 구나" 아니면 "인사를 드리지 않으면 아저씨(또는 아줌마)가 버릇없는 아이라고 그래"라며 아이의 잘못된 행동에 가차 없이 핀잔을 준다. 반면에 사고중개 양육태도의 어머니는 "인사를 잘해야 학교에 가면 선생님이 귀여워해 주시지" 또는 "어려서부터 인사를 잘해야 나중에 훌륭한 사람이 되는 거야"라며 수치심을 유발하는 말을 삼간다.

어머니의 자녀에 대한 양육태도가 아이의 지능발달에 많은 영향을 미친다. 지능은 아이의 학업성취에 영향을 미치는 다른 어떤 변인보다도 더 큰 영향을 미친다는 것이 많은 실증적인 연구를 통하여 밝혀졌다. 따라서 이 나라 어머니들이 진정한 자녀교육을 위하여 자신은 어떠한 양육태도로 아이를 키울지를 선택해야 한다. 한 가지 명심해야 할 것은 '여러분의 양육태도가 자녀의 일생을 좌우한다.'는 사실이다.

꼭·알·아·두·기

● 가정이 제공하는 환경은 크게 물리적 환경과 심리적 환경으로 나누어지는데, 여기서 물리적 환경이란 가정의 경제적·문화적 수준, 부모의 교육 정도, 직업 유형 등을 말하며 심리적 환경으로는 가족구성원들 간의 인간관계와 가치체계, 부모의 자녀에 대한 양육태도 등을 들 수 있다. 가정의 심리적 환경에서 가장 기

본적이며 독특한 인간관계는 어머니와 자녀와의 상호작용이다. 이러한 상호작용은 자녀의 어린 시절 가정환경으로서 주요한 역할을 하며, 어머니가 자녀에게 행하는 양육태도가 아이의 성격 형성뿐만 아니라 인지발달에도 많은 영향을 미친다.

● 어머니의 자녀에 대한 양육태도가 아이의 지능발달에 많은 영향을 미친다. 지능은 아이의 학업성취에 영향을 미치는 다른 어떤 변인보다도 더 큰 영향을 미친다는 것이 많은 실증적인 연구를 통하여 밝혀졌다. 따라서 부모의 사고중개 양육태도는 아이의 지능발달과 학업성취에 많은 영향을 미칠 것은 너무나 명백하다.

실 • 천 • 사 • 항

● 사고중개 양육태도(육아방식)로 자녀를 양육하자.

● 자녀에게 물질적 보상 대신에 심리적 보상(칭찬)을 많이 하도록 하자.

아픈 만큼
성숙한다

우리나라 말에 '나이를 거저먹는 것은 아니다.'는 것은 나잇값을 한다는 뜻인데, 이는 곧 철이 들었다는 의미이기도 하다. 또 이와 유사한 표현으로 '아픈 만큼 성숙한다.'는 말도 더러 사용되는데, 이 말뜻을 두 가지 해석이 가능하다. 하나는 사춘기 아이들이 이성친구와 교제하다 헤어져 마음의 상처를 입으면 한동안 두문불출하다가 오랜만에 나타나 이전의 발랄한 행동 대신 다소곳한 처신을 했을 때, '아픈 만큼 성숙했구나'라는 생각이나 표현을 하게 된다. 다른 하나는 유아(乳兒)들이 태어나서 6개월 정도 지나면 엄마에게 물려받은 면역력이 떨어져 감기 같은 잔병치레를 하는데, 며칠 앓고 나면 성숙, 즉 아프기 이전에는 기지 못한 아이가 아프고 난 후에는 무릎을 이용해 긴다. 이를 두고 "아픈 만큼 성숙했구나"라는 표현을 하기도 한다.

이처럼 성숙은 인간의 발달에 많은 영향을 미치는 요인임에는 틀림없다. 여기서 인간의 발달(development)이란 지적발달, 신체발달, 성격발달, 도덕성발달, 언어발달, 사회성발달 등등 모든 영역의 발달을 포함하는 상위의 개념이다. 심리학과 교육학 분야에 기여한 수많은 학자들 가운데서 가장 큰 기여를 한 학자로 평가되는 진 피아제(Jean Piaget)는 인간발달은 인지발달에 의해 주도되며, 인지발달은 유전과 환경의 상호작용에 의한 적응과정이라고 하였다. 따라서 인간은 능동적인 생화학적 유기체로서 환경과 끊임없는 상호작용을 한다.

피아제 이론의 중심개념은 도식(schema)인데, 이러한 도식은 인지구조의 기본 단위로서 환경에 적응하도록 하는 데 관련되는 지식과 기술을 포함한다. 즉, 유기체가 주변세계를 이해하고 그것에 대하여 생각하는 양식을 말한다. 인간이 발달한다는 것은 자기 자신과 그를 둘러싸고 있는 환경으로서의 세계를 구성하여 인지구조가 변화하는 것이다. 유아(乳兒)는 인지구조가 거의 없는 상태로 태어나지만 성장·발달하면서 인지구조가 생겨나고 점차 분화되어 간다. 인지구조가 변화하게 될 때마다 아이는 인지적으로 그만큼 성장하게 된다.

피아제의 인지발달 이론에 의하면 발달은 동화(assimilation)와 조절(accommodation)의 과정을 거쳐 일어나며, 동화와 조절의 상호작용은 계속된다. 동화란 새로운 대상이나 사물을 인지할 때 기존의 도식에 맞추어 인식하는 적응의 유형을 말한다. 그리고 조절은 새로운 대상이나 사물을 인지할 때 기존의 도식이 변경되고 새로운 도식이 만들어지는 적응의 유형을 말한다. 인지구조가 적응하는 구조라고 하면, 동화나 조절은 적응하는 기능 또는 과정을 의미한다. 인간의 인지구조가 변화해 가는 것은 유기체가 자기조절을 통한 평형화(equilibration)를 유지하고자 하는 경향이 있기 때문인 것이다. 유기체는 그의 환경과의 상호작용을 통한 균형을 유지하려는 성향을 가지고 있으며, 이 균형이 깨지면 동화나 조절이 나타나 균형을 깬 새로운 것을 이해하고, 새로운 지식을 꾸며서 이 깨진 균형

상태가 도전받아야 한다고 하였다.

이미 자기가 알고 있는 개념과 새로운 정보간의 불균형은 그를 불안하게 하는 인지적 갈등(cognitive conflict)의 상태를 조성시킨다. 이러한 갈등을 줄이고 인지적 평형을 갖기 위해 인간은 완전한 마음의 안정 상태에 도달할 때까지 보다 높은 수준의 안정 상태를 유지하면서 성숙·발달한다는 것이다. 따라서 인간은 새로운 지식을 받아들일 때에는 항상 인지적 갈등을 경험하게 된다. 새로운 지식임에도 불구하고 인지적 갈등 없이 받아들였다면 그것은 새로운 지식이 아니라 이미 알고 있는 지식에 불과하다. 한 예로 동물이라고는 '개(dog)' 밖에 모르는 아이가 따스한 봄날 엄마 손에 이끌려 난생 처음으로 과천에 있는 서울대공원 동물원에 나들이를 갔다고 하자, 아이의 눈에는 온통 개들만 가득 차 있는 것으로 보인다. 왜냐하면 아이는 동물이라고는 개밖에 본 적이 없으며, 네 발로 걸어 다니는 동물은 모두 개라고 알기 때문이다. 그러기에 아이 눈에 비친 동물원은 큰 개, 작은 개, 그냥 개, 개처럼 생긴 개, 개하고 영 딴판인 개 등등으로 온통 개들(dogs)로 가득 차 있다.

아이의 엄마는 아이를 데리고 코끼리우리 앞으로 가서 "얘야, 저게 뭐니?"라는 질문에 "큰 개"라고 대답한다. 왜냐하면 아이의 도식에는 '개'라는 동물만 입력되어 있기 때문에 자신이 이미 알고 있는 개에다 코끼리 덩치가 크니까 '큰 개'라고 대답한다. 아이는 생전 처음 접하는 코끼리를 인지할 때 기존의 도식, 즉 개에 맞추어 인식하고자 한다. 그러면 아이 엄마는 낭패한 얼굴로 아이가 이해할 수 있도록 온갖 표현양식을 사용하여 설명을 하지만 아이는 이해하지 못한다. 아이가 알기로는 분명 큰 개인데, 엄마는 왜 생전 들어보지도 못한 '코끼리'라고 하는지를 도대체 이해할 수 없다. 이때 아이는 기존의 도식을 변경하여 새로운 도식을 만들어야 한다. 그러므로 아이의 머리는 혼란스럽다. 이를 두고 피아제는 '인지적 갈등'이라고 한다. 아이는 이러한 인지적 갈등을 경험한 뒤, '코끼리'는 기존에 알고 있는 '개'와 다르다는 사실을 이해하게 된다. 그러므로 이 아이의 인지구조에는 코끼리라는 새로운 지식 하나가 더 추가되는데, 이러한 상태를 피아제는 '평형화'라고 한다. 따라서 피아제가 말하는 평형화는 인간의 발달에 영향을 미치는 중요한 요인임에는 틀림없다.

앞으로 아이의 인지발달을 위해서 선생님들뿐만 아니라, 이 나라의 모든 어른들이 아이로 하여금 가능하면 인지적 갈등을 많이 경험하도록 하여야 할 것이다.

꼭 · 알 · 아 · 두 · 기

- 진 피아제(Jean Piaget)의 인지발달이론은 네 단계를 거쳐 발달하는데, 분명한 것은 전 단계를 반드시 거치며 발달하게 된다. 그것은 곧 감각운동기, 전조작기, 구체적 조작기, 형식적 조작기이다.

- 진 피아제는 인간의 발달에 영향을 미치는 변인을 경험, 성숙,

학습, 평형화 등 네 가지라고 주장하였다.

- 도식(schema) → 인지구조의 기본 단위로서 환경에 적응하도록 하는 데 관련되는 지식과 기술을 포함한다.

- 동화(assimilation) → 새로운 대상이나 사물을 인지할 때 기존의 도식에 맞추어 인식하는 적응의 유형을 말한다.

- 조절(accommodation) → 새로운 대상이나 사물을 인지할 때 기존의 도식이 변경되고 새로운 도식이 만들어지는 적응의 유형을 말한다.

- 평형화(equilibration) → 인지구조의 발달에서 동화와 조절의 인지적 균형을 유지하도록 하는 선천적 기제를 말한다.

- 인지적 갈등(cognitive conflict) → 이미 자기가 알고 있는 개념과 새로운 정보간의 불균형은 그를 불안하게 하는 상태를 조성시킨다. 갈등을 줄이고 인지적 평형을 갖기 위해 인간은 완전한 마음의 안정 상태에 도달할 때까지 보다 높은 수준의 안정 상태를 유지하면서 성숙 · 발달한다는 것이다. 따라서 인간은 새로운 지식을 받아들일 때에는 항상 인지적 갈등을 경험하게 된다.

실 · 천 · 사 · 항

- 유아(乳兒)는 인지구조가 거의 없는 상태로 태어나지만 성장 · 발달하면서 인지구조가 생겨나고 점차 분화되어 간다. 인지구조

가 변화하게 될 때마다 아이는 인지적으로 그만큼 성장하게 된다. 그러므로 아이가 인지구조의 변화를 일으키게끔 좋은 교육적 환경, 즉 많이 보여주고, 많이 들려주고, 많이 만지게 해주자.

● 아이가 새로운 지식을 받아드릴 때는 항상 인지적 갈등을 경험하게 된다. 그러므로 아이로 하여금 새로운 지식을 많이 학습하게 하기 위해서 인지적 갈등을 많이 느끼고 경험하도록 하자.

노벨상수상, 백약이 무효인가

올해도 온 국민이 염원하는 노벨상 수상자 명단에 우리나라는 그 이름을 올리지 못했다. 김대중 전 대통령이 노벨평화상을 수상한지 20여 년이 다되어 가고 있지만 그 이후 과학상, 경제학상 그리고 문학상 부문에서 여태껏 수상자를 배출하지 못했다. 노벨상수상 부문은 6개 영역으로 물리학상, 화학상, 생리·의학상, 문학상, 평화상, 경제학상이 그것이다.

노벨상 수상자를 많이 배출한 나라를 살펴보면 미국을 비롯한 전통적인 유럽의 경제 선진국들과 최근 들어 일본도 두각을 나타내고 있다. 그러나 우리나라는 노벨상 수상자 한명을 배출한 것에 그쳤다. 아무리 생각해도 이해가 가지 않는 대목이다. 2017년 10월 현재, 노벨상을 수상한 국가들의 성적은 미국이 360명을 배출하여

단연 1위이며, 그 뒤를 이어 영국(127명), 독일(107명), 프랑스(61명), 스웨덴(30명), 스위스(27명), 일본(25명), 캐나다(23명), 러시아(23명), 오스트리아(21명), 이탈리아(20명), 네덜란드(19명), 덴마크(14명), 노르웨이(13명), 이스라엘(12명) 순이다. 이 이외도 노벨과학상 수상자를 배출한 나라도 11개국이 더 있다. 아시아권에서는 일본, 중국, 인도 그리고 파키스탄에서도 노벨과학상과 문학상 수상자가 나왔다.

흔히들 노벨상수상 성적은 국력과 국부(國富)와 비례한다고 하였는데, 우리나라와는 무관하다. 우리나라의 GDP(국내총생산) 순위는 미국, 중국, 일본, 독일, 영국, 프랑스, 인도, 이탈리아, 브라질, 캐나다에 이어 11위다. 혹자는 노벨상수상자 한명을 배출하는 것은 올림픽에서의 금메달 30개를 획득하는 것과 맞먹을 만큼 힘들다고 하였다. 그러나 우리나라는 지난 2016년 리우데자네이루 올림픽에서 금메달 순위 8위에 랭크되었으며, 그동안 하계올림픽에서 획득한 금메달만 하여도 100개를 훌쩍 넘어섰다. 이러한 속설대로라면 우리나라는 최소한 노벨상 수상자 5-6명쯤은 나왔어야 한다.

부존자원이 거의 없는 불리한 환경에도 굴하지 않고 우리나라는 2012년에 국민소득 2만 달러와 인구 5천만 명을 동시에 충족시키는 20-50클럽에 가입한 7번째 국가가 되었다. 이 성적은 2차 세계대전 이후 기존 선진국 미국, 영국, 독일, 프랑스, 이탈리아, 일본을 제외하고 20-50클럽에 가입한 유일한 국가가 되었다.

더구나 GDP 대비 R&D 투자비중은 2016년 기준으로 우리나라가 4.29퍼센트로 세계에서 1위이며, 그 뒤를 이어 이스라엘 (4.11%), 일본(3.58%), 핀란드(3.17%), 스웨덴(3.16%), 덴마크 (3.05%), 중국(2.05%) 순이다. 세계 최고의 연구개발 투자비중에도 불구하고 과학 분야의 노벨상 수상성과가 전무한 것에 대해 세계에서 가장 권위 있는 과학저널인 네이처는 우리나라가 기초과학 분야에서 성과를 내려면 장기적인 관점에서 접근해야 하는데, 아직까지 기초과학에 대한 투자문화가 정착되지 못했기 때문이라고 지적하고 있다. 꼭 새겨들어야 할 것이다. GDP 대비 R&D 투자비중은 높지만 대부분의 투자가 응용과학 분야에 집중되고 있어서 기초과학 분야의 연구비 지급률은 고작 6%에 불과하다. 그 이유는 무엇일까? 바로 빠른 시일 내에 성과를 내어야 하는 대기업 중심의 기술 분야에 거의 대부분의 R&D 투자가 이루어지기 때문이다. 그러나 많은 과학자들은 응용과학을 잘하려면 기본적인 수학, 물리학, 화학, 생물학 등이 토대가 되어야 한다는 것이다. 이미 늦었지만 R&D 투자 지원 비율을 기초과학 분야와 응용과학 분야에 균형 있게 분배되도록 재조정해야 할 것이다.

노벨상 수상은 경제성장과 올림픽에서의 금메달 획득처럼 단시일에 이룰 수 없으며, R&D 투자비중을 늘린다고 성과를 낼 수 있는 것이 아님이 더욱 명백해졌다. 기초과학이 부실하면 백약이 무효다. 특히 노벨과학상은 수학, 물리, 화학, 생물과 같은 기초과학 분야를 튼튼히 하지 않으면 불가능하다. 그러므로 기초과학 분야의 연구비 지원을 대폭 늘리면서 지속적으로 연구할 수 있는 환경을 만들어야 할 것이다.

하지만 어디까지나 근본적인 문제는 현행 입시위주의 교육제도에서 접근해야 한다. OECD가 주관하는 국제학업성취도비교평가(PISA)에서 우리나라는 개최 이후 지금까지 줄곧 상위권을 유지하고 있다. 특히 수학과 과학에선 우수한 성적을 거두고 있다. 반면 교과에 대한 흥미도와 동기는 최하위권에 머무는 것으로 밝혀졌다. 즉, 문제는 당장의 성적이 아니다. 과학자가 될 가능성은 과학 성적이 좋은 학생보다는 과학에 흥미를 보이는, 동기유발이 된 학생에게 열려있기 마련이다. 그러한 학생들을 위한 교육제도 수립이 선행되어야 한다. 천리 길도 한 걸음부터다.

꼭 • 알 • 아 • 두 • 기

- 필자가 '자녀교육을 위한 부모수업'을 집필한 큰 바람 하나는 우리나라 젊은 부모들 가운데 누군가가 자신의 자녀를 훗날 노벨상 수상자로 길러내는 데에 조금이나마 도움이 되었으면 하는 것이다. 노벨상 수상자 가운데 유독 유태인이 많은 것은 가정에서의 자녀교육방법이 다른 민족과는 다르다는 데 있다. 몇 가지 간략하게 꼬집어 말하면 첫째, 질문을 중시한다. 새로운 것은 늘 질문을 통해서 완성된다. 둘째, 대화이다. 그들은 아이들의 시시콜콜한 얘기도 잘 들어준다. 대화의 수준을 아이의 눈높이, 즉 아이의 지적수준에 맞추고 인내하면서 끝까지 들어준다. 셋째, 토론이다. 그들은 가족이 모이는 자리이면 토론을 하는 게 습관화되어

있다. 밥상머리 토론은 특정한 주제를 가지고 자연스럽게 이루어진다. 어렸을 적부터 길러진 토론능력은 그들이 살아가는데 큰 에너지로 활용된다. 그래서 그들은 협상의 대가라고 평가한다. 마지막으로 유태인들은 자녀가 하고 싶어 하는 것을 하도록 한다. 아이들이 하고 싶은 일을 해야 잘할 수 있고, 잘하는 일을 함으로써 성공할 가능성도 그 만큼 높다는 사실을 명심하자.

- 노벨상 수상자를 배출한다는 것은 국가적 차원에서의 숙원사업이기도 하지만 국민들의 자존심과도 관련이 있다. 뿐만 아니라 한 나라의 교육정책과도 무관하지 않다. 교육열도 높고 교육투자비용도 많으며 학생들은 OECD 국가 가운데 가장 열심히 공부하는 데에도 불구하고 성과를 내지 못하는 것은 왜일까? 그것은 가정교육에도 분명 문제가 있다고 밖에 볼 수 없다. 가정은 인성교육의 요람이라는 사실을 깊이 깨닫고 이 책에서 언급한 실천사항을 하나하나씩 행하면 반드시 좋은 결실을 맺게 될 것이다.

- 참고로 2018년 현재 우리나라는 국민소득 3만 달러와 인구 5천만 명을 동시에 충족시키는 30-50클럽에 가입한 7번째 국가이다.

실 • 천 • 사 • 항

- 자녀들이 좋아하는 것(공부, 놀이와 일 등)을 하게끔 밀어주고 격려하자.

- 아이들과 자주 그리고 많이 대화하자.

- 자녀에게 질문하도록 유도하자. 그러기 위해서 아이가 질문할 때마다 반드시 응답하자.

- 밥상머리에서는 항상 가족과 함께 특정주제를 가지고 토론하자.

- 일주일에 한번이라도 정기적으로 토론하면 습관이 된다. 좋은 습관은 빠르면 빠를수록 좋다는 사실을 깊이 명심하고 실천하자.

에필로그

대학 강단에서 학생들을 가르친 지도 어느 듯 삼십 성상하고도 다섯 해를 보태야 하니, 긴 세월이었다고 하여도 될 것 같다는 생각이 든다. 직업상 집필활동을 한지도 꽤 많은 세월이 흘렀다. 젊었을 때는 전공인 교육학에 매달려 나름 열심히 공부했으며, 여러 학술지에 논문도 게재하고, 교재도 집필하고, 전공서적(학업성취 관련변인)도 발간했다. 그러면서 늘 필자의 교육에 대한 상념들을 책으로 엮었으면 하는 소박한 바람이 마음 한구석에 자리 잡고 있었다. 그러나 글을 쓴다는 게 맘먹은 것처럼 쉬운 게 아니었다.

그러던 어느 몹시도 더운 해, 여름방학 동안 줄곧 생각해왔던 우리들의 보편적인 어른들이 가정에서 들려주던 '교육적 상념들', 즉 자녀의 인성교육 관련 이야기에다 전공공부를 통해 얻은 이론적 지식을 토대로 자녀를 둔 부모나 손주를 둔 젊은 할아버지, 할머니들이 쉽게 읽고 실천할 수 있는 '공부 못하는 게 아이들만의 책임인가요'라는 교육에세이를 출간하였다.

그 후 또 십여 년이란 세월이 후딱 흘렀다. 이번에는 제법 준비가 된 상태에서 몹시도 추운 지난해 겨울방학과 기상청 관측 이래 가장 뜨거웠던 지난해 여름방학 내내 마무리 작업을 거쳐 '자녀교육을 위한 부모수업'이란 이 책을 세상에 선보이게 되었다. 세상에 태어나 여태껏 살아오면서 내 자신이 할 수 있는 가장 보람 있는 일은 무엇일까를 고민하다, 그래도 도움을 필요한 사람들에게 필자의 글을 읽을 수 있는 기회를 제공하는 것도 괜찮겠다는 생각에 이르렀다. 글을 쓴다는 게 정말 어렵다는 것을 온 몸으로 느낄 때면 어느 소설가의 말처럼 '글을 쓰는 일은 수행하는 것(道닦는 일)'이라고 수없이 되뇌며 인내하면서 글쓰기를 이어갔다.

이 책을 집필하면서 내내 이 나라 어머니들에 대해서 많은 생각을 했다. 필자의 모친을 비롯한 이 나라의 모든 어머니들은 자신의 자녀를 위해 어떠한 희생도 마다하지 않은 이 지구상에서 가장 헌신적인 어머니라는 사실을. 필자는 베이비붐 원년에 태어나, 경제적으로 아주 힘든 시기를 살아온 세대이다. 필자가 어렸을 적에는 지금과는 대조적으로 도회지나 시골 가릴 것 없이 동네 넓은 공간, 즉 놀이터에는 아이들로 득실대고 집집마다 애 울음소리가 끊이질 않았다. 그때에는 자녀들의 미래를 위한 준비보다는 한 끼 식사가 더 절실했던 시절이었다. 그러나 당시 가정의 교육기능만은 경제적으로 풍요로운 오늘날의 그것보다 훨씬 더 충실하였다고 한다면 너무 지나친 표현인가.

필자의 부모세대에는 자녀들에게 먹을 것을 배불리 주지는 못했을망정 자녀사랑만은 그 무엇으로 대신할 수 없을 만큼 넓고도 깊었다. 자녀교육에 대한 해박한 지식을 거의 갖지 못했던 어머니들이었지만 자식을 사랑하는 순고한 마음이 자녀교육방법의 지혜를 획득할 수 있게 해주었으리라. 지혜(智慧)에서 지혜로울 지(智)는 알지(知)+날 일(日)로 이뤄진 합성어이다. 우리나라 어머니의 자녀를 사랑하는 마음에 해(sun, 日)가 감동하여 자녀교육에 필요한 좋은 교육방법을 어머니에게 가르쳐주었기에 자녀교육과 관련된 아무런 지식(知識)이 없어도 자녀를 훌륭하게 키울 수 있었던 게 아니었냐는 생각을 해본다.

필자는 이 나라 부모들에게 자녀의 인성교육을 비롯한 창의성교육과 지적교육에 조금이나마 도움을 주려고 본서를 출간하였다. 부모로서의 역할은 인간으로서 짊어져야 할 짐(책임) 중에서 가장 크고 무거운 짐이 아닌가싶다. 그래서 그 크고 무거운 짐을 이 책을 통해서 조금이나마 덜어주려고 한다. 그리고 이 나라 모든 부모들이 생존해 숨 쉬고 있는 동안 부모로서의 자식에 대한 책임은 유효할 것이라는 생각을 다시금 해본다.

여태껏 살아오면서 어려울 때 큰 힘이 되어주었던 지인들, 특히 '추천의 글'을 기꺼이 써주신 류태영 교수님, 강철근 교수님, 김지은 교수님, 이기종 교수님, 임선하 교수님, 김경훈 민주신문편집국장, 도기천 CNB뉴스편집국장, 구영식 오마이뉴스 부장께 깊은 감사를 드린다. 아울러 긴 여행 중에도 틈틈이 조언해주시고 교정까지 꼼꼼히 봐주신 윤동진 형님 내외분께도 진심으로 감사드린다.

또한 초등학교 동창들, 경상회 회원들, 대학친구들, 을미회 회원들, 사단법인 한국빅데이터협회 회원들, 성당등산동우회회원들, 백송산악회회원들 그리고 이 밖에 많은 지인들에게도 많은 자극과 격려에 깊은 감사의 말씀을 드린다. 그리고 늘 고락(苦樂)을 함께하면서 큰 힘이 되어 주었던 가족들에게도 이 지면을 빌어 고맙다는 말을 전한다.

끝으로 이 책이 세상에 나오기까지 많은 도움을 준 글로벌콘텐츠 홍정표 대표님과 편집부 직원들께도 진심으로 감사드린다.

2019년 5월
방화동 서재에서

著者 識